博学而笃志,切问而近思。
（《论语》）

博晓古今,可立一家之说;
学贯中西,或成经国之才。

主编简介

陈昌来,安徽定远人,博士,博士后,上海师范大学二级教授,博士生导师,博士后合作导师。上海市曙光学者,上海市高等学校教学名师,上海市领军人才,享受国务院政府特殊津贴,国家社科基金重大项目首席专家;主持国家社科重大项目1项,主持完成国家社科基金项目2项及其他省部级项目10多项;出版专著(含教材)30多部,发表学术论文160多篇。兼国家语言文字推广基地常务副主任,上海地方高水平大学建设创新团队"比较语言学与汉语国际传播"负责人,上海市语文学会常务副会长,上海市华文教育专家等。主编或参编的教材主要有《对外汉语教学概论》《应用语言学纲要》《应用语言学导论》《实用大学语文》《新编现代汉语》《汉语通论》《简明现代汉语》《标准汉语基础教程》等。

复旦博学
语言学系列

SERIES OF LINGUISTICS

汉语国际教育概论

（修订版）

主　　编　陈昌来
副 主 编　吴勇毅　马洪海
编 写 者（以姓氏音序为序）
　　　　　陈昌来　方绪军　马洪海　邵洪亮
　　　　　石旭登　吴　颖　吴勇毅　徐丽华
修订主编　陈昌来　张怡春

复旦大学出版社

目　　录

第一章　汉语国际教育学科论 ………………………………………… 1
　第一节　汉语国际教育的性质和特点 ………………………………… 1
　　一、学科的名称 …………………………………………………… 2
　　二、学科的性质 …………………………………………………… 5
　　三、学科的特点 …………………………………………………… 6
　第二节　汉语国际教育的任务和内容 ………………………………… 10
　　一、作为教学活动的汉语国际教育的任务 ……………………… 11
　　二、作为学科的汉语国际教育的任务 …………………………… 11
　　三、作为事业的汉语国际教育的任务 …………………………… 14
　第三节　汉语国际教育的学科体系和结构 …………………………… 15
　第四节　汉语国际教育的发展历史 …………………………………… 16
　　一、初创阶段（20世纪50年代初期—20世纪60年代初期）…… 17
　　二、巩固和发展阶段（20世纪60年代初期—20世纪60年代
　　　　中期）……………………………………………………………… 19
　　三、恢复阶段（20世纪70年代初期—20世纪70年代后期）…… 21
　　四、蓬勃发展阶段（20世纪70年代末以后）…………………… 22
　第五节　汉语国际教育的现状和趋势 ………………………………… 34
　　一、国家对汉语国际教育事业的领导和管理不断加强 ………… 34
　　二、国际中文教育的广度和深度有所突破 ……………………… 35
　　三、汉语国际教育汉语水平等级标准转型升级 ………………… 38
　　四、汉语国际教育学科和专业建设取得新的进展 ……………… 40
　　五、汉语国际教育发展面临的挑战和应对 ……………………… 42

第二章　汉语二语教学基础论 ……………………………………… 45
第一节　第一语言教学与第二语言教学 ……………………………… 45
一、第一语言和第二语言 …………………………………………… 45
二、第二语言教学 …………………………………………………… 49
三、第二语言教学与第一语言教学的异同 ………………………… 50
第二节　第二语言教学法的主要流派 ………………………………… 53
一、语法翻译法 ……………………………………………………… 54
二、直接法 …………………………………………………………… 55
三、听说法 …………………………………………………………… 57
四、视听法 …………………………………………………………… 58
五、认知法 …………………………………………………………… 59
六、自觉实践法 ……………………………………………………… 60
七、交际法 …………………………………………………………… 62
八、第二语言教学的其他方法 ……………………………………… 64
九、第二语言教学法与汉语二语教学法 …………………………… 66
第三节　汉语作为第二语言的教学特点 ……………………………… 68
一、与第一语言教学相比汉语作为第二语言的教学特点 ………… 68
二、与其他第二语言教学相比汉语作为第二语言的教学特点 …… 69
第四节　汉语二语教学与其他学科的关系 …………………………… 75
一、汉语二语教学与语言学 ………………………………………… 75
二、汉语二语教学与心理学 ………………………………………… 77
三、汉语二语教学与教育学 ………………………………………… 78
四、汉语二语教学与文化学 ………………………………………… 80

第三章　汉语二语教学过程论 ……………………………………… 83
第一节　汉语二语教学的总体设计 …………………………………… 83
一、汉语二语教学总体设计的含义 ………………………………… 83
二、汉语二语教学总体设计的方法和程序 ………………………… 84
第二节　汉语二语教学的教材评估和选用原则 ……………………… 90
一、汉语二语教学的教材评估原则 ………………………………… 90
二、汉语二语教学的教材选用原则 ………………………………… 92

第三节　汉语二语课堂教学的特点和要求·············93
一、汉语二语课堂教学的特点·············93
二、汉语二语课堂教学的要求·············96

第四节　汉语二语教学的师资培养和评估·············97
一、国际汉语教师的基本素质·············97
二、国际汉语教师的能力结构·············101
三、提高国际汉语教师业务素质的策略·············104

第四章　汉语二语教学阶段论·············109

第一节　阶段划分的基本原理·············109
一、阶段划分的依据·············109
二、教学目标与手段的阶段性·············111
三、教学内容与课程设置的阶段性·············113
四、教学等级大纲·············115

第二节　初级阶段教学·············118
一、初级阶段的教学对象·············118
二、初级阶段的教学目标·············119
三、初级阶段的课程设置·············120
四、初级阶段的教学原则·············123

第三节　中级阶段教学·············125
一、中级阶段的教学对象·············125
二、中级阶段的教学目标·············126
三、中级阶段的课程设置·············128
四、中级阶段的教学原则·············132

第四节　高级阶段教学·············134
一、高级阶段的教学对象·············134
二、高级阶段的教学目标·············136
三、高级阶段的课程设置·············138
四、高级阶段的教学原则·············141

第五节　速成教学·············143
一、速成教学的特点·············143

二、速成教学的内容……………………………………………… 145
　　三、速成教学的基本原则…………………………………………… 148

第五章　汉语二语教学课型论……………………………………… 151
第一节　听力教学…………………………………………………… 152
　　一、听力教学的理论依据…………………………………………… 152
　　二、听力教学的过程、方式和课堂练习…………………………… 155
　　三、影响听力理解的主要因素……………………………………… 162
第二节　阅读教学…………………………………………………… 164
　　一、阅读教学的理论依据…………………………………………… 164
　　二、阅读教学的过程、方式和课堂练习…………………………… 167
第三节　口语教学…………………………………………………… 179
　　一、口语教学的理论依据…………………………………………… 179
　　二、口语教学的过程、方式和课堂练习…………………………… 184
　　三、口语教学应注意的几个问题…………………………………… 191
第四节　写作教学…………………………………………………… 193
　　一、写作教学的理论依据…………………………………………… 193
　　二、写作教学的模式和方法………………………………………… 197

第六章　汉语二语教学测试论……………………………………… 204
第一节　语言测试的历史和理论…………………………………… 204
　　一、测试……………………………………………………………… 204
　　二、语言测试………………………………………………………… 204
　　三、语言测试的历史和理论………………………………………… 205
第二节　语言测试的类别…………………………………………… 207
　　一、测试类别………………………………………………………… 207
　　二、各种测试比较…………………………………………………… 209
第三节　语言测试的内容和题型…………………………………… 209
　　一、语言测试的内容………………………………………………… 210
　　二、语言测试的题型………………………………………………… 210
第四节　语言测试试卷的设计……………………………………… 212

  一、卷面构成 ·· 212
  二、试题类别 ·· 213
  三、测试的质量保证 ·· 214
 第五节　汉语作为第二语言的测试类型 ···················· 216
  一、汉语水平考试 ·· 216
  二、中小学汉语考试 ·· 224
  三、实用汉语水平认定考试 ·································· 225
  四、汉语综合统一考试 ······································· 226
  五、汉语口语考试 ·· 227

第七章　汉语二语教学研究论 ································ 229
 第一节　第二语言教学理论和学习理论研究 ··············· 229
  一、第二语言教学理论研究 ·································· 229
  二、第二语言学习理论 ······································· 233
 第二节　汉语二语教学法和课堂教学技巧研究 ············ 237
  一、汉语二语教学法研究 ···································· 237
  二、课堂教学技巧研究 ······································· 244
 第三节　对比分析与偏误分析研究 ·························· 247
  一、关于对比分析 ·· 247
  二、关于偏误分析 ·· 251
  三、对比分析、偏误分析与中介语理论的关系 ··········· 258
 第四节　中介语理论研究 ······································· 260
  一、中介语理论的提出和发展 ······························ 260
  二、国内对中介语理论的引进和研究 ····················· 262
  三、中介语理论与汉语二语教学 ··························· 264

后记 ··· 267

修订后记 ·· 269

第一章　汉语国际教育学科论

第一节　汉语国际教育的性质和特点

作为世界上最为古老的语言之一,汉语作为第二语言教学也有着悠久的历史。早在两千多年前的汉代,就有一些国家派遣留学人员来我国学习汉语和文化。唐代是我国古代接受外国留学生最多的时期,其后的宋、元、明、清各代都有来自我国周边国家的留学生前来学习汉语和中国文化。新中国的汉语国际教育可以追溯到1950年的"清华大学东欧交换生中国语文专修班",经过多年努力,20世纪80年代以后,汉语国际教育作为一门学科逐渐被世人或学术界认可。汉语国际教育作为一门学科或者专业是在学科专业发展中逐渐形成的。

1978年,中国社会科学院在北京召开"北京地区语言学科规划座谈会",根据国外第二语言学科特点和规律的研究,以及我国汉语二语教学理论和教学实践的发展,吕必松提出了"对外汉语"是一门学科的看法,这个建议得到了与会语言学家的支持,成为会议的共识[1]。1983年,中国教育学会对外汉语教学研究会("中国对外汉语教学学会"的前身)成立。1984年,王力在为《语言教学与研究》创刊五周年题词时指出"对外汉语教学是一门学科";同年,时任教育部部长的何东昌在我国留学生工作会议的报告中明确指出:"多年的事实证明,对外汉语教学已发展成为一门新的学科。"这是我国政府首次确认对外汉语教学是一门学科。国家教委(后改为教育部)在其后颁布的我国学科专业目录中列入了"对外汉语"这门新学科。国务院于1987年7月批准成立了由7个部委参加的国家对外汉语教学领导小组,这是主管全国对外汉语教学工作的政府机构。1989年,

---

[1] 《北京地区语言学科规划座谈会简况》,《中国语文》1978年第1期。

国家教委在相关文件中明确指出"发展对外汉语教学事业是一项国家和民族的事业"。1993年,由中共中央和国务院颁布的由国家教委制订的《中国教育改革和发展纲要》明确提出要"大力加强对外汉语教学工作",这是第一次把汉语二语教学工作写入国家教育发展纲要。2005年7月,首届"世界汉语大会"召开,促使世界汉语教学事业快速发展。2007年,国务院学位委员会设立汉语国际教育硕士专业学位。2012年,教育部颁布《普通高等学校本科专业目录(修订二稿)》,取消以前本科专业目录里的对外汉语,设汉语国际教育二级学科,汉语国际教育这一名称开始广泛使用。总之,20世纪80年代以后,汉语国际教育学科(原对外汉语)便作为学科或专业名称出现在我国正式的文献中,包括出现在学科专业目录、组织机构、研究课题和研究成果中。

汉语国际教育是一门正在形成中的新兴交叉学科,学界已达成共识,"很难简单地归之于某个学科"[①]。由于是一门新兴的学科,因此在其迅速发展的同时,社会上、学术界乃至本学科内部对本学科的名称、性质、任务等基本问题尚有不同的看法,甚至存在一些争论。

一、学科的名称

在汉语国际教育学科的发展过程中,学术界对这个学科的名称提出了一些不同看法,这些不同看法也反映了人们对这个学科的认识。汉语国际教育作为一个专业,历史并不长;作为一个学科名称,目前学界有一些不同的名称和看法。

1. 对外汉语教学

1982年,在中国高等教育学会对外汉语教学研究会第一次筹备会上,对外汉语教学这一名称得以确立[②]。这一名称基本上能体现教授外国人学习汉语这个学科的特点和内涵,在国内外也产生了广泛的影响,而且简洁上口,符合汉语表达习惯,因此从1982年提出一直使用至今。中央文件、国家机构(如国家对外汉语教学领导小组)、学术团体(如中国对外汉语教学学会)等都曾正式采用这一名称。

但是,多年的使用也发现这一名称有一定的局限性,即对外汉语教学这一名称只突出了主要的教学对象——教授外国人学习汉语,但未能全面、准确地反映学科的性质——第二语言教学。不过,由于该名称已被约定俗成地广泛使用,所

[①] 崔希亮:《关于汉语国际教育的学科定位问题》,《世界汉语教学》2015年第3期。
[②] 程裕祯:《新中国对外汉语教学发展史》,北京大学出版社,2005年。

以今后仍将是本学科用得最为广泛的名称。

2. 汉语教学

对外汉语教学本来是针对国内教外国人学汉语这一事业所起的名称,明显地带有以中国人的视角来指称这一学科的色彩。"对外"二字无法为国外从事汉语教学的同行所使用,因此,它只适用于中国。

海外从事汉语教学的人们根据各自的理解,给这门学科以不同的名称。有的把这门学科叫作中文教学(如美国),有的叫作中国语教学(如日本、韩国),也有的叫作华文/语教学(如东南亚国家)。在国内,北京有华文学院、华语教学出版社、华文出版社,暨南大学有华文学院,台湾称华文/语教学等。当国内外的学者在一起讨论学科或学术问题时,用对外汉语教学这一名称显然是不合适的。这种情况下一般使用汉语教学。正如学会设在北京的国际性学术团体世界汉语教学学会及其会刊《世界汉语教学》,三年一次已举行了多届的国际汉语教学讨论会等名称所表示的那样,由于语境清楚,一般不会与我国的汉语作为第一语言的教学(语文教学)相混淆,不会产生误解。这一名称在国际场合用得较多,已为各国学者所接受。而且随着汉语热的进一步升温,随着海外学习汉语的人数不断增加,随着中国对海外推广汉语力度的进一步加强,国际汉语教学这一名称会越来越多地被全世界各地从事汉语教学与研究的教师、学者、教育机构和政府机构所接受。

不过,国内学者一般不倾向于用中文教学、中国语教学、华文/语教学等海外学者所使用的名称,这与科学性及民族性有一定关系,因为"汉语"并不完全等同于"中文""中国语""华文/语"。国内学者指称华文教育或华文教学往往有另外的含义,一般专指面向海外华人教授汉语的教学活动。

3. 汉语作为第二语言教学

汉语作为第二语言教学简称为汉语二语教学。从科学性上看,这一名称较为精确地指称了本学科的内涵和性质。它既能指在中国进行的针对外国人的汉语教学,也能指世界各地的汉语教学,而且还能包括与之性质大体相同的对我国国内少数民族的汉语教学。也就是说,它能涵盖第一语言以外的所有汉语教学。现在这一名称在学术论著中使用得越来越多。

4. 对外汉语教育(学)

有学者从学科教学论的角度,提出区分教育和教学两个概念,认为教授外国人学习汉语应该称为对外汉语教育或对外汉语教育学,对外汉语教育(学)应该属于语言教育(学)学科,同时,部分学校还使用对外汉语教育学院这样的机构名称。教育不同于教学,教育可以指一切培养人的活动,在教学论中主要指学校全方位培养学生的教学与管理活动,教学则通常专指课堂上教师的"教"与学生的"学"的活动。这样看,对外汉语教育(学)似乎包括对外汉语教学。不过,在对外汉语教学作为学科形成的进程中,对外汉语学界的专家和教师的教学和科研活动,事实上是包含了对外汉语教育(学)的全部内涵。同时,对外汉语教育(学)这个名称也会使对外汉语教学这个学科完全归入教育学或学科教学论学科中去,这样的话,目前从事对外汉语教学和研究的绝大多数教学科研人员是不太情愿的。因为,目前从事对外汉语教学和研究的有汉语国际教育本科生、硕士、博士,但大多数教学科研人员还是汉语言文字学或语言学及应用语言学专业毕业的硕士和博士,本科多是中国语言文学专业,少数是外语专业,教育学或学科教学论专业毕业的教学科研人员极少。

5. 对外汉语

对外汉语原本是教育部本科目录上的专业名,这个专业的培养目标主要是培养从事汉语二语教学的师资。有学者从学科或专业内涵等角度出发,提出使用对外汉语这个名称,并认为对外汉语教学作为学科名或专业名难以纳入现行的学科体系。客观上说,对外汉语教学由于有"教学"两字,很容易让人把它归入教育学或学科教学论等学科中去,这跟目前从事汉语二语教学和研究的绝大多数教学科研人员的学科背景相背离。

6. 汉语国际教育

汉语国际教育是 2007 年国务院学位委员会设立汉语国际教育硕士专业后开始使用的概念。2012 年,教育部颁布《普通高等学校本科专业目录(修订二稿)》,取消以前本科专业目录里的对外汉语,设汉语国际教育二级学科。此后,汉语国际教育作为在世界范围内开展汉语作为第二语言/外语教学的名称被广泛使用。学科名称的更迭,不仅表明了这种历史性的转变,更表明这一学科内涵的丰富和外延的拓展。国内的对外汉语教学是汉语国际教育的大本营,汉语国际教育承袭并发展了对外汉语教学,是对外汉语教学的延伸,二者本为一体,并共同推动汉语作为第二语言/外语教育事业的发展和学科建设的拓展。目前除了本科有汉语国际教育专业或汉语国际教育系外,不少学校已经有汉语国际教育专业硕士点和博士点,2018 年,7 所院校开始在教育博士专业学位授权点之下试点培养汉语国际教育方向博士专业学位研究生。北京语言大学有国内唯一一个国家级国际汉语教学研究基地(原名对外汉语研究中心)。

对外汉语教学作为一个学科名称一直饱受争议,它的内涵也经历了比较大的变化。今天我们通常用对外汉语教学来指称在国内对来华留学生进行的汉语教学,用汉语国际教育指称在海外把汉语作为外语的教学,其中包括对第一语言不是汉语的海外华人进行的汉语教学;同时,在当今中国的教育体系中,汉语国际教育已有特定所指:"指称本科专指招收中国学生的专业,指称硕士(习称"汉硕")则以招收中国本科生为主,兼及外国本科生。"①

二、学科的性质

汉语国际教育是具有中国特色的一个学科专业,很难简单地归于一个单一的学科,从这个意义上来说,汉语国际教育是一门独立的学科,它的学科基础是"语言学(理论语言学、应用语言学)、汉语言文字学、教育学、认知科学和现代教育技术"②。

汉语国际教育作为科学术语实际上有三层含义:一是汉语二语教学活动或教学行为,即针对外国人把汉语作为第二语言教学的教学过程;二是作为一门学科的汉语国际教育学科;三是作为一项国家和民族事业的汉语国际教育事业。汉语国际教育的学科基本属性是汉语作为第二语言教学,简称汉语二语教学③。

首先,汉语二语教学是语言教学。语言教学的根本任务就是教语言,即教汉语,目的在于使学习者掌握汉语这一交际工具。它教授的是语言运用的技能,而不是语言学的知识和理论,因此它不是语言学教学,它既区别于中文系的现代汉语、古代汉语教学,更区别于研究生阶段的汉语语言学的教学。另外,语言教学必然涉及并包括一定的文化内容,但汉语二语教学中的文化因素只能包含于语言教学之中,而不是文化包含语言教学,更不是文化超越或凌驾于语言教学之上。

其次,汉语二语教学是第二语言教学。这个性质将汉语二语教学与汉语作为母语的语文教学区分开来。众所周知,学校(无论是小学还是中学)里的母语教学都是在学生已经基本或初步掌握了母语的听说甚至读写技能并具有相当的社会、文化背景知识的基础之上进行的,这样的母语教学一般称为语文教学。第二语言教学则往往是从零起点开始,而且学习者缺乏社会、文化背景知识。这就使得汉语二语教学的目标、方法和教学侧重点与母语教学(语文教学)不完全相同。从这一点上看,汉语二语教学属于一种外语教学,汉语二语教学必须遵循第

---

① 李泉:《汉语国际教育知识体系的特色与构建》,《世界汉语教学》2019年第2期。
② 崔希亮:《关于汉语国际教育的学科定位问题》,《世界汉语教学》2015年第3期。
③ 本教材指称汉语国际教育学科属性时用汉语作为第二语言教学这一名称,简称为汉语二语教学。引用或介绍其他学者观点时,会遵循学者论述时所使用的概念,因此文中还会使用对外汉语教学这一名称。

二语言教学的一般规律。

再次,汉语二语教学是汉语作为第二语言的教学。汉语是汉语二语教学的教学内容。汉语二语教学既受第二语言教学的普遍规律的制约,也受汉语本身规律的制约。因此,汉语二语教学不同于英语、法语、俄语、日语等作为第二语言的教学。汉语在语音、词汇、语法特别是汉字方面有着许多自身的特点,这些特点往往成为教学的重点和难点,这些正是汉语二语教学区别于其他第二语言教学的地方。

最后,汉语二语教学是针对外国人的第二语言教学。外国人是汉语二语教学的对象,这与国内的少数民族的汉语教学有所不同。外国学生与我国少数民族的汉语学习者的差别在于,前者学习汉语的社会、文化差异或冲突远远大于后者,因此汉语二语教学中的社会、文化因素又必须予以足够的重视。

汉语二语教学虽然是汉语国际教育学科的基本属性,但也只是汉语国际教育学科的应用部分和实践部分,作为学科的汉语国际教育还有其他更多的任务,如汉语国际教育学科理论建设、汉语国际教育教学基础理论建设、汉语国际教育作为国家与民族事业的建设等。

总之,汉语国际教育学科的基本属性是汉语二语教学,依据2012年国家教育委员会高等教育司颁布的《普通高等学校本科专业目录和专业简介》的学科门类划分标准,汉语国际教育归属语言学范畴,确切地说,归属应用语言学范畴。同时,对汉语国际教育的学科归属问题,学界还存在不同的认识,所以,我们认为今后应加强对汉语国际教育这个学科本身的性质、任务、内涵的研究,切实进行汉语国际教育的基础研究与应用研究。

三、学科的特点

汉语国际教育脱胎于对外汉语或汉语二语教学,作为一门学科,经过四十多年的发展已经形成了自己的特点。

(一)汉语国际教育是一门独立的学科

经过四十多年的发展,汉语国际教育已经发展成为一门学科,正如陆俭明所认为的:"对外汉语教学从80年代,特别是从1992年以来,逐渐进入蓬勃发展时期,对外汉语教学已逐渐作为应用语言学的一个分支成为一个独立的学科。"①汉语国际教育作为一门独立的分支学科,表现在以下方面。

---

① 陆俭明:《汉语言文字应用面面观》,《语言文字应用》2000年第2期。

1. 具有明确的研究目标和研究对象

作为一门学科,汉语国际教育有明确的研究对象和研究目标,主要是研究如何针对外国人把汉语作为第二语言进行教学的规律、原则、方法,包括研究教什么、怎样教、用什么技术手段教、如何学等内容,如"作为第二语言或外语的汉语研究""汉语习得与认知研究""教学理论与教学方法研究""现代技术手段在汉语国际教育与研究中之应用研究"等都是汉语国际教育研究的主要课题。

2. 具备完整的学科理论体系

一般认为,汉语国际教育的学科理论体系包括基础理论和教学理论两个部分。基础理论包括语言理论、语言学习理论、文化理论、教育理论等;教学理论则包括汉语国际教育的性质和特点,教学结构及其各构件之间的相互关系,教学类型和课程设计,总体设计、教材编写、课堂教学和测试等各个教学环节的理论,有关课程的特点和规律,不同语言要素教学的特点和规律,言语技能和言语交际技能训练的特点和规律等。这种学科理论体系可以进一步概括为"一体两翼"模式:"一体"是汉语语言学本体,即作为第二语言或外语的汉语语言学,这是基础,也是关键;"两翼"分别是汉语国际教育学科与教学论(包括汉语作为第二语言的习得与认知理论,汉语作为第二语言的教学理论和教学方法,汉语作为第二语言的教学技术等)和中外文化素养。"两翼"之一的汉语国际教育学科教学论是汉语国际教育学科的技能,另一翼是中外文化素养。而"两翼"要能腾飞,必须有强健的体魄,所以,必须强调汉语语言学本体是专业或学科的基石,没有宽广、扎实的汉语语言学本体知识、理论和素质是很难胜任汉语国际教学和研究的。学科理论体系的建立和不断完善是汉语国际教育作为一门学科得以存在和不断发展的理论保证,同时,也为汉语国际教育研究指明了目标和方向。

3. 具有准确的学科定位

经过四十多年的发展,作为一门学科,汉语国际教育的学科归属越来越明确了。1985年,北京语言学院、北京外国语学院、华东师范大学、上海外国语学院四所高校首先招收对外汉语专业本科生,以培养汉语二语教学的师资。对外汉语本科专业属于中国语言文学大学科,截至2019年,全国有400多所大学开设了汉语国际教育本科专业。1992年至1995年,北京语言学院招收了四届对外汉语教学第二学士学位生。1986年,北京语言学院和北京大学开始招收现代汉语专业对外汉语教学方向的硕士研究生,其后,许多大学开始在现代汉语专业中招收对外汉语教学方向硕士生。1997年研究生专业目录调整后,相当多的学校在语言学及应用语言学专业中招收对外汉语教学方向硕士生,少数学校在汉语言文字学专业中招收对外汉语教学方向硕士生。1997年,北京语言文化大学建立了全国第一个带有对外汉语教学方向的语言学及应用语言学专业博士点,随后北京师范大学、中山大学、华东师范大学、上海师范大学等学校也在语言学及应用语言学专业中招收对外汉语教学方向的博士研究生,以培养对外汉语教学学科的高级教学科研人才。2006年,北京大学、北京师范大学、南京师范大学等12所高校率先试点招收汉语国际教育硕士专业学位研究生。2007年,国务院学位委员会正式设置汉语国际教育专业硕士学位,当年北京大学、中国人民大学、复旦大学、南京师范大学、中山大学等25所高校招收汉语国际教育硕士专业学位研究生。2015年,北京语言大学自主增设的中国语言文学一级学科下汉语国际教育二级学科博士点开始招生。2018年,北京大学、北京师范大学、南京师范大学等7所高校试点招收汉语国际教育方向教育博士专业学位博士研究生,2019年便已增加到20多所高校。总之,随着汉语国际教育学科的发展,在中国已经建构起从本科到硕士、博士完整的跟汉语国际教育学科相关的学历和学位教育体系。

4. 具有成熟的研究队伍和丰硕的研究成果

汉语国际教育教学科研队伍近年来有了较大的发展。20世纪50年代,对外汉语教学和科研队伍是从中文系、外语系教师中调进的,这是一种借用模式。60年代开始办出国师资培训班,从中文系、外语系的本科毕业生中选拔人才,进行培训。这是"中文本科+外语培训"和"外语本科+中文培训"的补充型人才培养模式。80年代以后,建立对外汉语本科专业,并开始培养对外汉语教学方向的硕士和博士。至今,基本上已经建立了本学科的初、中、高级人才的培养体制。数量不断增加的汉语国际教育硕士和博士为汉语二语教学学科输送了大量专门的和专业的教学科研人才。目前,全国有400多所大学开展规模不等的汉语国际教育本科专业,都拥有一定的教学科研力量,青年教学科研人员大多具有硕士或博士学位。像北京语言大学、北京大学、北京师范大学、中国人民大学、北京外国语大学、复旦大学、华东师范大学、上海师范大学、南开大学、中山大学、南京师范大学、暨南大学等高校都是汉语国际教育研究的中心。

(二) 汉语国际教育是一门综合性、交叉性学科

汉语国际教育既是一门新兴分支学科,又是一门综合性很强的交叉性学科。汉语国际教育学科的研究本体和教学活动的内容就是作为第二语言的汉语,因而汉语国际教育离不开汉语语言学本体,或者说离不开作为第二语言的汉语研究;同时,汉语二语教学属于第二语言教学,因而必然需要教育学、语言习得和语言认知理论、学科教学论、教学法、教育技术学等;另外,汉语二语教学还需要语

言对比、文化比较、心理学、宗教学等学科的知识。赵金铭认为："对外汉语教学，经过几十年的发展，现在在业内基本形成共识：作为一门学科，对外汉语教学的理论基础是语言学（包括心理语言学、社会语言学、人类语言学）理论、心理学理论、教育学理论，从根本上说，它是一门新兴的边缘交叉学科。"①汉语国际教育作为一门学科，其综合性、交叉性特点是非常明显的，汉语国际教育作为一个完整的教与学的过程，必然由教什么、怎么教、用什么技术手段教、如何学构成，就必然涉及汉语本体、汉语习得与认知、教学理论与教学方法、现代教育技术等内容，就必然涉及语言学、心理学、教育学、现代教育技术等学科，这也充分说明汉语国际教育的综合性和交叉性特点。这一特点也对从事汉语二语教学和研究的人员提出了比较高的要求。

（三）汉语国际教育是一门理论性和实践性相结合的学科

汉语国际教育既是一门学科，也是一种语言教学活动。作为一门学科，研究者或建设者必须研究汉语二语教学或汉语国际教育学科基础理论，如语言学、心理学、教育学等；同时，研究者或建设者如果没有充分的汉语国际教育教学实践，其研究成果往往很难应用于汉语国际教育教学实践。可见，作为学科的汉语国际教育必须把理论和实践结合起来。

作为教学活动的汉语国际教育也必须把理论和实践结合起来，要用一定的理论来指导教学实践，通过实际的教学实践来补充、完善教学理论。从事汉语国际教育教学活动的教师中，往往存在重实践轻理论学习的倾向。目前，从事教学的一线教师，大多来自不同的专业学科，在多年的教学活动中，也都积累了许多教学经验，但这些教师往往缺乏汉语国际教育的专业学习或培训，缺乏系统的语言学、心理学、教育学及教学法理论学习。近年来新加入汉语国际教育教学行列的教师多数是硕士和博士，一般来自汉语言文字学或语言学及应用语言学专业，这部分教师受过较为系统的汉语语言学本体的教育和训练，但往往缺乏对汉语二语教学的学习，部分青年教师教学经验相对不足。总之，作为教学活动的汉语国际教育，无论是总体设计、教材编写还是课堂教学、语言测试，都需要汉语国际教育学科相关理论的指导，要用理论来指导教学实践。

（四）针对外国人把汉语作为第二语言教学的一般性和特殊性

汉语二语教学属于第二语言教学，它具备第二语言教学的一般特点，如汉语二语教学以培养外国人运用汉语进行听说读写的交际能力为目标，以语言技能训练为中心，以基础阶段的汉语教学为教学重点，以语言对比（母语和目的语）为

---

① 赵金铭：《对外汉语研究的基本框架》，《世界汉语教学》2001 年第 3 期。

基础来确定教学难点和重点,应该把汉语教学和汉文化教学紧密结合起来,把集中强化教学作为教学手段,等等,这些都是汉语二语教学跟一般第二语言教学的相通之处。

汉语二语教学是把汉语作为第二语言的语言教学,由于汉语作为目的语自身所具有的特点,使得汉语二语教学有不同于其他语言作为第二语言教学的特殊性。这些特殊性往往就是汉语二语教学的难点和重点。这些特殊性概括起来说有如下几点:

1. 汉字不同于其他语言的文字,因而汉字教学是多数外国学生尤其是西方学生学习汉语的难点。

2. 语音上,声调、轻声、儿化、语流变调等是外国学生学习汉语的难点,区分zh、ch、sh 和 z、c、s,u 和 ü,送气和不送气等是部分国家学生学习汉语的难点。

3. 词汇中的同义词、同音词、多义词、联绵词、成语、惯用语是外国学生学习汉语的难点,汉语与其他语言可对译词的同中有异的用法也是外国学生学习汉语时最容易出现偏误的地方。

4. 语法中,实词的多功能性、量词、语气词、助词、补语、各类特殊句式、语序等是外国学生学习汉语的难点,而介词、方位词等也是部分国家留学生学习汉语的难点。

5. 汉语语感的形成是外国学生汉语水平和汉语能力的集中体现,而如何培养汉语语感又是汉语教学中难而又难的一点。

以上这些难点也就是汉语二语教学的重点所在。同时,教学难点和重点的存在也影响了汉语二语教学中的教学内容、教学顺序的安排和教学原则、教学方法的选择。

汉语作为第二语言教学的特殊性,不仅影响了汉语二语教学的全过程,而且影响了汉语国际教育作为学科的研究和建设。汉语国际教育研究必须着力研究汉语作为第二语言教学的这些特殊性,以指导汉语二语教学实践。这正是一般意义上的汉语研究跟作为第二语言的汉语研究的区别所在(关于"汉语作为第二语言教学的特殊性"详见后面的章节)。

第二节 汉语国际教育的任务和内容

汉语国际教育有不同的含义,不同的含义有不同的任务和内容。

一、作为教学活动的汉语国际教育的任务

作为教学活动的汉语国际教育是指针对外国人把汉语作为第二语言教学的过程,这一过程包括总体设计、教材编写、课堂教学、语言测试四个部分,这一过程的基本任务,诚如陆俭明所言,就是"怎么让一个从未学过汉语的外国留学生在最短的时间内能最快最好地学习好、掌握好汉语"[1]。完成这一基本任务的主体应该是从事汉语二语教学的各个层次的一线教师。所谓让外国人学习好、掌握好汉语,是指通过汉语二语教学活动使外国学生能运用汉语进行不同层次的交际和交流,具备不同目的、不同领域、不同层次的汉语听说读写能力和言语交际能力。要完成这些任务,除了尽可能地调动学生学习的主动性和积极性外,承担教学任务的教师必须具备相当的理论知识和实际教学能力,要对汉语语言学、教育学、心理学、教学法、教育技术、中外文化等学科有比较充分的了解,尤其要具备把汉语语言学知识转化为实际的汉语二语教学的能力。因而,一个优秀的汉语二语教学教师不仅应具备丰富的理论知识,而且应具备丰富的、灵活多变的针对外国人的教学能力。当然,汉语二语教学的总体设计、教材编写、语言测试也是作为教学活动的汉语国际教育的主要任务,因为汉语国际教育毕竟是一个新兴学科,作为第二语言教学活动的方方面面,如各种教学大纲的制订、教材的编写、语言测试的研制等,都要加强研究和建设。现在汉语国际教育事业发展很快,而汉语二语教学研究的发展相对滞后。

二、作为学科的汉语国际教育的任务

作为一门学科,汉语国际教育除了指汉语二语教学活动或教学过程外,其主要任务是研究针对外国人把汉语作为第二语言教学的内容、原理、过程和方法,并以此指导教学实践。作为学科的汉语国际教育包括汉语二语教学研究和汉语国际教育学科建设两个层面的任务。

（一）汉语二语教学研究

针对汉语二语教学的性质和教学过程特点,汉语二语教学研究应该包括教什么、怎样教、如何学等几个方面。具体说来有以下几点。

---

[1] 陆俭明:《增强学科意识,发展对外汉语教学》,《世界汉语教学》2004年第1期。

1. 研究作为第二语言的汉语本体规律

目前在汉语二语教学研究中,最迫切的课题是研究教什么的问题。要教会外国人学会、用好汉语,首先要把教学内容研究透,要研究好汉语作为第二语言本身的特点、规律和用法。由于汉语研究尤其是现代汉语研究的时间比较短,加上过去的研究没有或很少考虑到汉语作为第二语言的特点,因而对汉语本身的特点、规律和用法还没有研究透,目前已经总结出的各种规律也未必适合汉语二语教学实际。目前,现代汉语研究尤其是语法和词汇研究面临着汉语二语教学的挑战。在汉语二语教学的学科研究中,首先必须加强作为第二语言的汉语本体规律的研究。如果对现代汉语本身的特点、规律和用法认识不清、不透或不准,就不能教好汉语,也不可能让外国人学好、用好现代汉语。

作为第二语言的汉语本体研究不仅要研究汉语本身,而且要研究和修订汉语二语教学用的汉字大纲、词汇大纲和语法大纲,研究汉语二语教学所需的汉字结构特点与汉字学习的规律,研究外国人学习汉语时的语音难点和重点,研究并比较汉语二语教学的词汇,研究汉语二语教学参考语法,研究汉语二语教学中学生必须掌握的汉语口语和书面语特点、交际能力及汉语语言类型和汉语特点等。另外,还要进一步研究好教学内容的顺序和量级,即应在什么时间、以何种顺序、用怎样的难度向外国人教授现代汉语的听说读写能力。所以,给现代汉语的文字、词汇、语法包括语音分出不同的等级和顺序,制定出各种字表、词表、成语表、语法要点表、修辞手段表等,也是汉语二语教学中汉语本体研究的重要内容。

2. 研究汉语二语教学活动的主体

教学活动的主体包括教和学双方。研究教的一方即教师,主要要全面了解作为一名汉语国际教育教师应该具备哪些基本素质,如何培养和培训出优秀的汉语国际教育教师。

关于教学活动主体的研究,最主要的是研究学习者的特点,教学活动的双方应该以学习者为中心。汉语二语教学中的学习者往往来自不同的国家和民族,年龄和文化程度参差不齐,学习目的和学习时间以及原有的汉语水平各有差异,因而汉语二语教学研究应该把分析教学对象作为重要的研究课题,这涉及学习者的国别、民族、母语、文化背景等对汉语学习的影响,涉及年龄、文化程度、职业、学习目的、学习时间对学习动力、态度、积极性的影响。学习者自身的差异不仅影响学习者的汉语学习,而且对教师的教学原则、教学方法、教学重点等都有直接的影响。

3. 研究汉语作为第二语言的习得和认知规律

现代的语言教学已经从重视怎样教转变为更加重视如何学,已经把语言教学的教与学双方的"学"的一方看作语言教学的主体。同时,语言教学研究者进一步重视对学习理论与学习规律的研究,即重视对语言习得与认知过程和认知规律的研究。就汉语二语教学来说,要研究外国学生对现代汉语各要素(包括篇章、汉字等)的习得顺序和习得过程,要研究外国学生对现代汉语听说读写中各有关要素的认知加工过程和认知规律,要研究外国学生学习中的各类个体差异和教学策略等。目前受到对外汉语学界重视的研究课题,如汉语与外语对比分析、外国人学习汉语的偏误分析和中介语系统的研究,都是汉语作为第二语言习得和认知研究的重要课题。尤其是随着学习汉语的外国人的国别数的增加,汉语作为留学生学习的目的语跟多种不同母语的比较,应该成为今后汉语二语教学研究的一个重要方面,过去汉外对比集中在汉英、汉俄等少数语言的比较上,今后比较的对象要增加,比较的目的要明确,比较的面要扩大,比较的程度要加深,比较的结果要有利于汉语学习。

4. 研究汉语二语教学的理论和方法

作为一门学科,汉语二语教学首先必须研究本学科内部的理论和方法,即研究怎样教的问题,用以指导汉语二语教学实践。汉语二语教学理论研究主要应围绕汉语二语教学过程中的总体设计、教材编写、课堂教学和测试评估四大教学环节来展开,其中的核心课题包括当代语言教学理论和教学方法如何跟汉语作为第二语言的教学实际相结合问题的研究,汉语二语教学理论和方法的新探索,汉语二语教学总体设计与教学模式的改革与探索,不同层次、不同类型的汉语二语教学大纲、课程体系、教材体系的研究,课堂教学质量与教学效率的提高与评估研究,汉语水平考试的研究,现代教育技术手段(含在线教学)在汉语二语教学中的应用,建立各种类型的语料库并运用到汉语二语教学和研究中去,等等。

5. 研究汉语二语教学的基础理论

由于汉语国际教育从一定意义上来说是一门综合性、交叉性学科,语言学、教育学、心理学、学科教学论、教育技术学等构成了汉语国际教育的学科基础理论,因而汉语二语教学还应当充分研究与汉语国际教育学科相关的各种基础理论,并将相关学科的理论应用于汉语二语教学研究,同时以自身的学科建设为相关学科的发展做出应有的贡献。不仅如此,研究汉语二语教学的基础理论,还必须思考各种基础理论与汉语教学的关系,思考各基础理论在汉语国际教育学科中的地位,思考各种基础理论之间的相互关系和协调性。

(二)汉语国际教育学科建设

汉语国际教育学科建设的科学、合理、完善、有前瞻性,是保证该学科进一步持续、良性、快速发展的关键。汉语国际教育学科建设包括学科性质、学科任务、学科地位、学科结构体系、学科研究、学科人才培养、学科规划等多个方面。如学科性质的确立、学科任务的厘定、学科地位的定位是保证学科发展方向的关键，学科结构体系和学科研究是学科能健康深入发展的保证，学科人才培养和学科规划是保证学科持续、良性、快速发展的基础。由于汉语国际教育作为一门学科产生的时间并不长，因而学科建设才刚刚起步，相关问题的研究和讨论才开始不久，对相关问题的认识还有很大分歧。例如，关于学科定位就有不同看法，多数学者认为汉语国际教育属于语言学及应用语言学，但也有一部分学者认为属于教育学之下的课程与教学论，两种不同观点就可能决定汉语国际教育学科发展走不同的方向，也涉及汉语国际教育人才培养的模式：是以语言学及应用语言学课程为主体，还是以课程与教学论课程为主体。再如，学术界对汉语国际教育学科结构体系和学科任务也有不同看法，即对汉语语言学本体研究在学科体系结构中的地位和分量有不同认识，有所谓"主体派"和"教学派"之争。另外，对汉语国际教育学科人才培养模式以及汉语国际教育本科、汉语国际教育硕士和博士课程体系的调查和研究还很不充分。凡此等等，都直接影响汉语国际教育学科的进一步发展。当前，汉语国际教育学界要加强学科建设，增强学科意识，积极开展学科研究，把汉语国际教育学科真正建设成为一门体系完善、内涵丰富、特色明显的独立的学科。

三、作为事业的汉语国际教育的任务

汉语国际教育不仅仅是为了教授外国人掌握好、运用好汉语，而且肩负着传播中国文化、展现中国社会、增进中外友谊和文化交流、培养热爱中国文化的国际友人的重任。因而，汉语国际教育被誉为国家、民族的事业。作为一项国家、民族的事业，汉语国际教育的建设和发展就有了更多、更重的任务。作为一项事业的汉语国际教育，应该把以下工作作为主要任务。

（一）采取各种可能的举措，加快汉语的国际化趋势，使世界范围内的汉语学习热能更进一步地升温，使越来越多的外国人通过汉语学习而进一步了解和热爱中国。通过多种有效途径宣传国内的汉语二语教学事业，千方百计地吸引更多的留学生来中国学习汉语，扩大留学生招生规模。

（二）狠抓学科建设。汉语国际教育不仅要进一步完善汉语短期进修教学学科建设，而且要完善以本科生、研究生教学为核心的汉语国际教育专业的学科建设，包括理论讨论、教学目的和要求的确定、课程设置、教学大纲的制订、教材和工具书的编写以及教学辅助设备的研制和软件的制作，强化线下线上融合教学新模式等，尤其要加快编写适合不同国家和民族的有针对性的汉语国际教育教材。

（三）大力培养各种层次的汉语国际教育专业教师，提高汉语国际教育教师的素质和专业水平，提升汉语国际教育教师的学历层次和科研水平。不仅如此，还要培养和培训出一批兼职汉语国际教育教师，为汉语国际教育事业的发展储备更多的人才和教学人员。

（四）增加汉语国际教育研究的科研投入，鼓励更多的科研力量投入汉语国际教育研究队伍中去，出更多、更高质量的研究成果，提升汉语国际教育学科的学术含量。

（五）大力研究和宣传、推广汉语水平考试，不断开发出多种专门用途的汉语水平考试类型，使汉语水平考试成为世界上最权威、最实用的汉语考试。

（六）研究好汉语二语教学跟国际政治、经济、文化发展与变化的关系，及时调整或改革汉语国际教育的发展战略和策略，以应对不同的国际政治环境对汉语国际教育事业所产生的影响。

（七）通过各种途径和办法，使汉语二语教学走出去，不仅要多派教师到海外从事汉语教学，帮助培训海外汉语教师，而且要加快开拓在国外办学、在国外教授汉语的新市场。

第三节　汉语国际教育的学科体系和结构

作为应用语言学（目前的学科划分是语言学及应用语言学）的一门分支学科，经过多年的探索，汉语国际教育的学科体系和研究课题虽然还有不少争论，但在学科的基本框架上已经有了比较明确的认识。例如，陆俭明提出对外汉语教学学科本体研究的3点看法和14个迫切需要研究的课题[①]；潘文国提出对外汉语学这一学科名称，认为对外汉语学的学科内涵是"以对比为基础、以教学为目的、以外国人为对象的汉语本体研究"，并拟出对外汉语学学科的5个主要研究方向[②]；关于汉语二语教学的学科体系，赵金铭给予了充分的论证，并拟定了汉语二语教学（赵金铭使用对外汉语这一名称）研究的基本框架[③]。崔希亮组织编写了一套"汉语国际教育"教材，其中包括8个基础板块：基础理论与方法板

---

① 陆俭明：《增强学科意识，发展对外汉语教学》，《世界汉语教学》2004年第1期。
② 潘文国：《论"对外汉语"的学科性》，《世界汉语教学》2004年第1期。
③ 赵金铭：《对外汉语研究的基本框架》，《世界汉语教学》2001年第3期。

块、汉语语言学理论板块、语言教学理论板块、语言技能教学理论板块、语言要素教学理论板块、语言教育技术理论板块、汉外对比及跨文化交际理论板块、语言测试及其他板块①。

从学理上看，汉语国际教育的学科体系至少应包括三部分内容②：

一是学科理论基础：与汉语国际教育学科发展关系最密切的基础学科，如语言学、教育学、心理学等。

二是学科理论体系：属于汉语国际教育学科范围内的基础理论体系，如汉语第二语言教学理论、汉语习得理论、面向汉语国际教育的汉语语言学、学科研究方法等。

三是学科应用研究：运用学科理论，对总体设计、教材研发、课堂教学、测试评估、教育管理、师资培养等方面进行专门的研究。

汉语国际教育学科知识结构至少应该包括以下几个方面：

1. 语言学知识（用语言学的理论来解决实际问题）；
2. 汉语言文字学知识（了解自己的语言和文字）；
3. 教育学知识（掌握教育规律和教学方法）；
4. 传播学知识（有效地把语言文化传播出去）；
5. 中国文化知识（文学、艺术、思想、宗教等）；
6. 中国历史地理知识（熟悉中国历史和地理）；
7. 中国社会知识（洞悉中国社会结构、社会现象）；
8. 世界文化知识（入国问禁、入境问俗、入门问讳）；
9. 网络与智能技术知识（适应网络时代和智慧技术的发展）；
10. 百科知识（要有常识）。

汉语国际教育是一个交叉学科，内容主要涵盖中国语言文学、应用语言学、教育学、文化学等学科领域。汉语国际教育又是一个新兴学科，在现代教育技术飞速发展的今天，如何利用新的教育技术和智能教学软件提高教学效率，也应该成为汉语国际教育知识结构的重要组成部分。

第四节　汉语国际教育的发展历史

中华民族同世界各民族友好往来的历史有多久，汉语国际教育的历史就有

---

① 崔希亮：《关于汉语国际教育的学科定位问题》，《世界汉语教学》2015 年第 3 期。
② 刘利：《汉语国际教育知识体系的特色与构建》，《世界汉语教学》2019 年第 2 期。

多久。中国同世界各国交往的密切程度以及国力的强弱,直接影响着汉语国际教育的兴衰。西汉时,我国周边的少数民族就有人来当时的长安学习汉语。而中国真正对外国人进行汉语教学的历史可以追溯到东汉。至唐代,由于国力强盛,世界上许多国家都派留学生来中国学习,例如,日本派遣了十几批"遣唐使",每批几百人;新罗统一朝鲜半岛后,也派遣留学生到长安,每批有百余人。以后的各个朝代都有留学生来中国学习(元代的留学生数量相对较少),《老乞大》《朴事通》等就是明初教朝鲜人学习汉语口语(北京口语)的教材。明末金尼阁的《西儒耳目资》和清末威妥玛的《语言自迩集》可算当时影响较广的汉语教材。民国期间,中国政府同外国政府交换了少数留学生,当时有许多知名学者先后从事过汉语二语教学或相关工作。如老舍先生于1924—1929年间在英国伦敦大学东方学院担任汉语讲师,他当年讲课的录音至今还保存在伦敦。

虽然汉语国际教育的历史可以追溯很早,但直至新中国成立以后,汉语国际教育才逐渐成为一门学科和一项语言教育事业。汉语国际教育事业从20世纪50年代初开创至今,已有70多年的历史。这70多年来,汉语国际教育事业大体经历了以下几个发展阶段。

一、初创阶段(20世纪50年代初期—20世纪60年代初期)

1950年,当时东欧的捷克斯洛伐克和波兰分别向中国提出交换留学生的要求。在周恩来总理的亲自关心下,我国决定同这两国各交换5名留学生,同时又主动同罗马尼亚、匈牙利、保加利亚、朝鲜等国各交换5名留学生。为此,教育部在清华大学设立了东欧交换生中国语文专修班,共接受了来自东欧国家的33名留学生。清华大学的东欧交换生中国语文专修班是新中国成立后第一个专门从事汉语二语教学的机构。该班于1951年初正式上课,学制两年。著名语言学家吕叔湘任清华大学外籍留学生管理委员会主席并兼管专修班的业务工作,任课教师有6名,包括曾在美国和英国教过汉语的邓懿、王还。1952年暑假期间,由于全国高等学校院系调整,该班调到北京大学,更名为北京大学外国留学生中国语文专修班。班主任是北京大学教务长周培源,副主任是郭良夫。

1953年,应越南的要求,中国政府在广西桂林开办了专门培养越南留学生的中国语文专修学校,同时也接受了一批朝鲜留学生。该校于1957年停办。

1960年9月,我国政府在北京外国语学院设立了非洲留学生办公室,接收获得民族独立的非洲国家的留学生。

1961年,非洲留学生办公室同北京大学外国留学生中国语文专修班合并,改名为北京外国语学院外国留学生办公室。这样,除北京大学尚未结业的留学生仍留在原校学习外,其他学习汉语的留学生和大部分对外汉语教师集中到北京外国语学院。1961年,我国在校留学生总数为471人。

从1951年至1961年间,我国共接受60多个国家的留学生3 315人。他们接受的都是汉语预备教育,首先学习一至两年的汉语,然后分配到有关院校学习专业。

除了正规的学校教育外,其他形式的汉语二语教学有:对驻华外交人员的汉语教学,向越南、匈牙利、保加利亚等国派遣汉语教师(1952年,根据政府间协议,著名语言学家朱德熙等人首次赴保加利亚教授汉语,这是新中国成立后我国向海外派遣教师教授汉语的开始),开创了刊授或函授教学(《中国建设》杂志于1955年开设了"中文月课",厦门大学于1956年创办了华侨函授部)。

为满足出国师资的需求,从1961年开始,中国高等教育部从一些大学中文系挑选优秀应届毕业生到北京外国语学院和北京大学进修外语,期限三年,作为储备出国汉语师资。这是我国专门培养对外汉语师资的最初模式——中文+外语。由于培训的只是外语,还得不到全面的汉语二语教学的专业培训。

总之,初创阶段奠定了我国汉语二语教学事业的基础,其主要特点是:从无到有,成立了专门的教学机构;初步建立了预备教育体系,除学校教育外,发展了刊授、函授及对驻华外交人员的汉语教学,并向国外派遣汉语教师;培养了一支具有一定外语水平的对外汉语师资队伍。存在的问题是:教学机构不够稳定;教学类型单一,主要是汉语预备教育;教学规模相对较小。

这一阶段,相关学者已经开始汉语二语教学理论的研究,能见到的最早的论文是周祖谟的《教非汉族学生学习汉语的一些问题》(《中国语文》1953年第7期)。教学理论研究的主要成就是:一开始便明确了对外国人和外族人的汉语教学不同于对我国汉族学生的语文教学,指出要针对非汉族成年人学习汉语的特点进行教学;明确了对外国人和非汉族人的汉语教学是培养他们实际运用汉语的能力;指出结合汉语教学需要加强汉语研究的必要性。

受教学理论的影响,初创阶段汉语二语教学法的主要特点是:把传授语言知识和培养应用汉语的能力放在同等重要的地位;基本的词汇教学和比较系统的语法知识的讲授是教学的重点,以帮助学生在理解的基础上学习和掌握语言,所以课堂教学基本上采用演绎的方式;语法教学的特点是句本位和结构形式分析;技能训练上,从培养口语能力入手,逐步过渡到阅读和写作,培养学生的"四会"(听说读写)能力;教学方法多样,有翻译法、比较法、直接法等。由于当时对教学法还缺少全面的研究,在具体操作上存在一定的重知识讲授轻语言实践的倾向,也确实有带翻译唱双簧的情况。此外,交际文化基本上没有涉及。

1958年正式出版的我国第一部对外汉语教材《汉语教科书》,以语法为主线,按照由浅入深、循序渐进的原则编排,为建立对外汉语教学语法体系奠定了基础。该教材集中体现了本阶段的教学理论和教学方法。

二、巩固和发展阶段(20世纪60年代初期—20世纪60年代中期)

20世纪60年代以后,随着我国国际地位的提高,我国接受外国留学生和向国外派遣留学生的规模都需要扩大。为加强统一领导和集中管理,1962年,经国务院批准,北京外国语学院外国留学生办公室和出国留学生部合并,成立了外国留学生高等预备学校。该校的成立使我国的汉语二语教学有了一个稳定的基地,是汉语二语教学事业发展的重要标志。由于外国留学生高等预备学校的任务进一步扩大,除了对外国留学生进行汉语预备教育外,还试办汉语翻译专业;1964年开始,培养储备出国汉语师资的任务也转到这里。因此,高教部决定于1965年1月将该校正式改名为北京语言学院(1996年易名为北京语言文化大学,2002年改为北京语言大学)。迄今为止,该校仍是我国唯一一所以对来华留学生进行汉语、中华文化教育为主要任务的高等学校,它在教学、科研、师资培养和学术交流等方面一直发挥着基地、骨干和带头作用。

1965年暑期,越南政府向我国派遣了2 000名留学生。这些学生被分到北京语言学院、北京大学、中国人民大学等23所高校接受汉语预备教育。这样,初步形成了以北京语言学院为中心,包括全国几十所高校有关教学单位的对外汉语教学机构。受高教部的委托,北京语言学院于1965年暑期为22所院校准备教授越南留学生的教师举办了培训班,这是我国第一次举办全国性的汉语二语教学教师培训班,对我国以后的汉语二语教学起了很大的推动作用。

从1962年到1965年,我国共接受外国留学生3 944名,超过前11年的总数。1965年年底在校留学生达到3 312人,为1961年在校生的7倍多。为了加强各院校汉语二语教学经验的交流,高教部决定由北京语言学院创办《外国留学生基础汉语教学通讯》,这是我国第一个汉语二语教学的专业刊物,于1965年创刊,共出版了11期。

本阶段其他教学形式也有所发展。中国国际广播电台于1962年开办了"学中国话"和"汉语讲座"节目;厦门大学华侨函授部于1962年扩充为海外函授部;向外国派遣汉语教师的人数和对象国也有所增加,对象国包括非洲的埃及、马里、刚果、亚洲的柬埔寨、也门、欧洲的法国等。

当时的师资培养有了另一种模式。1964年5月,在北京语言学院设立了出国汉语师资系,开始招收本科生,独立培养专门的对外汉语师资。由于认为从事汉语二语教学主要的业务条件是既懂中文又懂外语,所以教学内容是一部分中文专业课程和一部分外语专业课程的组合。但第一届学生未毕业,就因"文化大革命"而中断。

总之,从1962年到1966年上半年,我国的汉语国际教育事业得到了巩固,并出现了良好的发展势头:教学规模不断扩大,学生数量大量增加;有了稳定的教学机构,以北京语言学院为基地,教学点遍布全国;教学类型上,在巩固、发展汉语预备教育的同时,又增加了汉语翻译专业;形成了以学校教育为主,辅以多种教学形式的教育体系;师资队伍不断扩大,1961年和1962年入学的储备出国汉语师资先后完成了外语进修任务,走上了工作岗位(1963年入学的第三批学生由于"文化大革命"的影响而未能按时分配);专业刊物的创办为教学与科研提供了获取信息的平台。

这一阶段,汉语二语教学理论研究的重点是总结新中国成立以来的教学经验,钟梫的《十五年汉语教学总结》(《语言教学与研究》1979年第4期)反映了这一点。在总结经验的基础上,进一步明确教学的特点、教学要求和教学原则,努力促进教材、课堂教学方法等向规范性的方向发展。比如提出:教学内容与学生专业相结合的学以致用的教学要求;"精讲多练、课内外结合"的实践性教学原则;"语文并进",全面训练听说读写,阶段侧重的教学安排;语法的系统性与课文的生动性相结合的教材编写方式;尽可能使用汉语进行课堂教学的相对直接法。

本阶段的教学法随着理论研究的深入做了一些改进,其主要特点是:加强了教学的针对性,教学内容结合理工科学生专业学习的需要;贯彻实践性原则,实行"精讲多练",将听说技能的训练放到语言教学的首位,课堂教学基本上采用归纳的方式;教学方法改用相对直接法,在必要时才使用学生的母语。但这一阶段以传授系统语法知识为中心的局面并没有改变,整个教学还带有过分倚重局部经验以及偏于主观、保守的倾向。

本阶段还编写了《基础汉语》教材,由于"文化大革命"的影响,直至1971年修改后才正式出版,1972年又出版了和它相衔接的《汉语读本》。这套教材突出和强调了实际语言在教材中的地位,是实践性原则和相对直接法的直接体现。教材在语法解释、词语例解、近义词例解等方面取得了较大的成就,但它的交际性、知识性、趣味性和实用性尚不够理想。

由于"文化大革命"的影响,北京语言学院于1968年开始停课,并于1971年被宣布撤销,其他形式的汉语二语教学也被迫中断。但《中国建设》上的"中文月课"和对驻华外交人员的汉语教学得以幸存,向国外派遣教师的工作没有完全中断。

三、恢复阶段(20 世纪 70 年代初期—20 世纪 70 年代后期)

20 世纪 70 年代初,国际形势发生了变化,我国在对外关系上有了较大进展。1971 年 10 月,中国在联合国的合法地位得到恢复。1972 年 2 月,美国总统尼克松访华,中美签署了《上海联合公报》。同年 9 月,中日双方发表联合声明,实现邦交正常化。1973 年 12 月,联大第 28 届会议一致通过把汉语列为大会和安理会的工作语言之一。

此时部分高等学校已恢复招生,许多因"文化大革命"中断在华学习的留学生要求复学。1972 年,有 40 多个国家要求向我国派遣留学生。1972 年 6 月,北方交通大学首先接受了 200 名坦桑尼亚、赞比亚铁路专业技术人员,并教授汉语。1972 年 10 月,周恩来总理亲自批示恢复北京语言学院。经过半年多的紧张筹备,北京语言学院于 1973 年秋季开始招生。当年共接受 42 个国家的 383 名学生。该校同时成立了我国第一个从事对外汉语教材编写和汉语二语教学研究的机构——编辑研究部。同时,北京大学、复旦大学等院校也陆续成立汉语二语教学机构,为在本校学习专业课的留学生补习汉语。由于"文化大革命"的严重冲击,当时的汉语二语教学在各方面都面临着重重困难,接受留学生的能力非常有限。从 1972 年至 1977 年,我国共接受留学生 2 266 名,1977 年在校留学生总数为 1 217 人,尚未恢复到"文化大革命"前的规模。不过,来自日本和欧美的学习文科专业的学生比例明显上升。

本阶段其他形式的汉语二语教学也得到了恢复。中国国际广播电台于 1973 年和 1976 年分别恢复了"汉语讲座"和"学中国话"节目。

师资力量不足是本阶段我国汉语二语教学面临的最突出的问题。为了帮助一些新教师尽快提高业务水平和教学能力,北京语言学院举办了多期时间长短不等的对外汉语教师培训班,为我国汉语二语教学事业的恢复和发展做出了贡献。

这一阶段的汉语二语教学理论研究更加深入,论文主要发表在《语言教学与研究》上,如吕必松的《汉语作为外语教学的实践性原则》、杨俊萱的《课堂教学的"死"与"活"》、郑万鹏的《怎样对留学生进行〈文章选读〉课教学?》、林春的《语音教学和字音教学》、石佩文和李继禹的《听力训练在语言教学中的作用》,等等。理论研究的主要特点是:侧重于研究解决教学中的具体问题,对课堂教学开始从总的教学原则、具体课型的教学、语言内容的教学和语言技能的训练等不同的角度进行研究;注意把理论研究、教学试验和总结实践经验结合起来;加深了对实践性原则的认识,明确了实践性原则不但要体现在课堂教学中,而且要体现在教材中,要贯穿在整个教学体系中;在论述具体教学问题时,较多地受到听说法及其理论基础——结构主义语言学和行为主义心理学刺激反映理论——的影响,比如在对语言技能训练的认识上,基本倾向是主张加强听说训练。但研究范围仍嫌褊狭,未上升到学科建设的高度,局限于教学原则和课堂教学的范围之内。

汉语二语教学事业的恢复阶段差不多正是教学法的探索阶段(20世纪70年代初到80年代初)。受教学理论的影响,汉语二语教学经历了一个听说法(句型法、结构法)为主的综合法教学时期。既引进了句型教学,又继承了以往重视语法教学、重视利用学生母语的教学传统,形成了一个以结构为纲兼顾传统法的综合教学法。但仍在一定程度上忽视语言的交际功能,比如有些语句全然是为了练习语法点而设计的,不够自然和真实,实用性较差。另外,本阶段在加强语言技能训练方面开展了一些教学试验,如直接用汉字教语音和汉字教学提前的试验,分听说和读写两种课型进行教学的试验,改革精读课,加强听力和阅读教学的试验等。

1977年出版的《汉语课本》首先结合句型教学,把句型、课文和语法结合起来。试验结果表明,结合句型进行教学有利于加强听说训练,有利于提高学生的口头表达能力。但由于教材内容的政治色彩过于浓厚,不利于汉语基础教学。1980年出版的《基础汉语课本》是到那时为止按照结构法编写的一部最成熟的教材,它以结构为纲,以常用句型为重点,通过替换等练习使学生掌握语法点,通过课文训练学生综合运用汉语的能力。

四、蓬勃发展阶段(20世纪70年代末以后)

十一届三中全会之后,因改革开放的政策和由此带来的政治、经济、文化、教育的快速发展,中国引起了国际社会的极大关注,随之在世界上掀起了一股"中国热","中国热"又引起了"汉语热"。汉语国际教育事业在这样一个大环境中获得蓬勃的发展。

(一)建立了国家专门的领导管理机构

1987年7月,国务院批准成立了国家对外汉语教学领导小组,统一领导和协调全国的对外汉语教学工作,由国家教委(现教育部)归口管理。领导小组成员由国家教委、国务院侨务办公室、国务院外事办公室(后改为国务院新闻办公室)、外交部、广播电影电视部、文化部、新闻出版署、国家语言文字工作委员会以及北京语言学院等单位的有关领导组成。历任组长均由国家教委(教育部)的负责人担任,日常工作由其常设机构国家对外汉语教学领导小组办公室(简称国家汉办)负责。国家对外汉语教学领导小组的成立及其后所做的大量工作,极大地推动了我国汉语二语教育教学工作的发展。

近年来,汉语国际教育形势发生新的变化,国际中文教育这个概念受到重视。为适应国际中文教育事业的发展需求,2020年7月,教育部设立中外语言交流合作中心(英文名称 Center for Language Education and Cooperation,简称 CLEC,中文简称为语言合作中心)。中外语言交流合作中心是教育部直属的事业单位,是发展国际中文教育事业的专业公益教育机构,致力于为世界各国民众学习中文、了解中国提供优质的服务,为中外语言交流合作、世界多元文化互学互鉴搭建友好协作的平台。中外语言交流合作中心具体负责统筹建设国际中文教育资源体系,参与制定国际中文教育相关标准并组织实施;支持国际中文教师、教材、学科等建设和学术研究;组织实施国际中文教师考试、外国人中文水平系列考试,开展相关评估认定;运行国际中文教育相关品牌项目;组织开展中外语言交流合作等。

同时,由多家高校、企业等发起成立了民间公益组织中国国际中文教育基金会,该基金会旨在通过支持世界范围内的中文教育项目,促进人文交流,增进国际理解,为推动世界多元文明交流互鉴、共同构建人类命运共同体贡献力量。中国国际中文教育基金会全面负责运营孔子学院。

2000年出台的《中华人民共和国国家通用语言文字法》规定,对外汉语教学应当教授普通话和规范汉字。这是我国第一个涉及汉语国际教育的国家法律。

(二)拥有了较为完善的教学体制

学校教育除了汉语预备教育有了进一步发展以外,有了一些新的教学类型。

首先是出现了学历教育。

1978年,北京语言学院正式创办了外国留学生四年制现代汉语本科专业(1975年开始试办),主要培养汉语教师、翻译和汉语研究人才;其后,南开大学、南京大学、复旦大学等院校也相继设立该专业;1996年,北京语言文化大学开设外国留学生四年制中国语言文化本科专业,培养通用型语言文化人才;此后,不少高校都招收汉语言专业外国留学生本科生。

1986年,北京语言学院开始招收现代汉语专业外国硕士研究生;1997年,北京语言文化大学建立了对外汉语教学课程与教学论硕士专业以及带有对外汉语教学方向的语言学及应用语言学博士专业；1999年，开始招收攻读对外汉语教学方向博士学位的外国留学生；随后，北京师范大学、中山大学、上海师范大学等院校也开始招收攻读该方向博士学位的外国学生。实际上，汉语国际教育硕士专业、教育博士专业以及汉语言文字学硕博士专业也招收外国留学生攻读硕博士学位。这样，汉语国际教育学科有了从学士学位到博士学位的完整的学历教育体系。

其次是非学历教育有了新的类型。

一是开办短期进修班。1978年，北京语言学院创办了短期汉语进修班。从1980年开始，这种短训班迅速发展到全国。其期限一般4至16周，少则一两周，按学生汉语程度编班，教学与旅游相结合。

二是接收高级进修生。有些院校接受一些国家的大学中文系或中文专业的学生前来进修，也有些院校根据外国实业机构或友好团体的委托，为他们派遣的高级进修生举办进修班。这些来华进修汉语的学员大多已具有一定的汉语水平。

1978年后，北京、广州、厦门开始恢复华侨中文补习学校，为华侨学生补习汉语。

除了学校教育为主以外，其他形式的汉语二语教学也有了很大的发展。1980年，厦门大学海外函授部恢复，更名为海外函授学院。同年，北京市外国企业服务总公司成立了教学部。1981年，北京外交人员服务局将汉语教研组改为汉语教研室，1984年又发展成为汉语教学中心。中国国际广播电台在许多语种的广播中相继开办了汉语教学节目。中国黄河电视台在美国斯科拉卫星电视网开设的全中文教学频道于1996年11月1日开始试播，开辟了对外汉语远距离教学的新的领域。1999年，北京外国语大学完成了《汉语世界》光盘的制作。许多高等院校投资开发了汉语二语教学网站，如2000年11月23日正式成立的北京语言文化大学网络教育学院，便是我国第一个专门从事对外汉语网络教学的二级学院。总之，汉语二语教学除了在校教学形式外，还有广播、刊授、函授、多媒体、网上中文、远程（线上）汉语教学等多种教学形式。

以上情况说明，本阶段的汉语二语教学逐渐形成了多渠道、多层次、多形式的教学体制，从而结束了只通过政府渠道招生和基本上仅限于汉语预备教育的历史。1988年，在校长期留学生5 245名（不包括通过校际交流来华的留学生），是1977年在校留学生人数的4.3倍。1997年，在校留学生人数已达43 712名，是1988年的8倍。2001年，来华以学习汉语为目的的外国留学生数为41 512

人,占来华留学生总数的79.6%,其中,学历生4 103人,非学历生37 409人,另有远程教育生1 943人(包括函授生1 328人,网络学生615人)。来华留学生来自世界各地,其中,西欧、日本、北美等发达国家留学生人数明显增加。2016年,来华留学生规模突破44万。2018年,共有492 185名留学生在全国31个省(自治区、直辖市)的1 004所高等院校学习①,2019年,来华留学学历生比例达54.6%,比2016年提高7个百分点②。中国已成为亚洲最大留学目的国。2016年,在华留学生生源国家和地区总数为205个,与以往的来华留学生多为学习汉语不同,2016年在华学历生人数占来华留学生总数的47.4%。打破了以汉语学习为主的格局,学科分布更加合理。值得注意的是,近年来"一带一路"沿线国家学生数量增长明显。2016年,"一带一路"沿线64国在华留学生共207 746人。为服务国家战略,针对来华留学生的中国政府奖学金也向周边国家和"一带一路"沿线国家倾斜。享受2016年中国政府奖学金的49 022名学生中,来自"一带一路"沿线国家的学生占比61%③。

(三)研制并推行汉语水平考试

1984年,受教育部委托,初、中等汉语水平考试(简称HSK)开始研制,1985年,设计出第一套试卷并在外国留学生中进行测试。1986年,HSK正式列入国家教育委员会1986年度博士专项基金项目,1986年6月26日,首次HSK在北京语言学院举行。1988年9月,《汉语水平考试等级标准和等级大纲》通过专家鉴定。1989年10月,HSK(初、中等)在北京、上海、天津、南京、广州、大连、武汉等地举行。1990年2月,HSK正式通过专家鉴定,6月25日,第一次正式的HSK同时在北京、天津、上海、大连四地举行,391名外国考生参加了考试。1991年6月、10月、12月分别在新加坡、澳大利亚、日本进行了HSK测试。1992年,HSK被正式确定为国家级考试。1994年6月,HSK分别在德国汉堡、意大利米兰和法国巴黎举行,HSK首次推向欧洲。1989年,HSK(高等)开始研制,1993年7月通过专家鉴定,同年12月在新加坡正式举行了考试。HSK(基础)于1995年开始研制,1997年11月通过专家鉴定,1998年1月和5月分别在

---

① 数据来源:中华人民共和国教育部:《2018年来华留学统计》,http://www.moe.gov.cn/jyb_xwfb/gzdt_gzdt/s5987/201904/t20190412_377692.html。

② 数据来源:中华人民共和国教育部:《全方位教育对外开放局面进一步形成,深入参与全球教育治理》,2020年12月23日,http://www.moe.gov.cn/fbh/live/2020/52834/mtbd/202012/t20201223_507073.html。

③ 数据来源:中华人民共和国教育部:《中国成为世界最大的留学输出国和亚洲最大留学目的国》,http://www.moe.gov.cn/jyb_xwfb/xw_fbh/moe_2069/xwfbh_2017n/xwfb_170301/170301_mtbd/201703/t20170302_297922.html。

中国北京、天津、大连、广州和法国巴黎、波尔多举行。2009年11月,国家汉办/孔子学院总部正式推出新HSK考试,2010年,新HSK在63个国家(不含中国)的174个考点举行了9次考试。

1995年,国内HSK考点19个,海外考点23个,全年HSK考生12 610人。1996年,国内考点27个,分布在18个城市;海外考点24个,分布在16个国家和地区,全年HSK考试考生22 445人。当年还出版了《汉语水平考试语法大纲》。1998年,HSK考生总计41 000多名(其中,国内35 000名,国外6 400名),海外考点34个,分布在18个国家和地区。1999年,HSK在国内37个考点和国外18个国家和地区的34个考点实施,全年国内考生63 849人,国外考生6 833人。2000年,海外考点47个,分布在21个国家和地区,国内共有37个考点,分布在21个省(自治区、直辖市),全年HSK考生达81 674人(其中,国内73 347人,国外8 327人)。2001年,HSK在海外进一步扩大,海外考点55个,分布在24个国家和地区,国内共有44个考点,分布在27个省(自治区、直辖市),国内考生达23 951人(不包括少数民族参加考试的学生),国外12 829人。2002年,国外HSK考生近2万人,国内考生近4万人。2004年,国内HSK考点已经有59个,海外考点已经有90多个。截至2018年年底,全球137个国家(地区)各类汉语考试有1 147个考点,其中,中国大陆349个,海外798个。

汉语水平考试是一项国际汉语能力标准化考试,重点考查汉语非第一语言的考生在生活、学习和工作中运用汉语进行交际的能力。目前,HSK已成为留学中国的通行证、申请来华留学奖学金的必备条件和学校教学评估的重要手段,并被越来越多国家的政府部门和跨国企业作为员工招聘、提薪和晋升的重要依据。HSK实行统一命题、考试、阅卷、评分,并统一颁发证书。国家汉语水平考试委员会全权领导汉语水平考试,并颁发《汉语水平证书》。HSK推行之初,由国家对外汉语教学领导小组办公室和北京语言学院负责实施HSK的考务工作。随着汉语国际教育的发展,汉语水平考试出现多种类型,适应不同需求的考生。

目前汉语考试服务网(http://www.chinesetest.cn/index.do)可提供的专项汉语水平考试有:汉语水平考试、汉语水平口语考试(HSKK)、中小学生汉语考试(YCT)、商务汉语考试(BCT)、医学汉语水平考试(MCT)等。其中,汉语水平口语考试主要考查考生的汉语口头表达能力。中小学生汉语考试是一项国际汉语能力标准化考试,考查汉语非第一语言的中小学生在日常生活和学习中运用汉语的能力。商务汉语考试作为一项国际汉语能力标准化考试,重点考查第一语言非汉语考生在真实商务或一般工作情境中运用汉语进行交际的能力,并对其能够完成的语言任务进行评价,旨在为企业的选拔任用、各类学校和培训机构的教学活动以及学习者的自我评价提供参考依据。商务汉语考试作为一个考试系列,分为笔试和口试部分,由BCT(A)、BCT(B)和BCT(口语)三个独立的考试组成。BCT(A)面向商务汉语初学者,考查考生运用汉语完成日常交际和基本商务交际任务的能力。BCT(B)面向商务汉语中高水平学习者,考查考生运用汉语完成较为复杂的商务交际任务的能力。BCT(口语)面向全部商务汉语学习者,通过网考形式,采用个性化、针对性的试题考查考生运用汉语口语完成各类交际任务的能力。孔子学院/课堂测试(HSKE)由孔子学院总部/国家汉办向各孔子学院和课堂提供,用于各孔子学院和课堂学员入学分班、评估课堂教学和结业测试。

(四)开展较为广泛的国际交流

在大量留学生进入我国学习汉语的同时,由于世界汉语教学的发展和对外汉语教师需求量的增加,我国派出汉语教师的数量也在逐年增加,尤其是近年来派出人数大大增加。以2019年为例,我国通过政府渠道共派遣约1000名汉语教师、近7000名汉语教师志愿者到国外院校或机构从事汉语教学工作。派出人员中除了从事汉语教学外,还有担任国外政府汉语教学顾问、帮助设计汉语课程和制订汉语教学大纲、主持或参加教材编写工作、培训国外的汉语师资、为电台或电视台制作汉语教学节目等一系列工作。

除政府渠道派出汉语教师以外,还有互派代表团、国外企业邀请、校际交流、应邀参加一些大型的国际汉语教学讨论会及邀请外国学者来华讲学等其他形式的交流。例如,1980年,美国派代表团在北京举行首次中美汉语教师交流会;从1980年起,日本广播协会(NHK)先后聘请我国中央人民广播电台播音员虹云、雅坤、王欢等,参加NHK"中国语讲座";1984年以来,我国一些大学同国外的一些大学建立了校际合作关系,互派学者和留学生;20世纪80年代,著名语言学家路易·亚历山大(Louis G. Alexander)、黎天睦(Timothy Light)等曾被邀请来北京语言学院讲学;1989年12月,以朱德熙为团长,主要由对外汉语教师组成的中国语言学代表团一行23人参加了在新加坡举行的世界华文教学研讨会。诸如此类的交流日益频繁,例如,2019年12月,由教育部和湖南省政府共同主办的"国际中文教育大会"在湖南长沙召开,来自160多个国家的1000余名中外代表参加会议,其中包括孔子学院所在大学校长、各国大学中文院系主任、政府语言教学部门负责人以及世界汉语教学学会理事和中外企业代表。本次大会是在孔子学院创办15年并连续成功举办13届全球孔子学院大会的基础上召开的,标志着国际中文教育进入全新发展阶段。

（五）确立汉语国际教育学科

1978年,在中国社会科学院召开的北京地区语言学科规划座谈会上,吕必松提出应当把对外国人的汉语教学作为一个专门的学科,应当在高校中设立培养这类教师的专业,并成立专门的研究机构。这一意见得到了广泛的支持。为开展汉语二语教学的学科建设,我国政府、有关院校以及广大汉语二语教学工作者进行了长期的努力。

1983年6月,参加筹备成立"中国教育学会对外汉语教学研讨会"的专家学者正式提出了对外汉语教学这一学科名称。

1984年12月,当时的教育部长何东昌在一次报告中明确表示,多年的事实证明对外汉语教学正发展成为一门新的学科。国家教委在其后颁布的我国学科专业目录中列入对外汉语这门新的学科。

2012年,教育部颁布《普通高等学校本科专业目录(修订二稿)》,取消以前本科专业目录里的对外汉语,设汉语国际教育本科专业。目前汉语国际教育成为本科专业和硕士专业名称,表明汉语国际教育作为学科得到明确确立。

（六）创立专门学术团体、学术机构和科研机构

为使汉语二语教学学科得以蓬勃发展,汉语二语教学界创立了专门的学术团体、学术机构和科研机构。

1983年6月,成立了中国教育学会对外汉语教学研究会,其宗旨是:"团结全国对外汉语教学工作者,推动本学科的理论研究,促进国内外的学术交流。"第一任理事长是吕必松。1986年,中国教育学会对外汉语教学研究会改属新成立的中国高等教育学会,名称改为中国高等教育学会对外汉语教学研究会;1988年,又从中国高等教育学会独立出来,改名为中国对外汉语教学学会,秘书处设在北京语言学院。截至2001年年底,该学会共有会员1257人,至2001年7月共举行了7届学术讨论会,组织过多次国内外学术交流活动,并于1996年先后成立了该学会的北京、华东、华北、华南、东北五个地区分会。

为了加强世界各地汉语教学与研究工作者之间的联系,推动世界汉语教学与研究的发展,1987年,在北京举行第二届国际汉语教学讨论会期间,各国代表协商成立了世界汉语教学学会,历任会长有朱德熙、吕必松、陆俭明、许嘉璐等。从1985年至今,先后在北京、德国汉诺威、上海、沈阳、西安等地举办了13届国际汉语教学研讨会,学会会员达5000多名,遍布全球79个国家和地区,主要由世界各地从事汉语教学、研究和推广的人士及相关机构组成。

1989年5月,国家教委正式批准在北京语言学院成立世界汉语教学交流中心。该学术机构下设教师研修部、汉语水平考试部、信息资料部、声像制作部、教

材编印部、对外联络部等6个部,由国家对外汉语教学领导小组办公室和北京语言学院共同领导。该中心的成立,为各国汉语教师参加培训和从事研究工作建立了稳定的基地,也为各国汉语教学工作者全面开展学术交流增加了新的渠道。

一系列的科研机构也相继建立。1984年11月,经教育部批准,北京语言学院成立了语言教学研究所,下设汉语研究室、语言对比研究室、第二语言教学法及语言理论研究室、辞书教材研究室和情报资料中心。它是我国第一个汉语二语教学的专门研究机构。

北京语言学院于1987年和1992年分别成立了语言信息处理研究所和中华文化研究所。此外,中国社会科学院和国家语言文字工作委员会所属语言文字应用研究所也开展汉语二语教学研究。

目前,许多大学设立面向留学生汉语教学的学院,如国际文化交流学院、国际文化学院、国际教育学院、对外汉语教育学院、对外汉语学院、海外教育学院、汉语言文化学院、汉语国际教育学院等,并设立一些校内或院内相关研究机构。2019年6月,北京语言大学在教育部人文社会科学重点研究基地对外汉语研究中心与汉语国际推广基地国际汉语教学研究基地的基础上,重新整合校内外汉语国际教育学科优势资源与优秀人才,成立汉语国际教育研究院。

(七)创办专业刊物,成立专业出版社

为推动汉语二语教学事业的发展,有关部门创办了专业刊物,成立了专业出版社。1979年9月,北京语言学院于1977年创办的内部刊物《语言教学与研究》正式出版,公开发行。该刊是我国第一个汉语二语教学的专业刊物。1984年年初,对外汉语教学研究会创办了会刊《对外汉语教学》(内部刊物),共出版了8期。1987年3月,对外汉语教学研究会与北京语言学院语言教学研究所共同创办了《世界汉语教学》,出版预刊两期后,于同年9月转为世界汉语教学学会会刊。该刊与《语言教学与研究》均以其较高的学术质量在国内外产生了广泛的影响。1987年8月,北京语言学院创办了以外国留学生为主要对象的刊物《学汉语》,1993年创办《中国文化研究》,1995年创办《汉学研究》,2014年创办《国际汉语教学研究》。

此外,国家语言文字工作委员会有《语言文字应用》,北京外国语大学有《国际汉学》《国际汉语教育》,延边大学有《汉语学习》,云南师范大学有《对外汉语教学与研究》,上海师范大学有《对外汉语研究》,还有一部分大学的学报也开辟了汉语二语教学研究的专栏或出版专刊。暨南大学华文学院、厦门大学海外教育学院等定期出版华文教学和研究的刊物,北京大学、中国人民大学、北京语言大学、南开大学、复旦大学、华东师范大学、上海外国语大学、浙江师范大学等经常出版汉语二语教学研究专辑。目前,这些期刊或集刊已发行至世界许多国家和地区,受到业界的欢迎和重视,成为汉语教学和研究的重要园地。

为了加强汉语二语教材与有关的工具书和教学参考书的编写出版工作,本阶段还成立了专门的出版社。1985年2月,成立了北京语言学院出版社。1986年1月,成立了华语教学出版社。另有一些大学的出版社和商务印书馆、上海教育出版社、语文出版社等也十分重视汉语二语教学用书的出版。

(八)培养专职汉语国际教育师资

以前,对外汉语教师的培养是以一部分中文专业课程和一部分外语专业课程相组合的方式进行的,但这两类课程的组合不可能完全形成汉语二语教学所需要的知识结构和能力结构。

经教育部批准,一批院校相继开设了对外汉语本科专业,以培养专职对外汉语教师。该专业的主要特点是根据汉语二语教学对教师知识结构和能力结构的要求设计课程和确定教学内容。1983年,北京语言学院首先开设了这一专业。后来,北京外国语学院、上海外国语学院、华东师范大学、暨南大学等院校也开设了这一专业,目前有400多所大学设立了汉语国际教育本科专业。

1986年,北京大学和北京语言学院开始培养对外汉语专业的硕士研究生。以后南开大学、南京大学、四川大学、华东师范大学、上海师范大学等院校也相继招收这一专业的研究生。

1992年至1995年,北京语言学院从中文系和外语系毕业生中招收了四届对外汉语教学第二学士学位生。

1997年,在北京语言文化大学建立了全国第一个对外汉语教学课程与教学论硕士专业,并获准建立了全国第一个带有对外汉语教学方向的语言学及应用语言学博士学位点。这样,对外汉语的师资培养有了从本科到博士研究生的完整的学历教育体系。

为了帮助在岗对外汉语教师完善知识结构和能力结构以及补充新知识,本阶段加强了对国内外在岗对外汉语教师的培训工作。据统计,自1987年至1998年年底,北京语言文化大学共举办了85期汉语教师培训班,培训了海外30多个国家和地区、内地60多所大学的汉语教师共1 700多名。据统计,截至2015年,中外专兼职教师达43 551人[①]。另有部分高校也承担了主要是海外的师资培训工作。近年来,派到海外进行讲学、培训汉语师资的工作也从东南亚等周边国家发展到美国、加拿大等地。本阶段还通过邀请外籍专家来华讲学,选派

---

① 数据来源:许琳:《2015年孔子学院总部工作汇报》,《孔子学院》2016年第1期。

在职教师进修一部分本科或研究生课程以及出国进修等形式来提高我国对外汉语教师的业务素质和理论水平。

为了使我国对外汉语教师的管理和培养进一步规范化和制度化,推动对外汉语教师素质的提高,1990年,原国家教育委员会颁布了《对外汉语教师资格审定办法》。1996年,重新修订了《〈对外汉语教师资格审定办法〉实施细则》,使对外汉语教师资格审查工作更加科学和规范。自2015年起开展《国际汉语教师证书》考试。《国际汉语教师证书》考试是由孔子学院总部/国家汉办主办的一项标准化考试。考试依据《国际汉语教师标准》,通过对汉语教学基础、汉语教学方法、教学组织与课堂管理、中华文化与跨文化交际、职业道德与专业发展等五个标准能力的考查,评价应试者是否具备作为国际汉语教师的能力。根据海外本土教师的要求和实际语言情况,2017年,孔子学院总部/国家汉办推出《国际汉语教师证书》本土教师版。

(九)从学科建设的高度开展教学理论研究

这一阶段是真正把汉语二语教学作为一门专门的学科,从学科建设的高度开展教学理论研究。论文主要发表在《语言教学与研究》《世界汉语教学》《语言文字应用》《汉语学习》以及《对外汉语教学与研究》《对外汉语研究》等刊物上,对外汉语教学学会的学术讨论会论文选和国际汉语教学讨论会的论文选、一些高校出版的对外汉语教学研究专辑等也发表了许多理论研究论文。

20世纪80年代我国汉语国际教育理论研究的主要特点为:

第一,进行了汉语国际教育的宏观研究。主要是:①论述了本学科的性质和特点。明确了汉语二语教学既是一种第二语言教学,又是一种外语教学,而汉语本身的特点又决定了汉语作为第二语言和外语教学也有别于其他第二语言和外语教学。②提出了学科建设的任务。认为所面临的最紧迫的任务是进一步改革和完善教学体系,加强理论研究,加强教师队伍建设。③提出了总体设计理论。认为语言教学的全过程可以归结为四大环节,即总体设计、教材编写、课堂教学和测试。总体设计的内容和程序是:根据教学对象的学习目的确定培养目标和教学要求;根据培养目标和教学要求确定教学内容;根据学生的自然状况、教学要求和教学内容确定教学法原则;根据教学要求、教学内容和教学法原则确定教学途径。

第二,对教学过程的各个环节和各项教学活动展开了全面的研究。

第三,对教学法原则的研究进一步深化。主要进展是:①引进了交际性原则的概念。认为从语言教学的本质看,交际性原则应高于实践性原则。②揭示了语言内容、语言技能、交际技能及文化背景知识的相关性和一致性。③提出了结构、情境及功能相结合的原则。

第四，提出了用不同的方法训练不同的语言技能。这有利于帮助人们认识语言内容的传授和语言技能的训练之间的区别，增强训练语言技能的意识。

20世纪90年代以后，教学理论进一步深化，教学理论逐渐引进了社会语言学、心理语言学、认知心理学、教育学、教育统计学、社会学、文化学、跨文化交际学等相关学科的理论成果，并借鉴了这些学科的研究方法，探讨体现了本学科特点的研究方向。

2019年年初，在北京语言大学召开了"汉语国际教育知识体系的特色与构建研讨会"，与会者围绕"如何提升汉语国际教育学科体系、学术体系、话语体系建设水平""如何增强汉语国际教育学科的学术原创能力""汉语国际教育知识体系的主要特色是什么"等问题进行了深入讨论，探讨提炼了汉语国际教育学科的基本学术命题和学术范畴，为汉语国际教育的可持续发展提供理论支撑和智力支持。

（十）基础理论研究得到重视

本阶段，语言理论、语言学习理论、文化理论等与汉语二语教学相关的基础理论进一步得到重视，为汉语二语教学理论的研究奠定了更加坚实的基础。

对语言现象具体深入的描写，能帮助学生理解和掌握语言。本阶段开始重视与汉语二语教学相关的语言研究，如汉字的研究、汉字与拼音文字的比较、汉语语音的研究、词汇研究、句型研究、话语分析研究和病句分析等，并有一大批基础性科研成果问世，如《现代汉语频率统计与分析》《现代汉语句型统计与研究》《计算机辅助汉语教学系统及基本汉语规范研究》等。

研究语言学习理论就是要揭示语言学习的客观规律。20世纪80年代，汉语二语教学领域引进了国外中介语理论，并运用该理论对外国人学习汉语过程中的偏误进行分析，这是我国中介语理论研究的开端。同时还对学习者的学习态度、学习策略、教学中难易度的把握等进行了初步研究。

语言是文化的载体。本阶段汉语二语教学研究中出现了有关语言和文化的差异、语言和文化的关系等主题的论著。不少论著涉及语言教学与文化背景、文化差异、文化导入、文化心理、思维方式等一系列问题。1994年年底召开的对外汉语教学定位、定性、定量座谈会，可以说是90年代初期对外汉语教学界开展语言与文化大讨论的总结。

2019年12月召开的"国际中文教育大会"讨论中文教育政策、标准、师资、教材、教法、品牌项目建设等议题，则标志着国际中文教育进入全新发展阶段。

（十一）教学法研究开始深入、全面的发展

这一阶段汉语二语教学理论的深化，促使汉语二语教学法的研究开始深入、全面的发展,进入了改革阶段。最重要的体现在以下三个方面。

第一,引进功能法,探索结构与功能相结合的教学路径。

功能法于20世纪70年代中期传到我国,到70年代末和80年代初,我国对功能法的介绍越来越多。我国汉语二语教学界在整个70年代进行的探索中得到的启发和积累的经验,特别是对培养交际能力的重要性的认识,跟功能法的基本原则是一致的,所以,这种方法介绍到中国以后,很快就受到汉语二语教学界的重视。汉语二语教学法研究的主要问题是继承以往教学法的优点,借鉴功能法的长处,结合汉语二语教学的特点,形成一套更符合汉语特点的教学法体系。因此,从70年代末到80年代末的教学法实际上是集传统翻译法、听说法(句型法)、直接法、功能法等于一体,以"结构-功能法"(或"结构-情景-功能法")为主的多层次教学法。而结构-功能相结合,以及如何进行结合的研究和探索成为当时从学术讨论到教材编写的热点。第一部吸收功能法优点的教材是北京语言学院语言教学研究所负责编写、由商务印书馆于1981年出版的《实用汉语课本》。而第一部体现纯功能方式的对外汉语教材是1980年在南京大学校内油印试用的《说什么和怎么说》。

从20世纪80年代中期开始,汉语二语教学中的文化问题逐渐得到重视。因此,从80年代末开始又提出了"结构-功能-文化"相结合的教学指导思想,从而带来了教学法和其他教学环节上的一系列变革。

第二,按语言技能划分课型,确定各课型之间的关系。

按语言技能划分课型,就是取消听、说、读、写全面要求的精读课,把不同语言技能的训练分散到不同的课型中进行。这是基于不同的语言技能要通过不同的方法来训练这样一种认识。

相对多年来形成的教学习惯,从20世纪80年代开始,汉语二语教学界对于掌握四项技能和课型顺序的认识,处在从听说读写到读写听说的转变之中。这一转变的主要根据是成年人学习第二语言跟儿童习得母语的过程相同,以读写课打头,可能更符合汉语教学的规律。

第三,各种教学类型课程在改革中完善。

20世纪70年代发展起来的短期汉语班、汉语进修班、现代汉语专业等新的教学类型,加上以前的汉语预备教育,从80年代开始都在总结教学经验的基础上进行了课程改革与建设,重点是加强教学的针对性和计划性,改革或完善课程设置,进一步明确各门课程的性质,调整各类课程的比例,处理好各门课程的纵向和横向关系,以便更好、更有效地培养学生的交际能力。

由于教学理论的深化和教学法的改革,在教材编写方面,逐渐由通用教材发展为专用教材,由单一的综合教材发展为系列专能教材,所运用的方法由"结构法"向"结构-功能法"发展。教材编写的前期工作较以前也有明显区别,即根据教学大纲和教学计划制订出详细的编写方案,指导教材编写,而不是相反。例如,1998年,制订了《1998—2000年对外汉语教材编写规划》和《教材项目管理办法》;1999年,制订了《高等学校外国留学生汉语言专业教学大纲》《高等学校外国留学生汉语(长期进修)教学大纲》和《高等学校外国留学生汉语(短期进修)教学大纲》。2000年,国家汉办又成立了对外汉语教材编写指导小组,这在规范教材编写和提高教学质量方面发挥了积极作用。例如,大力推广《国际汉语教材编写指南》网络版和数字图书馆应用,至2015年,该应用注册用户已达168国6万人,支持81个国家编写本土教材,建立中外文化差异案例库,收录典型案例1万多个,用于中外院长和教师培训[①]。

第五节 汉语国际教育的现状和趋势

从事业层面来看,国家增强了对汉语国际教育事业的重视,强化了对这项事业的宏观指导,并增加了经费投入,汉语国际教育事业历经多年实践,在全世界范围内呈现蓬勃发展的趋势。目前,全世界已有3万多所中小学开设了中文课程,4 000多所大学设立了中文院系或课程,还有4.5万所华文学校和培训机构开展中文教育,全球学习中文的人数超过2 500万人。162个国家和地区建立了550所孔子学院和1 172个孔子课堂,在开展国际中文教育、促进中外人文交流、帮助各国朋友了解中国等方面发挥了很好的示范引领作用[②]。从学科层面来看,汉语国际教育已经基本确立了学科的地位,明确了学科的基本属性,搭建起研究的基本框架,我驻外使领馆和国内有关机构以及各院校纷纷加强汉语国际教育工作,办学规模有了更大的发展,办学水平也有了进一步提高。汉语国际教育在学科建设方面沿着科学化和规范化的道路健康发展,逐步走向成熟。

一、国家对汉语国际教育事业的领导和管理不断加强

国家对外汉语教学领导小组自1987年成立以来,不断加强对全国对外汉语

---

① 数据来源:许琳:《2015年孔子学院总部工作汇报》,《孔子学院》2016年第1期。
② 数据来源:《2019年国际中文教育大会闭幕》,《孔子学院》2020年第1期。

教学工作的领导管理和协调工作,制订了一系列宏观发展规划,推动了该项事业的发展,同时也促进了国际交流与合作。1996年,国家对外汉语教学领导小组办公室进行了机构调整,强化了对全国工作的宏观指导。1998年,根据形势发展,经国务院批准,新组建了国家对外汉语教学领导小组。新一届领导小组成员单位增加了财政部、国家发展计划委员会和对外经济贸易合作部,由原来的8个部委增加为11个部委(北京语言学院不再参加领导小组),此举进一步加强了对对外汉语教学工作的领导,推动了对外汉语教学事业的发展。2001年2月8日召开的国家对外汉语教学领导小组年度例会,首次确定设立国家汉办项目经费,大幅度增加对对外汉语教学事业的投入,为发展对外汉语教学提供了财政支持和经费保障。

2020年7月,中外语言合作交流中心、中国国际中文教育基金会相继成立。中外语言合作交流中心隶属教育部,简称语言合作中心。语言合作中心是发展国际中文教育事业的专业公益教育机构,致力于为世界各国民众学习中文、了解中国提供优质的服务,为中外语言交流合作、世界多元文化互学互鉴搭建友好协作的平台。其主要项目有:①中文教师,②中文教学,③中文考试,④伙伴计划,⑤汉语桥,⑥中文教育奖学金,⑦语言合作,⑧新汉学计划,⑨文化交流,⑩学术研究。

语言合作中心会同27所高校和企业共同发起成立的中国国际中文教育基金会,全面承担原国家对外汉语教学领导小组(常设机构为国家对外汉语教学领导小组办公室,即汉办)的相应事务。

汉语国际教育的性质特点决定了它的国际性和国家属性。我国的汉语国际教育事业从一开始就是在党和政府的领导下开展的,这也是我国汉语国际教育事业发展的一条成功经验。因此,将来势必会进一步加强国家对汉语国际教育的统一领导和管理,进一步加强对全国各级相应领导机构的建设,提高领导管理水平,根据目前汉语国际教育的实际,研究制定一系列切实可行的调控措施,使全国的汉语国际教育事业更加稳定、协调、健康地发展。

二、国际中文教育的广度和深度有所突破

国际中文教育[①]指所有海内外从事汉语作为第二语言教学的活动。由于构

---

① "国际中文教育"一词,在"2019年国际中文教育大会"(教育部和湖南省政府共同主办,长沙,2019年12月9日)后受到业界广泛关注。

建人类命运共同体的理念越来越深入人心,"一带一路"合作倡议下的各项行动惠及沿线各国乃至其他非沿线国家,中国政治、经济、文化在国际舞台上的影响与作用日益凸现,国际中文教育的走势持续向好,其广度和深度都有所突破,表现在:

第一,"汉语桥工程"①助推国际中文教育产生多种形态与内生动力。2005年1月,国务院批准国家对外汉语教学领导小组组织制定的《"汉语桥工程"——2003年至2007年工作规划》。"汉语桥工程"的宗旨是:向世界推广汉语,弘扬中华文化,增进世界各国对中国的了解和友谊,促进世界和平与发展。"汉语桥工程"实施9大工程项目,包括孔子学院,中美网络语言教学,教材及录像、多媒体编写、制作,国内外汉语教师队伍建设,对外汉语教学基地建设,汉语水平考试,"汉语桥"中文比赛和世界汉语大会,"汉语桥"基金和援助国外中文图书馆,组织保障和基本建设。"汉语桥工程"经过多年顺利实施,不仅助力了各国多样化、本土化中文学习项目的开展,而且丰富了汉语教学的理论与实践以及国际合作机制。

第二,汉语教学进入多国国民基础教育体系。早在1958年,法国就在巴黎郊区的蒙治隆实验中学开设了汉语课②,越南在20世纪60年代初开始在普通中学教授汉语。进入21世纪以后,中文被纳入各国国民教育体系的速度加快,据有关资料统计,目前全世界有70多个国家将中文纳入国民教育体系③,包括在中小学甚至幼儿教育阶段开展中文教学(中文作为外语、双语的教学),以及中文进入中考、高考体系,"这是中文'走出去'后真正'融进去'且落地生根的标志,其意义重大"④。这些国家正式承认汉语教学在国民教育体系中的地位,不仅可以保证汉语教学在所在国的合法性,也为汉语传播奠定了坚实的基础,同时还对欧洲、非洲其他国家的汉语传播具有一定的示范意义和借鉴价值。

第三,汉语教学从普及化到专业型转变。学校教育自1978年开始出现外国留学生汉语言本科学历教育以来,至今有了从学士学位到博士学位的完整的学历教育体系。据教育部统计⑤,2018年共有来自196个国家和地区的492 185名

---

① 详见中华人民共和国教育部网站关于"汉语桥工程"的简介,http://www.moe.gov.cn/jyb_xwfb/xw_zt/moe_357/s3579/moe_1017/tnull_10586.html。

② 白乐桑:《法国汉语教学的历史沿革与现状》,张放编译,北京外国语大学国际汉语教学信息中心:《国际汉语教学动态与研究(第1辑)》,外语教学与研究出版社,2005年。

③ 数据来源:中华人民共和国教育部:《全球已有70多个国家将中文纳入国民教育体系》,http://www.moe.gov.cn/jyb_xwfb/gzdt_gzdt/moe_1485/202012/t20201215_505528.html。

④ 吴勇毅:《国际中文教育"十四五"展望》,《国际汉语教学研究》2020年第4期。

⑤ 数据来源:《2018年来华留学生统计》,教育部网站,2019年4月12日,http://www.moe.gov.cn/jyb_xwfb/gzdt_gzdt/s5987/201904/t20190412_377692.html。

各类外国留学人员在全国31个省(自治区、直辖市)的1004所高等院校学习,比2017年增加了3013人。其中,接受学历教育的外国留学生总计258 122人,占来华留学生总数的52.44%,比2017年增加了16 579人,同比增加6.86%。硕士和博士研究生共计85 062人,比2017年增加了12.28%。而2018年的非学历生留学生为234 063人。这些数据不仅显示出来华留学生人数的增加,而且也意味着他们学习的专业门类的增加和学历层次的大幅度提高。

第四,汉语教学从大众化向职场性转变。随着"一带一路"沿线国家投资合作稳步推进,结合技能培训进行职场汉语教学的需求日益突显。国务院副总理孙春兰2018年在第十三届全球孔子学院大会致辞中提出,要实施"汉语+"项目,因地制宜地开设技能、商务、中医等特色课程,建立务实合作支撑平台。2019年国际中文教育大会又提出,国际中文教育要聚焦语言主业,积极融入本土,为各类学校和培训开展中文教育提供支持;要在语言教学中融入适应双方合作需求的特色课程,通过"鲁班工坊"等形式,积极推进"中文+职业教育"项目,帮助更多的人掌握技能,学习汉语。目前,"汉语+职业教育"项目在过去几年中已有了一些成功的探索。例如,"中泰高铁汉语培训班"项目始于2016年,已成功举办四届,共培养学生近200名,前三届135名学生都已送往中国学习铁路相关专业,并学成回国,成为泰国首批既精通中文又掌握铁路机械、铁路信号等先进技术的复合型人才;职场汉语国际教学研讨会已于2019年6月、2020年8月召开两届;第一套以"职场"命名的系列汉语教材《国际职场专业汉语》(第一、二册)业已出版,这套教材采取"6+N"模式,涵盖120个职场通用工作场景,分为"国际职场通用汉语"(共6册)和"国际职场专业汉语"(N册)两个系列。随着中国科学技术的进步及科技成果不断转化为生产力,职场汉语将会有更大的发展空间。

第五,汉语教师从外派到本土化培养。目前,我国每年在海外的汉语教师约有10 000人,以2019年为例,当年已在海外的汉语教师约3 200人,外派汉语教师1 000人,汉语教师志愿者近7 000人。但世界各地学习汉语的人数在不断增长,供不应求,因此,一方面,国内各高校汉语国际教育专业应为国际中文教育提供优质的外派教师资源;另一方面,应激发国际中文教育融入本土教育体系和社会生活的内驱力,扩大世界各国在职汉语教师的培训面并逐步增加培训深度,创新各种培训模式,有针对性地解决不同区域(国家)、不同教育层次、不同教育类别的本土汉语教师的培养问题,重点关注在本土培养高层次、高水平的复合型人才。

第六,汉语教学从传统课堂教学向现代化语言教学之路转型。计算机辅助教学、网络远程教学等汉语教学的现代化问题,至少在20世纪80年代就已经提出,但实际上,各类网络资源库建设重视度不够,课堂教学与网络教学的结合缺乏原则性的规定,教师教学网络化也未在教学评估中提出实质性要求,传统的线下课堂教学仍是汉语二语教学的主体。2020年的新冠疫情促使全球范围内的线下教学改为线上教学,国际汉语教学遇到了不期而遇的挑战,也迎来了前所未有的机遇,国际汉语教学开启了普遍研讨线上教学和基于线上教学的学科建设新时代。国际汉语教育从教学观念、教学方式到教学研究,全方位地向网络化转变,充分利用现代教育技术改造和优化传统线下教学方式和内容,由单纯的线下教学模式向"线下+线上"混合型教学模式转化,实现课堂教学内容集成化、手段多元化、质量最优化、效益最大化,同时共建共享国际中文教育资源与学习平台,开发中文教学培训包,打造开放的中文教学生态圈。

三、汉语国际教育汉语水平等级标准转型升级

汉语国际教育汉语水平等级标准和等级大纲的研制,大致经历了四个阶段[①]。

第一阶段,1988年出版《汉语水平等级标准和等级大纲[试行]》,这是对外汉语教学学会最早研制的汉语水平等级标准。总体设计为三等五级:初等水平、中等水平、高等水平;一级标准、二级标准、三级标准、四级标准、五级标准。主要内容由三方面的要素组成:话题内容、语言范围和言语能力。其中五级标准只完成三级,甲、乙、丙、丁四级词汇等级大纲和语法等级大纲亦只完成三级。《汉语水平等级标准和等级大纲[试行]》的不足之处是,欠缺对语言功能和文化内容的具体描述,而过多偏重对语言内容的界定。1992年出版《汉语水平词汇与汉字等级大纲》,这是中国汉语二语教学第一个系统完整的以词汇为中心、"汉字跟着词汇走"的"二维基准"等级大纲,词汇等级大纲和汉字等级大纲均分为甲、乙、丙、丁四级,词汇总量8 822个,汉字总量2 905个。《汉语水平词汇与汉字等级大纲》提出了对外汉语教学词汇分级的4个界标:1 000个词、3 000个词、5 000个词和8 000个词。1 000个最常用词是基础教学阶段中第一个教学阶段的词汇量要求;3 000个常用词是初等汉语水平的词汇量界标;5 000个词界标包括3 000个常用词和2 000个次常用词,是中等汉语水平的词汇量界标;8 000个词界标包括3 000个常用词、2 000个次常用词和3 000个通用词,是高等汉语水平

---

① 刘英林、李佩泽、李亚男:《汉语国际教育汉语水平等级标准全球化之路》,《世界汉语教学》2020第2期。

的词汇量界标。同时，还提出了对外汉语教学汉字分级的4个界标：甲级字800个，乙级字804个，丙级字590＋11个，丁级字670＋30个，其中，丙、丁两级的41个表示姓氏和地名的字收为附录字。

第二阶段，1996年出版《汉语水平等级标准和语法等级大纲》，这是中国汉语二语教学第一本系统完整的汉语水平五级标准和四级语法等级大纲，是第二代国家汉办汉语水平等级标准。甲、乙、丙、丁四级语法等级总量为汉语的18个大类的1168个语法点，其中，甲级语法129点，乙级语法123点，丙级语法400点，丁级语法516点。甲、乙两级语法合并构成汉语初等水平标准的语法内容，丙级语法在甲、乙两级语法基础上增加"语素"和"口语格式"两个大类，构成汉语中等水平标准的语法内容，丁级语法增加"多重复句"和"句群"等几个大类，构成汉语高等水平标准的语法内容。这一阶段的《语法大纲》按照语法体系的特点进行编排，使用者在教学实践、教材编写时还需创造性地选择和编排。

第三阶段，2007年研发编制《汉语国际教育用音节汉字词汇等级划分》，2010年通过国家语委语言文字规范（标准）审定委员会审定。等级划分以汉字为核心，开创我国汉语国际教育新学科音节汉字词汇第一个"三维基准"国家标准，共划分为三个等级与三级水平：一级（普及化水平）、二级（中级水平）、三级（高级水平）。其中，音节总量1110个（一级音节608个，二级音节300个，三级音节163个，三级附录音节39个），汉字总量3000个（一级汉字900个，二级汉字900个，三级汉字900个，三级附录汉字300个），词汇总量11092个（一级词2245个，二级词3211个，三级词4175个，三级附录词1461个）。《汉语国际教育用音节汉字词汇等级划分》的制定面向全球汉语教育，符合汉语国际教育发展的现实需要，更着眼于汉语国际教育的长远发展。

第四阶段，2018年开始自主创新制订《汉语国际教育汉语水平等级标准》，创新初等、中等、高等三等九级汉语水平等级标准新体系、新范式，由2010年"等级划分"的音节汉字词汇"三维基础"创新拓展为2020年"等级标准"的音节汉字词汇语法"四维基准"。其中，初等水平的一、二、三级标准和中等水平的四、五、六级标准相对独立、完整，每一级按定性描述和定量分析相结合的原则，构建音节汉字词汇语法等级量化指标；高等水平的七、八、九级标准，等级量化指标不再细化，而是包容统合在一起，是为以汉语为专业的外国学生及汉语水平较高的学习者准备的。九级标准每一级均按"3＋5"，即3层新理念（言语交际能力、话题任务内容、语言量化指标）、5种语言基本技能（听、说、读、写、译）形成等级量化指标。"等级标准"以国家急需为导向，满足汉语国际教育教学、测试、学习、评估四个方面全球化需求，包括来华各类留学生进入我国高校学习的汉语水平标准

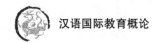

要求,充分体现了汉语教学特点和中国文化特色,是第三代国家级汉语水平等级标准。

由教育部和国家语委正式公布的《国际中文教育中文水平等级标准》进一步将学习者的中文水平分为"三等九级",并以音节、汉字、词汇、语法四种语言基本要素构成"四维基准",以言语交际能力、话题任务内容和语言量化指标形成三个评价维度,以中文听、说、读、写、译作为五项语言技能,从而期望准确地标定学习者的中文水平。

四、汉语国际教育学科和专业建设取得新的进展

经过四十多年的发展,汉语国际教育已发展成一门独立的学科,具有明确的研究目标和研究对象、完整的学科理论体系、准确的学科定位、成熟的研究队伍和丰硕的研究成果。无论在学习人数、教学规模还是在师资队伍、教材编写等方面,都取得了新的进展;学科史、学科理论、教学法体系等研究方面,更是有了新的切实可行的思路。

首先,汉语国际教育学科建设始终贯穿着两条主线,即政府主导的学科体系规划和汉语国际教育工作者的理论实践探索。

政府主导层面。汉语国际教育有专门的教育机构——教育部中外语言交流合作中心;有专门的协会——中国对外汉语教学学会、世界汉语教学学会;有专业的杂志——《世界汉语教学》《语言教学与研究》《汉语学习》《对外汉语研究》《对外汉语教学与研究》等;有专门的出版社——北京语言大学出版社、华语教学出版社;有专门的研究机构——北京语言大学汉语国际教育研究院等;有专业学习平台——"中文联盟"云服务、"汉语桥"俱乐部 App、"网络中文课堂"项目、"中文学习测试中心"等中文学习平台;有专门的科研项目——国际中文教育研究课题及国家社科基金项目,2020 年 7 月,中外语言交流合作中心与世界汉语教学学会联合编印并发布《2020 年度国际中文教育研究课题指南》,国际中文教育研究专项课题启动申报程序;等等。

汉语国际教育工作的理论实践探索层面。汉语国际教育学科在史、论、法三个主要板块都取得了重要进展[①]。在学科史方面,对当代汉语二语教学史进行了分期研究;在学科理论方面,对汉语作为第二语言教学的基本规律和学科理论定性等问题开展了深入研究,取得了若干重要共识;在教学法体系方面,一线教

---

① 刘利等:《汉语国际教育知识体系的特色与构建》,《世界汉语教学》2019 年第 2 期。

师和科研人员进行了多方面的教学试验和科学总结。这些理论研究和实践探索一方面确立了汉语二语教学研究的基本框架,即作为第二语言教学的汉语本体研究(本体论)、作为第二语言教学的汉语认知与习得研究(认识论)、作为第二语言教学的教学理论和教学法研究(方法论)、现代科技手段与现代教育技术在教学与研究中的应用(工具论)。另一方面,所取得的成果可以归结为五个方面:一是挖掘汉语作为第二语言的学习规律和教学规律,提出总体设计、教材编写、课堂教学、测验或评估的汉语二语教学四环节观;二是区分知识文化和交际文化,提出课堂教学过程中的交际文化思路;三是借鉴、融合语法翻译法、直接法、听说法、功能法、任务型教学法等教学方法,逐步形成汉语综合教学法;四是对教学实践成果进行测试和评估,建立科学的 HSK 汉语测试体系;五是针对汉语本科教学、汉语预备教学、汉语进修教学、汉语短期速成教学等汉语二语教学类型,提出实践性原则,以及综合模式、分技能教学模式。上述理论和实践成果,构成了汉语国际教育学科体系的重要基础。

其次,汉语国际教育专业建设已形成从本科、硕士到博士的完整的"培养链"。

汉语国际教育专业设置数呈增长态势。汉语国际教育本科,2015 年,全国共有 363 所高校开设[①];2016 年,新增华北理工大学等 10 所高校;2017 年,新增河北地质大学等 9 所高校;2018 年,新增兰州大学等 14 所高校;2019 年,新增北京师范大学等 8 所高校。截至 2019 年,全国已有 404 所高校开设汉语国际教育本科专业。汉语国际教育硕士,2015 年,全国共有 108 所高校开设;2016 年,新增天津大学等 3 所高校;2017 年,新增中央财经大学等 37 所高校。截至 2017 年,全国已有 148 所高校拥有汉语国际教育硕士学位授予点。汉语国际教育博士,截至 2016 年年底,全国至少有北京语言大学等 10 所高校自主设立汉语国际教育相关博士二级学科,北京大学等 11 所高校在语言学及应用语言学专业下开设汉语二语教学及相关方向[②]。

汉语国际教育专业人才培养模式初步形成。汉语国际教育专业人才培养,注重学生的知识输入与实践训练、注重学生的文化传承与科研创新、注重学生的国内培养与国际视野的开拓,同时注重某领域专门用途汉语人才培养,课程设置上将汉语与其他学科交叉设置,如经贸汉语、中医汉语、法律汉语、军事汉语、体育汉语等。

[①] 陆俭明:《汉语教师培养之我见》,《国际汉语教育》2017 年第 9 期。
[②] 李东伟等:《国际汉语教师人才培养状况报告(2015—2016)》,《辽宁师范大学学报(社会科学版)》2019 年第 3 期。

汉语国际教育教学资源上趋于多语种化、本土化、数字化。汉语教材数量不断增长，研发各有侧重。2015—2016 年，国际汉语教学图书出版总数为 625 种，按书目名称有读物类、儿童教材、考教结合型教材、英语媒介语图书等[①]。同时，注重通用主干教材的多语种翻译，支持汉语本土教材研发，注重数字化教学资源的开发。

这些不仅表明汉语国际教育学科的成熟，也表明汉语国际教育科研队伍的不断壮大。随着汉语国际教育研究人员的不断增加，汉语国际教育的研究成果越来越丰硕，每年在专业刊物或非专业刊物上都发表了大量汉语国际教育研究的论文，每年都出版了相当数量的研究著作、论文集、教材。汉语国际教育研究以及面向汉语二语教学的汉语语言学研究已经成了汉语语言学和应用语言学研究的新领域。

五、汉语国际教育发展面临的挑战和应对

1. 汉语国际教育的发展面临诸多严峻的挑战[②]

一是非目的语环境下的汉语教学需求量激增。在不少国家，随着汉语学习进入普通教育体系，汉语教学越来越具有一般外语教学的基本特征，使得汉语和其他语种处于竞争性学习状态。二是跨文化语境对外派汉语教师、汉语国际教育志愿者提出了更高的社会文化适应能力的要求。三是汉语教材面临着迫切的国别化、本土化需求。四是汉语作为第二语言教学的教学法、教学模式面临着国际多种教学法体系的比较性压力。五是本、硕、博系列的汉语国际教育专业承担着国内青年人才的培养任务，急需建设学术平台，提升学术层次，满足高质量人才培养的需要。六是对于汉语作为第二语言教学规律的探讨急需提升学术解释力，不仅要对教学实践发挥指导作用，而且面临着进入国际应用语言学话语体系、形成国际学术影响的严峻挑战。七是缺乏站位高、系统性的学科顶层设计和学科规划。这些问题和挑战都是前所未遇的，要求汉语国际教育必须进行学术创新，必须有效地适应在语言交际、学习规律、教学方法、教师素质等方面的新变化、新要求，进一步夯实学科基础，促进事业和学科两个方面的进步。

2. 汉语国际教育面临挑战的应对

一是要加强国际中文教育人才培养和师资队伍建设。国别化、语别化、不同

---

① 李东伟等：《国际汉语教师人才培养状况报告（2015—2016）》，《辽宁师范大学学报（社会科学版）》2019 年第 3 期。

② 刘利等：《汉语国际教育知识体系的特色与构建》，《世界汉语教学》2019 年第 2 期。

学段中文教师等多元化教师的缺乏成为日益凸现的问题,要有针对性地开展师资培训;进一步加大国际中文教育相关博士点的建设步伐,切实解决国际中文教师的学术生涯和职业发展问题,关注在本土培养高层次、高水平的复合型人才;还需要培养一批既精通教学及科研,又具有管理才能及外交能力的领导人才。

二是要重视基础理论和教学理论研究。目前本学科的论文无论是在数量上还是在质量上都是此前不能比拟的,尤其是实证型、统计型定量分析的论文较之经验型、介绍型的论文多了,跨学科、多角度研究的论文多了,并且,研究汉语教学和习得规律的论著多了,与教学密切结合的汉语专项研讨会也多了,例如,"现代汉语虚词研究与对外汉语教学国际学术研讨会"是由上海师范大学对外汉语学院主办的系列学术会议,每两年举办一届,这一系列学术会议在上海、湖州、延吉、昆山、泉州、宁波等地已成功举办了九届。今后,科学研究将不断深化。基础理论研究中除了对语言现象进一步深入描写之外,还将特别重视语言习得的研究,进一步探讨汉语学习规律。此外,跟语言学习密切相关的交际文化的研究还有待深入。教学理论研究的重点仍是对教学活动进行科学化、规范化和标准化的研究,特别是要加强汉语二语教学的总体设计研究,使教学计划更科学、更系统。

三是要重视国别化、语别化的教学法体系。一方面,需要总结提炼国内的汉语教学法;另一方面,也需要关注世界各国的汉语教学模式和教学理念。汉语和汉语教学具有自身的特殊性,需要本学科深入研究汉语的特殊性和汉语作为第二语言教学的特殊规律,找出符合汉语学习特点的教学途径和教学模式,进一步完善中国特色的汉语教学法体系。

四是要重视大数据时代国际中文教学资源的研发。结合互联网技术,联通主流汉语学习资源平台和汉语教学平台,共建共享国际中文教育资源与学习平台;教材建设的努力方向主要是:制订科学的立足国内面向世界的教材编写规划,特别是面向高职院校的汉语教学急需的专业双语教材、汉语教材、就业创新类教材;利用现代化科技手段编写多类型、多层次的系列教材;以大量科学的汉语研究成果为依据,密切结合教学需要,努力提高教材质量。

今后的汉语国际教育,在不断扩大规模的同时必将更加重视教学质量的提高。相信随着教师队伍建设的进一步加强,学科理论体系的进一步完善,教学法的进一步更新,教材体系的进一步完善,以及正确政策的引导和鼓励,教学质量必将会显著提高。目前,我国的汉语国际教育事业正伴随着国家的发展而发展,形势一片大好。可以预见,随着我国经济的进一步腾飞、国际地位的进一步提高,我国的汉语国际教育事业必将更加辉煌。同时,随着世界汉语教学的不断发展,将有越来越多的"中国通""汉学家"积极活跃于国际社会的政治、经济、文化、外交等舞台,为促进世界与中国的交流、拉近世界与中国的距离发挥独特而重要的作用。

参考文献

刘珣主编:《对外汉语教学概论》,北京语言文化大学出版社,1997年。
刘珣:《对外汉语教育学引论》,北京语言文化大学出版社,2000年。
吕必松:《对外汉语教学探索》,华语教学出版社,1987年。
吕必松:《对外汉语教学发展概要》,北京语言学院出版社,1990年。
[加拿大]W. F. 麦基:《语言教学分析》,王得杏等译,北京语言学院出版社,1990年。
齐沪扬、陈昌来主编:《应用语言学纲要》,复旦大学出版社,2004年。
盛炎:《语言教学原理》,重庆出版社,1990年。
王建勤主编:《汉语作为第二语言的习得研究》,北京语言文化大学出版社,1997年。
严美华:《世界汉语教学的新形势与新举措》,《世界汉语教学》2003年第3期。
赵金铭主编:《对外汉语教学概论》,商务印书馆,2019年。
赵贤州、陆有仪主编:《对外汉语教学通论》,上海外语教育出版社,1996年。
周小兵、李海鸥主编:《对外汉语教学入门》,中山大学出版社,2004年。

思考与练习

1. 略述你对汉语国际教育学科性质和特点的认识。
2. 如何理解汉语国际教育是一门综合性、交叉性的学科?
3. 汉语国际教育的研究对象和内容有哪些?
4. 简述汉语国际教育的学科体系和结构。
5. 汉语国际教育事业在20世纪70年代末以后的蓬勃发展阶段取得哪些成就?
6. 简要谈谈汉语国际教育事业的现状和发展趋势。

第二章　汉语二语教学基础论

第一节　第一语言教学与第二语言教学

一、第一语言和第二语言

（一）第一语言

1. 第一语言和母语

第一语言（first language）是指一个人出生之后最先接触并获得的语言。比如一个儿童出生之后首先接触并获得了英语，英语就成为他的第一语言。一个人的第一语言通常是他的母语。

什么是母语？对这个问题目前还存在不同的看法。有人认为母语是指"一个人最初学会的一种语言，在一般情况下是本民族的标准语或某一种方言"①，这个意思通常被译作"mother tongue"。也有人认为母语是"指本民族的语言"②，这个意思通常被译成"native language"。母语还可以解释为"一个语系中作为其他语言共同起源语的语言"，如拉丁语被认为是法语、意大利语、罗马尼亚语等所有罗曼语的母语，这个意思通常被译成"parent language"。要想搞清第一语言和母语的关系，就必须先对母语进行明确的界定。我们认为，母语就是指父母乃至多代以前一直沿用下来的语言。母语具有继承性，它体现了人们世代的语言关系。一个人出生之后通常是使用并继承了母语，母语通常也就成为他

---

① 中国社会科学院语言研究所词典编辑室编：《现代汉语词典》（第7版），商务印书馆，2016年，第926页。

② 刘珣：《汉语作为第二语言教学简论》，北京语言文化大学出版社，2002年，第2页。

的第一语言。比如一个汉族儿童自幼所习得的语言就是他祖祖辈辈沿用下来的汉语,汉语就是他的母语,当然也是他的第一语言。

一个人从小接触并获得的第一语言一般都是从父母一辈习得的,他继承了前辈的语言"母语",这是最常见的情况,因此,人们通常把第一语言和母语等同起来。其实,尽管第一语言与母语之间的关系十分密切,但二者也有所区别。第一语言和母语是两个不同的概念,第一语言可能是母语,也可能不是母语。就多数人而言,母语是他们的第一语言。但由于种种原因,有些人习得的第一语言并非母语,例如,中国少数民族的小孩在汉族地区长大,首先习得了汉语,汉语是他的第一语言,却不是他的母语。对于那些移居国外的人来说,其子女出生后首先接触并获得的语言可能也不是母语,如移居美国的华侨,其子女可能从小就不学说母语,而是先学说英语,他们的第一语言是英语,而不是母语汉语。母语失却现象的存在,也有力地说明了第一语言和母语的不同。在内涵上,第一语言指的是获得语言的顺序,而母语不完全是一个获得语言的顺序问题;在外延上,二者所指称的对象是交叉关系。第一语言是语言学的概念,母语则更多地牵涉到民族学问题①。

2. 第一语言和本族语

第一语言也不等于本族语。本族语(native language)是指语言习得者自己的民族所使用的语言,也称民族语。一般来说,每个民族都有自己独立的语言,如汉族有汉语,蒙古族有蒙古语,俄罗斯族有俄语。如果一个人儿时从父母那里习得本民族语言,他的第一语言和本族语就是一致的;一个人儿时从父母或当地社团那里习得外族语言,他的第一语言就不是本族语,出现了第一语言与本族语分离的现象。

本族语和母语的关系又是怎样的呢?一般人会认为,母语就是本族语,如汉族人的母语就是汉语,蒙古族人的母语就是蒙古语,朝鲜族人的母语就是朝鲜语,等等。其实,一个人的母语可以是他的本族语,也可以是非本族语,民族语与母语也不能完全划等号,母语的转用和民族语的消亡就是很好的证明。

第一语言和母语、本族语三者关系密切,但又不完全等同。在一般情况下,就绝大多数人而言,第一语言和母语、本族语是一致的。但现实中有些时候,由于本族语的消亡、母语的转用、母语与第一语言的分离等,第一语言和母语、本族语又不完全一致,形成三者之间相互交错的局面。

3. 第一语言的获得

人是怎样获得第一语言的呢?有人认为第一语言的获得大致可分为两个阶

---

① 李宇明:《论母语》,《世界汉语教学》2003年第1期。

段,第一阶段是早期的潜意识的语言习得,第二阶段是入学后在课堂上有意识的语言学习①。这种没有非常明确的语言学习意识的获得,通常称为习得,它是指在自然的语言环境中,通过语言交际活动不知不觉地获得语言。以儿童习得第一语言最为典型。有研究者把儿童语言发展的阶段分为独词句阶段、双词句阶段和电报句阶段。周国光曾指出,从儿童语言结构能力发展的角度来看,可以把儿童语言发展的阶段分为词语法阶段、词组语法阶段和句语法阶段。在词语法阶段,儿童构成语言的句法单位是单词,其语言形式是单词句、双词句和电报句,其句法规则是单词的语序及其语义选择限制规则。汉族儿童1～1.5岁处于词语法阶段。在词组语法阶段,儿童构成语言的句法单位是词组。汉族儿童从2岁起开始进入词组语法阶段。在句语法阶段,儿童构成语言的单位除了前期的单词、词组以外,又增加了分句。汉族儿童在3岁时已进入句语法阶段。这种划分更能真实地反映儿童的语言结构能力的发展情况。并指出"儿童习得语言的手段有模仿、替换和句法同化等"②。掌握第一语言,除了儿童语言习得之外,还往往要接受学校的正规语言教学。在课堂教学的环境下有专门的老师指导,严格地按照教学大纲和教材,通过讲练等环节有计划、有系统、有意识地去获得语言,通常称为学习或学得。

研究第一语言习得主要是为了更好地探讨第二语言学习的规律,提高教学效率。国外有不少学者试图对儿童第一语言的获得进行合理的解释,提出了一些理论和假说,如刺激反应论、先天论、认知论、语言功能论等。这些理论各自具有独到的见解,从不同的方面探讨了第一语言习得之谜。

(二) 第二语言

1. 第二语言和目的语

第二语言(second language)是指一个人掌握了第一语言之后所学的另一种或多种其他语言。比如一个人的第一语言是英语,他又学习汉语,则汉语是他的第二语言;一个人的第一语言若是汉语,他又学习英语、法语、阿拉伯语等,英语、法语、阿拉伯语等便是他的第二语言。第一语言、第二语言主要是按语言学习的先后顺序来划分的,先习得并掌握的语言是第一语言,后习得或学习的语言不管有多少种,都通称为第二语言。第二语言可以是外国的语言,也可以是本国其他民族的语言。第二语言通常为非母语、非本族语,特殊情况下也可以是自己的母语或民族语。

---

① 刘珣:《汉语作为第二语言教学简论》,第4页。
② 周国光:《汉语句法结构习得研究》,安徽大学出版社,1997年,第12、15—17页。

目的语(target language)是指人们正在学习并希望通过学习获得的语言,也可以说是在语言教学中正在被教授和学习的第二语言。在第二语言教学过程中,不论是外语还是非本族语,甚至是母语,只要是学习者希望掌握的目标语言,都可以称之为目的语。例如,我国汉族儿童从小学习汉语,然后又开始学习英语,英语是他希望掌握的第二语言,英语就是他的目的语。再如,一个藏族人如果他的第一语言是藏语,又开始学习并希望掌握汉语,汉语就是他的目的语,后来再学习英语,此时,英语也是他的目的语。第二语言的学习通常是目的语的学习,但第二语言不等于目的语。

2. 第二语言和外语

外语(foreign language)也称外国语,是指外国的语言。外语属于第二语言,但第二语言不一定都是外语,二者所指对象的范围不同。第二语言大多是指外语,但除了外语,还包括本国其他民族的语言或本族语之外的本国通用语。例如在中国,中国人学习的英语,我们可以称之为外语,而少数民族人士学习汉语,或汉民族人士学习少数民族语言,一般不叫外语,但可以把对方的语言叫作第二语言。中国人学习的外国语言(如英语、法语、韩语、阿拉伯语等)既可以称为第二语言,又可以统称为外语。因此,第二语言与外语的关系可以看成是包容关系,第二语言所指的范围比外语要广,它既包括外国语,又包括本国的其他民族的语言等。这两个概念既有联系、有交叉,也有明显的区别。不过,近年来在术语的使用上,第二语言教学界出现了一种用"第二语言"取代"外语"的发展趋势。

3. 第二语言的获得

第二语言学习者是怎样获得第二语言的呢?第二语言获得的主要途径是接受学校的正规课堂教育,其次是家庭教育和自学等。人们获得第二语言与获得第一语言的途径有很大的不同。掌握第二语言主要是通过学得,而通常不能单靠习得。也就是说,获得第一语言以自然习得为主,获得第二语言以课堂正规的学习为主。学习第二语言者多为成人,成人第二语言的获得相对比较复杂,他们很少能够在自然状态下学习,主要是在教室通过教师、教科书和教具等在人为的环境中学习,当然在当代社会也可以通过网络学习。一般来说,获得第二语言要比获得第一语言的难度要大。这是因为:第二语言课堂教学不能为学习者提供真实的交际情景;"教科书语言"与实际生活中的"活语言"相差较远;学习者接触目的语的时间和机会是极其有限的;学习者的母语或第一语言对第二语言的学习起一定的干扰作用;第二语言学习者由于年龄的问题,模仿能力和记忆能力相对较差;等等。

成人学习第二语言与儿童学习第二语言既有共性,也有不少区别:成年人意志力强，往往都是有意识的学习，要付出更多的艰辛；他们都要系统地掌握语法规则和语言基础知识；通常模仿和记忆能力不及儿童，而且学习第二语言要比儿童受到更多的来自第一语言的干扰等。

有人对"学习者是如何学会第二语言的"这个问题进行过研究，提出了一些比较有影响的理论和假说，例如，对比分析假说、中介语假说、偏误分析、内在大纲和习得顺序假说、输入假说、普遍语法假说、文化适应假说等，这些理论从不同的角度揭示了第二语言学习的某些特点和规律。

二、第二语言教学

（一）什么是第二语言教学

第二语言教学（second language teaching）是与第一语言教学相对应的概念。它是指对已经掌握第一语言的人所进行的其他语言的教学活动，这种活动通常是在学校环境里进行的正规的教学活动。对外国人进行的汉语教学，我们通常称为对外汉语教学（teaching of Chinese as a foreign language），如对第一语言为非汉语的日本人、韩国人、美国人、澳大利亚人等进行的汉语教学都称为对外汉语教学（也叫世界汉语教学、汉语国际教育、国际中文教育等）。

汉语二语教学是一种第二语言教学。这种教学活动要求制定专门的教学大纲、教学计划，编写符合教学大纲的教材，按照大纲和计划组织教学并对学生的学习进行测试评估等。第二语言教学包括外国学生在目的语国家的学校里学习第二语言，也包括本国学生在本国的外语院校学习第二语言。前者如留学生在中国的学校里学习汉语，称汉语为第二语言教学；后者如中国学生在国内学校里学习英语、法语等，称英语为第二语言教学、法语为第二语言教学等。

第二语言教学包括教和学两个方面。研究第二语言教学，既要研究教，又要研究学。教包括课堂组织、课堂教学技巧、教材的编写、成绩的测试等；学包括学习者的心理和学习的规律等。尽管不同的第二语言教学具有不同的特点，例如，汉语作为第二语言教学在教学对象、教学内容、教学方法、教学手段等方面都应该具有区别于其他第二语言教学的特点，但作为第二语言教学，它们也有许多共同的特点和规律。

（二）第二语言教学的特点

尽管第二语言教学和第一语言教学都是语言教学，存在着共同的语言学习规律，但由于教学对象、教学环境以及学习者文化背景等方面的不同，第二语言教学与第一语言的教学存在一定的差异，形成各自不同的特点。与第一语言教

学相比,作为第二语言教学的特点主要表现在以下方面:

(1) 第二语言教学主要是以培养运用目的语的交际能力为目标。

(2) 第二语言教学以技能训练为中心,通过大量的练习和反复的实践将语言知识转化为技能。

(3) 第二语言教学以集中进行强化训练为主要教学形式。因为第二语言学习者多为成人,要在比较短的时间内掌握目的语,客观上需要课程集中、内容密集、进度较快、班级规模相对较小。

(4) 第二语言教学重视基础阶段的教学。这是因为基础阶段的教学对第二语言的初学者来说尤其重要,为进一步学习目的语打下坚实的基础。基础阶段的学习者最多,也最能体现第二语言教学的特点和规律。

(5) 第二语言教学注重语言对比,通过目的语与母语的对比,确定教学的重点和难点。

(6) 第二语言教学存在着母语对目的语的迁移作用。

(7) 第二语言教学更加注重文化教学。语言教学离不开文化教学,要熟练地掌握并运用目的语进行交际,就必须学习该语言的文化,特别是与语言交际相关的文化。

第二语言教学的这些特点会影响到第二语言教学的内容、方法和教学原则等的确定。

三、第二语言教学与第一语言教学的异同

第一语言教学(first language teaching)是指儿童习得第一语言之后有意识地继续学习第一语言而在学校里进行的正规的课堂教学活动。例如,汉族儿童出生之后首先习得汉语,汉语就是他的第一语言,入学后继续学习汉语,在学校里进行的一系列汉语教学活动就是第一语言教学。儿童入学之后,就进入了他获得第一语言的学习阶段,有教师指导、有教学大纲等。其主要特点是:学习者都有一定的语言基础,已经基本具备运用该语言进行交际的能力;时间充裕,有很好的语言环境,练习实践的机会多;学生和教师之间的交流不存在语言障碍;教学更注重语言的形式;掌握文化主要是靠习得等。第二语言教学与第一语言教学既有相同的地方,又存在很多不同点。

(一) 第二语言教学与第一语言教学的共同点

第二语言的教与学和第一语言的教与学存在着某些共同之处。例如,第二语言教学和第一语言教学都是以培养语言的交际能力为目的,学习都需要有一

定的语言环境,都必须学习并掌握语言的三个要素。其共同点具体表现在以下两大方面。

1. 从教的方面来看

第二语言教学和第一语言教学都要讲授基本的语言规律,都需要培养学生听、说、读、写的能力和对语言规律的概括能力;教学内容都包括语音、词汇、语法三个语言要素和语用规则、言语技能以及相关的文化知识;教学步骤都有预习、讲解、答疑、练习和巩固等环节;教学过程都是由易到难、由浅到深、循序渐进;教学方式上都会有实物展示、课堂提问、课堂讨论等;课堂上都要注意趣味性和情感性,提高学生的学习兴趣,增强学生的自信心。

2. 从学的方面来看

第二语言教学和第一语言教学对于学习者来说,都是为了获得语言的交际能力;学习第一语言和学习第二语言存在着某些相同的学习策略;学生都要掌握基本的语言规律;学习大体上都要经过感知、理解、模仿、记忆、巩固和应用等阶段;都应该是有意义的学习,而不应是脱离意义的机械性的操练。

(二)第二语言教学与第一语言教学的不同点

第二语言教学与第一语言教学由于学习的主体不同、动力不同、环境不同、方式不同、过程不同以及学习者文化背景的不同,二者存在明显的差异。主要表现在:第一语言的学习者是儿童,而第二语言的学习者多是成人;第一语言的学习是在天然的环境中进行的,家庭、社会为学习者提供了优越的语言环境,而第二语言的学习者由于相对缺少目的语的语言环境,掌握目的语就困难得多;第一语言的学习者语言能力和思维能力同时发展,第二语言的学习者学习过程中往往中间要经过第一语言的思维过程,存在着由此而产生的第一语言的负迁移问题;第一语言的学习者通常在学习语言的过程中就习得了该语言的文化和语用规则,而第二语言的学习,还要花相当的时间和精力专门学习该语言的文化等。

第二语言教学与第一语言教学的不同点具体表现在以下几个方面。

1. 教学起点不同

第二语言教学需要从培养学生最基本的语言知识开始,先教发音、最基本的词汇和语法,它是真正意义上的零起点的教学。而第一语言的学习者在入学时已经基本具备运用语言进行交际的能力,不需要从最基本的言语能力开始教,第一语言教学主要是培养学生的读写能力和进一步提高表达能力以及运用语言交际的能力。

2. 教学环境不同

第一语言教学往往是在母语的天然语言环境中进行的,不存在语言交流上的障碍。第二语言教学缺乏良好的语言环境,教师与学生、学生与学生之间存在语言交流障碍。

3. 受其他语言的影响不同

第一语言教学中,学习者的大脑里没有别的语言,不受任何别的语言的影响,不存在语言迁移问题。而第二语言教学要受第一语言或其他第二语言的迁移作用的影响,在第二语言教学中,学习者的第一语言习惯会对第二语言的学习产生迁移作用,两种语言的结构特征相同或相似,容易产生正迁移,而两种语言的差异容易产生负迁移。例如,汉语中带宾语的主谓句的语序是"主语＋动词＋宾语",英语中带宾语的主谓句的语序也是"主语＋动词＋宾语",结构相同,学习起来容易接受和掌握,产生正迁移;而汉语中没有动词第三人称单数的变化,英语中一般现在时第三人称单数动词往往要变化,初学者不易掌握,常常出错,形成干扰,产生负迁移。

4. 文化对语言教学的影响不同

语言和文化关系密切,第二语言的学习者由于文化背景不同,风俗习惯不同,思维方式有别等,可能对某些语言现象不易理解并难以接受,这就会形成语言学习中的文化障碍,甚至会引起文化冲突。第二语言的教学任务之一就是要结合语言教学进行相关的文化教学,使学习者了解、理解甚至接受第二文化。而人们在习得第一语言的同时,通常也习得了该文化,他们自然地形成了说这种语言的人的文化心理和文化习惯。因而,扫除文化障碍、避免文化冲突在第一语言教学中一般是不会存在的,即便是有一些文化问题,也比较容易解决。

5. 教学对象不同

第一语言的教学对象为本国的儿童,年龄不大,善于模仿,有着共同的文化背景;而第二语言的教学对象范围广,是不同文化背景的外国人,他们以成年人为主,认知能力和抽象思维能力都已大大发展,有较强的理解能力,自我控制能力很强,注意力容易集中,但记忆和模仿能力较差。

6. 教学目的和要求不同

由于教学对象的不同,教学目的和要求应有所区别。第一语言教学中,学习者有着共同的基础,有着共同的学习动机等,因此,教学目的和要求基本一致;而第二语言教学中,学习者的年龄有差别,学习动机不尽相同,原有文化与目的语文化有冲突等,给第二语言教学带来诸多困难和复杂性。这些差异导致了第二语言教学和第一语言教学在教学目的和要求方面的不同。

7. 教学内容及教学重点和难点不同

由于教学对象不同、教学目的和要求不同,第二语言教学与第一语言教学在教学内容上应有所区别。适合第一语言教学的内容不一定适合第二语言教学,同样,适合第二语言教学的内容也不一定适合第一语言教学,因而两类不同的教学需要两种不同的教材。在教学重点和难点上,第二语言教学与第一语言教学也有很大的不同,通常可以拿第一语言与目的语对比来确定第二语言教学的重点和难点。

8. 教学方法和教学技巧的不同

由于第二语言教学和第一语言教学在教学目的、教学对象、语言环境、教学起点、文化因素等方面存在差别,两种类型的语言教学在教学方法和技巧上有着不同的特点。第一语言的教学方法不一定能适应第二语言教学,在第二语言教学实践中出现的多种各具特色的教学法也不一定适合第一语言教学,二者可以互相借鉴,但不能简单地套用。

从以上几个方面可以看出,第二语言教学与第一语言教学存在很大的差异。作为第二语言教学的教育工作者,应该充分认识到第二语言教学与第一语言教学的共同点和不同点,掌握第二语言教学的特点和规律,运用合适的教学方法和教学手段进行教学。只有这样,才能有效地提高第二语言教学的质量和效率。

第二节 第二语言教学法的主要流派

第二语言教学法是一门研究教授和学习第二语言规律的科学,研究对象包括第二语言的教学理论、教学实践、教学过程和教学规律。第二语言教学法是一门独立的学科,也是一门综合性的学科,它与哲学、教育学、语言学、心理学、社会学等邻近学科有着密切的联系。在外语教学史上,第二语言教学法通常被叫作外语教学法。

教学法流派是指在一定的理论指导下,在教学过程中逐渐形成的某一学科的教学法体系。这个教学法体系包括它的理论基础、教学目标、教学原则、教学内容、教学方法、教学过程、教学形式、教学手段、评估方法以及对教师与学生在教学过程中的作用的认识等。应该说第二语言教学已经有悠久的历史,但现代第二语言教学的时间并不长,只有一百多年的时间。在第二语言教学实践中,人们不断地对第二语言教学理论进行研究和探索,寻求有效的第二语言教学的方法,先后出现了数十种各具特色的第二语言教学法流派,其中影响较大的主要有语法翻译法、直接法、情景法、阅读法、自觉对比法、听说法、视听法、认知法、自觉实践法、全身反应法、咨询法、暗示法、自然法和交际法等。

汉语作为第二语言教学在发展过程中一直受到世界上第二语言教学各种教学法流派的影响,并不断从中汲取营养。要学习并掌握汉语作为第二语言教学的方法,就要对其他第二语言教学法流派有所了解。下面选取几种影响较大的第二语言教学法流派进行评介,以供汉语二语教学借鉴和参考。

一、语法翻译法

(一)语法翻译法及其理论基础

语法翻译法(grammar translation method)又称翻译法、传统法、古典法。它是以系统的语法知识教学为纲,依靠母语,通过翻译手段,重在培养外语读写能力的教学法。语法翻译法起源于中世纪欧洲人教希腊文和拉丁文的方法,18世纪开始教英语、法语、意大利语等现代语言时,仍沿用这一古老的方法,直到18世纪末、19世纪初,德国语言学家奥伦多夫(H. Ollendorff)等人对语法翻译法进行理论上的总结和阐述,才使语法翻译法成为具有完整系统的第二语言教学法。

语法翻译法的语言学基础是历史比较语言学,心理学基础是18世纪德国的官能心理学。

(二)语法翻译法的主要特征

语法翻译法的主要特征包括以下五个方面:

(1)以培养读写书面语能力以及发展智力为主要目标。

(2)以系统的语法知识为教学的主要内容,对语法规则进行详细的分析,要求学生熟记并通过翻译练习加以巩固。

(3)词汇的选择完全由课文内容决定,用对译的生词表进行教学,句子是讲授和练习的基本单位。

(4)用母语进行教学,母语和外语互相翻译是主要的教学手段、练习手段和评测手段。

(5)阅读领先,重视阅读能力和翻译能力的培养,强调学习规范的书面语,注重通过阅读外语名著来学习外语。

(三)语法翻译法评价

语法翻译法的主要优点是:有助于学生牢固掌握系统的语法知识,阅读和翻译水平较高;采用母语讲授,可以减轻教师的压力,还可以节省课堂教学时间。缺点主要表现在:忽视口语教学和语音教学,缺乏听说能力的训练;过分地强调语法规则的教学,忽视语言技能的训练;教学内容、教学过程比较枯燥;利用母语教学,过分地强调翻译,不利于培养学生运用目的语进行思维和交际的能力;以教师为中心,教学方式单一,学生缺少实践机会,课堂气氛沉闷。

语法翻译法是第二语言教学法史上第一个完整的教学法体系,也是第二语言教学史上最古老的教学法,其历史悠久,生命力强。从19世纪40年代到20世纪40年代的100年间,在欧洲第二语言教学中一直居统治地位。语法翻译法很早就被介绍到我国,成为我国早期的外语教学法之一,它对我国的外语教学和汉语作为第二语言教学的影响很大。我国通常把语法翻译法称为传统教学法。长期以来,这种传统教学法在我国英语教学中一直占统治地位,直到目前,在我国仍占有相当的市场。

二、直接法

（一）直接法及其理论基础

直接法(direct method)也称反语法翻译法、改革法、现代法。它是在外语教学过程中不用母语、不用翻译而直接通过目的语本身进行会话、交谈、阅读来教授外语的一种教学法。

直接法是在19世纪下半叶作为语法翻译法的对立物出现于西欧的。19世纪下半叶,西欧各国的资本主义有了进一步的发展,语言不通日益成了各国直接交往的最大障碍,人们越来越意识到口语交际的重要,认为口语应成为外语教学的主要目的。

直接法的语言学基础是当时发展起来的语音学和科学的连贯语法。在教育学基础方面,夸美纽斯(Jan Amos Komenský)等人提出的"教育适应自然"的思想对直接法的形成产生了很大的影响。他们提出的直观性原则、循序渐进原则等都成为直接法的教学论基础。在心理学方面,直接法受联想主义心理学的影响较大;此时兴起的行为主义心理学"刺激-反应"的观点也为直接法提供了理论依据。

直接法的学者们观察到:幼儿学习母语只需较短的时间就学会说话,能够初步满足日常口头交际的需要,发音纯正,说话自然,学起来轻松愉快。他们认为,采用幼儿学语的办法学习外语"顺乎人类学语的自然规律"。在幼儿学语论的基础上,直接法形成了一系列教学原则:直接联系原则、句本位原则、以模仿为主原则、以归纳途径教语法规则原则、以口语为基础原则和以当代通用语言为基本教材原则等。

(二) 直接法的主要特征

直接法的主要特征表现在以下五个方面：

(1) 教学中尽量不用母语，不用翻译，不用形式语法，直接用外语讲练外语，培养学生直接运用外语思维的能力。

(2) 主张以口语为基础，以模仿多练为主。认为外语教学应该从口语而不是从书面语入门，应在听说的基础上学习读写。

(3) 充分利用直观教具，激发学习兴趣；以模仿为主，注重实践练习，培养语言习惯，即培养语感。

(4) 以句子为教学的基本单位。认为句子是口头交际的基本单位，幼儿学语是整句整句地学的，而不是先学一个个孤立的单词和一条条孤立的语法规则，更不是先孤立地学会单音和字母才去学话的，因此，教外语也应当以句子为单位，整句学，整句用。

(5) 主张以当代通用语言"活语言"为教学内容，反对语法翻译法以古典文学作品为基本教材。

(三) 直接法评价

直接法的主要优点是：重视口语和语音教学；强调直接运用目的语进行教和学；注重语言实践，多说多练；充分利用直观教具，加深学生的感知印象。缺点主要表现在：用第一语言教学的教授方法来教授第二语言，忽视了第二语言教学的特殊性；排斥母语在外语教学中的作用；一系列的句型模仿具有一定的局限性。

直接法从19世纪中后期到第二次世界大战的七八十年间广为流传。它是继语法翻译法之后影响很大的外语教学法流派，它的出现掀起了外语教学史上的一场改革运动，打破语法翻译法一统天下的局面，建立起语言与客观事物的直接联系，开辟了语言教学的新途径，把外语教学从书面语引向口语，改死记硬背语法规则为培养听说读写的能力，在教授活语言、培养口语能力方面取得了显著的成绩，对以后的外语教学和后来的第二语言教学法一直产生着重大影响。"如果说古典语法翻译法是一种传统法，是以后的自觉对比法、认知法等流派的本源的话，那么，直接法作为改革法，则开以后的听说法、视听法、功能法、自觉实践法等新改革法流派的先河。"① 直接法出现以后被很多国家采用，20世纪对我国英语教学界和汉语二语教学界产生过较大的影响，当时我国的汉语二语教学法也曾被称为相对直接法。

---

① 章兼中：《国外外语教学法主要流派》，华东师范大学出版社，1983年，第65页。

三、听说法

（一）听说法及其理论基础

听说法(audiolingual approach)又称口语法、句型法、结构法、军队教学法，这是一种强调通过反复句型结构操练培养口语听说能力的教学法。听说法于20世纪40年代在美国产生。第二次世界大战爆发后，美国军队为在短期内培养大批掌握外语口语能力的军人，采取一系列的措施和手段强化训练士兵的听说能力，听说法应运而生。第二次世界大战结束后，该法被推广应用到学校外语教学中，并在20世纪五六十年代风行美国及西方各国。

听说法的语言学理论基础是美国结构主义语言学，该法强调第二语言教学要从口语开始，从说话开始，通过掌握语言结构学会目的语。听说法的心理学基础是行为主义心理学的刺激-反应论。认为言语行为是通过刺激与反应的联结并加以强化而形成习惯，强调第二语言教学要通过大量的模仿和反复操练养成新的语言习惯。

（二）听说法的主要特征

听说法的主要特征表现在以下七个方面：

（1）听说领先。注重口语，听说领先，听说是一切言语活动的基础，口语是第一位的，读写是在听说的基础上派生出来的；初级阶段先练口语，以培养口语能力为主，读写为辅。

（2）反复操练，用模仿、重复、记忆的方法去反复实践，形成自动化的习惯。

（3）以句型为中心。句型是语言教学的基础，也是外语教学的中心，通过句型操练，能自动化地运用每一个句型，掌握目的语。

（4）排斥或限制使用母语和翻译，尽量用直观手段或借助于情景、语境，直接用目的语理解和表达。

（5）对比语言结构，确定教学难点，把外语教学的主要力量放在攻克难点上。语言结构对比包括母语同目的语结构的对比分析和目的语结构内部的对比分析。

（6）能及时、严格地纠正学习者出现的错误，培养正确的语言习惯。

（7）广泛利用现代化教学技术手段，如幻灯、录音、电影、电视等，通过多种途径进行强化刺激。

美国布朗大学特瓦德尔(W. F. Twaddle)教授在1958年把听说法的教学过程归纳为认知、模仿、重复、变换、选择五个阶段。

(三) 听说法评价

听说法的主要优点是：以口语为中心，以培养听说能力为主；强调句型的训练，创造了一套通过句型操练进行听说读写的基本训练方法；限制使用母语但不排斥母语的作用；通过母语和外语对比确立教学重点和难点；运用现代化视听手段进行教学。缺点主要是：强调听说，忽视读写；听说是枯燥的机械性操作，句型操练脱离语境，不利于培养创造性地运用语言的交际能力。

在第二语言教学史上，听说法是一种理论基础非常雄厚的教学法流派，它把结构主义理论和行为主义理论应用到外语教学中，使外语教学建立在当代科学研究成果的基础之上，具有划时代的意义。听说法的出现成为第二语言教学法发展史上的一座里程碑，在理论和实践两个方面，都促进了第二语言教学法的发展。《英语九百句》就是一套按照听说法理论编写的比较有名的学习英语口语的教材，曾在我国的英语学习中产生过较大的影响。

四、视听法

(一) 视听法及其理论基础

视听法(audio-visual approach)来源于直接法和听说法，20世纪50年代产生于法国。它是在听说法的基础上，利用视听结合手段而形成的一种教学法。随着大众传播工具的迅速发展，把广播、电影、幻灯、录像、录音等广泛运用于外语教学领域，即运用声、光、电等现代化设备，使语言与形象结合起来，建立起外语与客观事物的直接联系，视觉感受和听觉感受相结合。

视听法的理论基础建立在现代语言学和心理学之上。其语言学基础是结构主义语言学，其心理学基础是现代心理学家提出的"言语交际过程是编码和译码传递信息的活动过程"的理论以及行为主义心理学。

(二) 视听法的主要特征

视听法的主要特征表现在以下五个方面：

(1) 语言和情景紧密结合。除重视听说外，还强调"看"，即看画面或情景，学生一边看画面，一边练习听说，身临其境地学习外语，把看到的情景和听到的声音自然地联系起来，印象深刻。

(2) 重视口语教学，认为口语是教学的基础。

(3) 重视句型教学，强调通过情景操练句型，使学生掌握在一定场合常用的成套生活用语。

(4) 日常生活情景对话是教学的中心。从日常生活情景需要出发，选择安排语言材料,比听说法更能符合学生言语交际的需要。

(5) 排除母语和文字作为中介,直接用外语进行释义和练习。

视听法的教学过程一般分为四个步骤,即感知、理解、练习和活用。

(三) 视听法评价

视听法的主要优点是:调动了多种感官的功能,有利于培养语感;直接建立外语和客观事物的直接联系,有利于培养学生用外语思维的能力。主要缺点是:过分强调整体结构,忽视语言分析、讲解和训练,有碍于理解和运用外语;忽视书面语的作用,人为地割断了口语和书面语之间的联系。

视听法继承并发扬了直接法和听说法的长处,最大的贡献在于它广泛地运用声、光、电等现代化设备,使语言和形象紧密结合,在情景中整体感知语言的声音和结构。视听法在初创时是法国对外国成年人进行短期速成教学的一种方法,在欧洲大陆的一些国家得到推广和应用,20世纪70年代中期以来成为一种被广泛采用的第二语言教学法。20世纪60年代中期,中法建交,视听法开始传入我国。英语教学中运用视听法的典型教材如《新概念英语》(*New Concept English*)在70年代后期开始被我国采用,并对我国的英语教学和学习产生了广泛的影响。

五、认知法

(一) 认知法及其理论基础

认知法(cognitive approach)也叫认知符号法,产生于20世纪60年代中期的美国,这种教学法是作为听说法的对立面而产生的。20世纪60年代,科学技术飞速发展,国际间的政治、经济、军事、科技等各个领域的激烈竞争,要求大量能够直接进行国际间科技文化交流的高水平人才,以培养口语能力为主的听说法已不适应这种形势发展的需要,外语教学界要求用新的方法代替听说法的呼声越来越高。此时,美国的心理学、教育学、语言学等基础理论学科有了很大的发展,这就为创立新的外语教学法体系提供了坚实的基础。在这种背景下,认知法便应运而生。

认知法的语言学基础是乔姆斯基的转换生成理论,他提出了语言习得机制假说来解释语言学习过程,区分了语言能力和语言行为。认知法的教育学原则是学生中心论。认知法的心理学基础是皮亚杰的发生认识论等。

(二) 认知法的主要特征

认知法有以下八个方面的主要特征:

(1) 以学生为中心,教师的作用是激发学生的学习动机和兴趣,指导学生从言语实践中发现规则,并为学生提供创造性地活用规则的机会和情景,从而使学生掌握规则。

(2) 注重发展学生的语言能力,使学生能够运用有限的语言规则创造性地理解和生成无限的句子。

(3) 注重理解,在理解语言知识和规则的基础上进行操练,反对机械性的死记硬背。

(4) 反对听说领先,认为语言的声音和文字在语言学习活动中相辅相成,主张一开始就进行听、说、读、写的全面训练,听、说、读、写齐头并进,全面发展。

(5) 容忍学生的语言错误。主张对错误进行分析疏导,只改主要错误,反对有错必纠。

(6) 通过母语与目的语的对比分析,确定学习的重点和难点。

(7) 必要时可利用母语,允许适当利用母语进行讲解和翻译。

(8) 广泛运用直观教具和电化教学手段,有助于创造语言环境,使外语教学情景化、交际化。

认知法把外语教学过程分为语言的理解、语言能力的培养和语言的运用三个阶段。

(三) 认知法评价

认知法的主要优点是:强调以学生为中心,强调有意义的学习和有意义的训练,注重理解;主要缺点是:认知法作为一个独立的外语教学法体系还不够完善,在理论和实践方面都需要进一步充实。从理论上说,认知法理论基础的一些理论还处在形成和发展阶段,如转换生成语法体系怎样运用到教学实践中去等问题还需要进一步探索;从实践上讲,缺乏与该理论原则相适应的配套教材。该法在美国多用于教本国人学外语,而在国内外教他族人学英语基本上不用此法。

认知法是与听说法相对立的第二语言教学法一大流派。认知法来源于翻译法,但不是翻译法的机械重复,而是有所发展和提高。它把当代心理学的最新成果——认知学理论运用到语言教学研究中来,首创了对学习者的研究,使外语教学法建立在更加科学的基础之上,对第二语言教学做出了贡献。

六、自觉实践法

(一) 自觉实践法及其理论基础

自觉实践法也叫自觉积极法,它是一种主张在自觉掌握一定语言理论知识的基础上,通过大量言语实践活动达到直觉运用目的语的第二语言教学法。该法产生于 20 世纪 60 年代初的苏联,是苏联外语教学界 20 世纪 60 年代以后广泛采用的一种教学法。

20 世纪 30 年代之后,苏联正统的外语教学法一直是接近于语法翻译法的自觉对比法,偏重语言知识,过多地使用对比和翻译,忽视外语的实践能力,特别是口语能力的培养。50 年代后期,苏联在政治、经济、文化、科技等方面与其他国家的交流越来越频繁,迫切需要大量的外语人才。但自觉对比教学法造成的结果却是外语教学与实际社会需求严重脱节。50 年代末 60 年代初,苏联外语教学界开展了两次关于教学改革的大讨论,最终形成了一个既保留传统合理内核又充分体现改革精神的自觉实践法。

自觉实践法是一个理论基础厚实的教学法体系。其语言学基础是苏联著名语言学家谢尔巴院士关于区分语言、言语、言语活动的学说。其心理学基础初期是别利亚耶夫关于外语和思维关系的外语教学心理学说,后来主要是苏联心理学的言语活动理论。

(二)自觉实践法的基本原则

自觉实践法教学有以下七个基本原则:

(1)自觉性原则。自觉性原则是苏联自觉对比法中最重要的教学法原则,自觉实践法继承了自觉对比法的"在语言理论的指导下实践"这一主张,但有所发展,把自觉性的范围加以扩大。它承认语言理论知识对外语学习具有积极的促进作用,但在外语教学中起决定性作用的不是理论知识,而是大量的言语训练。认为不仅要理解语法规则,能进行语法分析,更要理解语义和实际用法,从自觉到直觉。

(2)实践性原则。强调言语实践活动是外语教学的主要途径,要求 80% 的时间用于言语实践,20% 的时间用于语言理论知识的讲解,并强调教学目的是培养用外语进行交际的实践能力。实践性原则是自觉实践法的首要原则。

(3)交际性原则。这条原则是对实践性原则的发展,20 世纪 70 年代以来成为主导原则。言语活动从根本上说是一种交际活动,所以教学活动主要应是言语交际的实践,目的是培养学生的交际能力,交际不但应是外语教学的主要目的,而且还应该是主要的教学手段和检查尺度。

(4)情景性原则。主张传授知识、进行言语交际实践都应设置在特定的情景、场合之中,最大限度地接近真实的交际情景。

(5)综合教学为主原则。自觉实践法认为外语教学首先应该是综合的,但并不妨碍人工地划分出不同的方面来,如语音方面、词汇方面、语法方面、修辞语体方面、民俗学方面。分出不同方面,主要是为了方便教师在教授时根据语言材料的不同可以有所侧重,而实际教学过程都是综合的,不应孤立地进行。还强调以句子为基本交际单位的综合教学,包括听、说、读、写四项技能的综合教学。

(6) 考虑母语原则。既主张大量的外语实践,又考虑发挥母语的正迁移作用,限制使用母语但不排斥母语。

(7) 考虑语体原则。外语教学一开始就应注意到语体问题。教学生掌握外语的同时,也应让他们掌握使用目的语进行真实的言语交际所需的各种语体和本领。这条原则实际上是交际性原则的延伸。

此外,自觉实践法还提出直观性原则以及适用于初级和中级阶段外语教学的口语领先的原则。

(三) 自觉实践法评价

自觉实践法是一种为矫正现代语法翻译法——自觉对比法的弊端而提出的新改革法,它是一个比较合理的综合性的教学法体系,继承了语法翻译法和直接法的合理内核,克服了二者的片面和极端之处,而且积极吸取了其他教学法流派的长处,使自身不断发展,走向成熟。苏联 20 世纪 60 年代以来广泛采用自觉实践法,应用自觉实践法之后,苏联的外语教学质量有了明显的、普遍的提高。

七、交际法

(一) 交际法及其理论基础

交际法(communicative approach)又称意念法、功能法或意念功能法。它是以语言功能项目为纲,培养在特定的社会语境中运用语言进行交际能力的一种教学法体系。

交际法产生于 20 世纪 70 年代初期欧洲经济共同体国家,中心在英国,创始人是英国语言学家威尔金斯(John Wilkins)。运用交际法编写出的最有名的教材是《跟我学》(Follow Me)。

交际法的语言学理论基础是 20 世纪 60 年代兴起 70 年代形成高潮的社会语言学。交际法的语言观认为,语言是表达意义的系统,其基本功能是社会交际,语言学不应仅仅研究语言的形式,更要关注语言要完成的社会功能以及语言在人们社会交往中受到的制约因素,因此,第二语言教学的目的不仅是让学习者掌握语言规则、能正确地运用语言,更要掌握语言的使用规则,得体地运用语言。交际法的心理学基础是人本主义心理学和 20 世纪 60 年代后期兴起的心理语言学。交际法强调以学生为中心,首先要分析学习者对第二语言的需要,教学内容和教学方法的确定都必须从学习者的需要出发。交际法还认为,学习者在言语中出现一些错误是正常的也是不可避免的现象,学习者所追求的不可能是完美无缺的交际,而只能是有缺陷的但有效的交际,因此,对学习者的语言错误不应苛求。

(二)交际法的主要特征

交际法教学有如下八个主要特征:

(1)以培养交际功能为宗旨,明确提出第二语言教学目标是培养创造性地运用语言的交际能力,不仅要求语言运用的正确性,还要求得体性。

(2)以功能意念为纲,根据学习者的实际需要,选取真实自然的语言材料,而不是经过加工后的"教科书语言"。

(3)教学过程交际化,交际既是学习的目的,也是学习的手段,在教学中创造接近真实交际的情景并多采用小组活动的形式,通过大量言语交际活动培养运用语言交际的能力,并把课堂交际活动与课外生活中的交际结合起来。

(4)以话语为教学的基本单位。认为语言不是存在于孤立的词语或句子中,而是存在于连贯的语篇中。

(5)单项技能训练与综合性技能训练相结合,以综合性训练为主,最后达到在交际中综合运用语言的目的。

(6)对学习者在学习过程中出现的语言错误有一定的容忍度,对不影响交际的错误能不纠就不纠,尽量鼓励学习者发挥言语交际活动的主动性和积极性。

(7)交际法强调以学生为中心,强调教学要为学生的交际需要服务,以语言功能为纲,根据学以致用的原则,针对不同专业的学习者安排"专用语言"的教学。

(8)主张采用多种教学手段,不应是仅仅一本教科书,而应该是"教学包",即教师用书、辅导读物、磁带、挂图、录像、电影、电视等。

(三)交际法评价

交际法博采众长,从当代语言学和心理学研究的最新成果中获取营养,受到诸如社会语言学、人类语言学、功能主义语言学、语用学、话语语言学、跨文化交际学、言语行为理论、语言变体研究直到中介语理论的影响。交际法是迄今为止影响最大、最富有生命力的外语教学法流派,对我国外语教学和汉语二语教学产生很大的影响。

交际法也存在着不足。首先是功能项目问题:如何确定功能项目,确定语言功能项目的标准是什么,不同的第二语言教学需要多少语言功能范畴,如何科学地安排功能项目的教学顺序等,这些问题都没很好地得到解决。其次是没能处理好语法知识的教学问题；用意念功能范畴不能完全取代传统的语法知识，强调语法教学只学使用（use）、不学用法（usage），这实际上是行不通的；而培养语法意识又会影响能力的培养等。

八、第二语言教学的其他方法

除了上面介绍的几种教学法外，还有一些从心理学角度探讨的具有一定影响的教学法，如全身反应法、咨询法、暗示法、沉默法等。

（一）全身反应法

全身反应法（total Physical response method）又称理解教学法，产生于20世纪60年代初的美国，盛行于70年代，创始人是美国实验心理学家詹姆斯·阿舍（James Asher）。这种教学法强调通过身体动作教授第二语言，主要用于美国移民儿童的英语教学。全身反应法是以儿童习得第一语言的理论为依据。用祈使句进行指令训练，主张先理解后表达，通过动作指令学习语言，这是该法的一大特色，是对第二语言教学法的贡献。全身反应法在第二语言教学中有一定的影响，美国的一些汉语教师也在汉语教学中试用该法。全身反应法强调语法和词汇的学习，不排斥母语，对学习者所犯的语言错误采取宽容的态度，注重培养学习者的口语能力，课堂气氛比较活跃。但该法对成人学习的特点注意不够，对读写能力的培养考虑不够，缺乏对话和其他交际活动等。因而这种方法比较适用于初级阶段的第二语言教学。

（二）咨询法

咨询法（counseling learning）也称团体语言学习法（community language learning）或群体学习法。20世纪60年代初产生于美国，代表人物是美国心理学家柯伦（C. A. Curran）。这种方法是一种采用小组集体讨论的形式，教师和学生的关系类似于医生和病人的关系，并把学习过程看成是咨询过程的第二语言教学法。

咨询法的理论基础是人本主义心理学，强调整体学习观，认为语言学习是一个整体的学习过程，不仅是让学生接受知识、培养能力，而且是既有认知思维的一面又有情感需要的一面，二者需要协调一致。教师不仅要看到学习者"学生"的身份，更要看到他们作为"人"的身份，注重人的内在价值和潜能，发挥人的创造力。在语言学习的过程中，情感是一个决定性的因素，要相信学生能充分发挥自己的潜力，要尊重学生的情感和意见，真诚地对待学生。咨询法吸取了心理疗法的理论和方法，把教师看作咨询医生，把学生看作病人，学生在学习中遇到困难需要向教师咨询求助。

咨询法的基本做法是：6到12个学生围坐成圆圈，谈论他们感兴趣的任何话题，教师在圈中，随时准备回答学生的问题；学生用母语传达一个信息，教师译成目的语，学生如有兴趣就用目的语重复；别的学生则仍用母语进行这一话题，传达更多的信息，教师再翻译并让学生重复；学生在课堂上重复习得的语言，分析自己在语言表述中的错误，继续更多的语言结构练习。教师也可以根据学生的需要，给学生一些指导。对学生的错误尽量少纠正，通过表达正确的句子让学生自己去发现错误。

该法完全打破了以教师为中心的老传统，充分发挥学生的主体作用，重视人的主观因素和学习心理特点，注重建立良好的学习环境和人际关系，最大限度地发挥学生的主动性。学生在一种轻松、安全的氛围中学习，同学之间互相帮助，互相切磋，师生关系、同学关系十分和谐，有利于取得最佳的学习效果。这种教学法的不足之处是，教师的指导作用发挥不够，学习内容由学生自己决定，缺少统一的大纲，教学目标不够清楚。

（三）暗示法

暗示法(suggestopedia)是由保加利亚精神病医生和心理学家、教育家罗扎诺夫(Georgi Lozanov)于20世纪60年代创立的。这是一种强调通过暗示开发人的身心两方面的潜力、激发高度的学习动机并创造最佳学习条件，有意识和无意识的活动相结合，让学习者在放松而注意力又高度集中的心理状态下进行有效学习的教学方法。暗示法强调环境布置、音乐运用和教师威信，其中，音乐是核心。该法利用暗示手段营造轻松、安宁、和谐的气氛，鼓励学生大胆发言，有利于学生培养自信心、激发潜力和提高学习效率，但不利于培养学生的理解能力和创造能力，实际操作难度很大。

（四）沉默法

沉默法(silent way)是20世纪60年代美国数学家兼心理学家凯勒布·加特诺(Caleb Gattegno)首创的。沉默法的教学原则是：学生为主体，学为第一，教为第二，教师的职责是如何启发学生学习，注重培养学生的口语和阅读能力，对学生的语言错误则采取宽容的态度；在教学过程中，教师不作示范，只用些手势、动作、图画、彩色棒等代替本族语和外语，教师在整个教学过程中多半时间保持沉默。沉默法重视人的内在因素和师生间的情感因素，注重培养学生的形象思维能力，增加了学生的实践机会，但却忽视了教师的主导作用。

综观以上各种第二语言教学法流派，都是为适应社会对语言教学的某种需要而产生的，都在一定程度上受到语言学、教育学、心理学等相关学科理论的影响。不同的流派之间存在着差异,有的重口语,有的重书面语;有的重语言结构规则,有的重语言的功能意义,各有所长,又各有所短。汉语二语教学不能照抄照搬,应吸收各种教学法的长处为我所用。

九、第二语言教学法与汉语二语教学法

20世纪50年代以来,汉语二语教学作为第二语言教学,其教学法也在不断发展演进中。汉语二语教学法的发展演进直接受到国外第二语言教学法的影响,同时,汉语二语教学界也结合汉语作为第二语言教学的实际对国外的教学法进行了一定的改进和发展。20世纪50年代,汉语二语教学刚刚起步,汉语二语教学主要采用一种以传授语言知识为主的教学法。这种教学法在指导思想上具有明显的语言学倾向,侧重从语言规律出发,强调讲授系统的语法知识,教学内容上以词汇教学和语法教学为中心,教材编写上往往以语音和语法为纲。这种教学法明显受到语法翻译法的影响。不过,50年代汉语二语教学在采用语法翻译法的同时,还强调了语言综合教学的直觉意识,意识到口语训练和听说读写综合技能训练的重要性。可见,当时的语法翻译法已经接受了直接法的理念。体现20世纪五六十年代的汉语二语教学法的典型教材是1958年出版的《汉语教科书》。

受国外直接法的影响,到20世纪60年代,汉语二语教学界对以传授语言知识为主的教学法进行了改进,把国外的直接法跟我国的语法翻译法结合起来,形成重视实践性教学的原则,教学中侧重语言的听说训练,注重精讲多练,缩小语言知识教学,重视日常会话教学,加强对学生语言实践能力的培养。不过,实际上并没有对原有教学法进行根本的改变,并没完全采用直接法,只能称作相对直接法。体现相对直接法的教材主要有20世纪60年代编写的《基础汉语》和《汉语读本》。

到了20世纪70年代和80年代,受听说法和语言交际观的影响,汉语二语教学界进一步强调学生对汉语的大量接触和实践,强调语言结构的操练,把对话和句型操练作为课堂教学的重点,重视口语的第一性地位,把学生口头语言表达能力的培养放在第一位,从而逐渐形成全面要求、听说领先、读写跟上的教学原则。不过,这种教学法还不是完全的听说法,而是继承了重视语法教学的传统,并重视听说实践和强化口语及句型操练的一种以实践性原则为主的教学法。体现这种教学法的典型教材是20世纪70年代末和80年代初编写的《汉语课本》《基础汉语课本》《初级汉语课本》。

到了 20 世纪 80 年代以后，随着汉语二语教学事业的全面发展和国外第二语言教学理论方法的不断引入，随着汉语二语教学研究不断深入和教师队伍水平的不断提高，汉语二语教学法呈现出多样化的态势，出现了几种有代表性的汉语二语教学法。

1. 结构与功能相结合的教学法

受国外"功能-意念大纲"和交际教学法的影响，20 世纪 80 年代以后，汉语二语教学界开始引进功能意念概念和交际概念，寻求结构与功能的有机结合。结构与功能相结合的教学法的核心原则是交际性原则，强调语言学习就是学习交际，主张以培养语言交际能力为目标，引入功能项目和交际情景，选择符合学生实际交际需要的语言材料来安排教学内容，并通过有意义、有目的的交际活动来实施课堂教学。在具体教学实施和教材编写中，往往把功能与结构、句型、情景等教学内容结合起来，具体形式多种多样，或者以结构为主兼顾功能，或者以功能为主兼顾结构，或者以结构为纲以功能为中心，或者以交际情景为主线暗含功能。尽管形式不一，但功能项目不可缺少。20 世纪 80 年代以后，这种结构与功能相结合的教学法一直是汉语二语教学法的主流，80 年代出版的《实用汉语课本》就体现了这种教学法的思想。

2. 结构、功能与文化相结合的教学法

伴随着文化热的掀起和交际文化概念的引入，对外汉语学界开始重视汉语二语教学中文化因素的教学和导入，从而形成结构、功能、文化相结合的教学原则或教学法，这种教学法在重视语言结构和语言的交际功能之外，还注重揭示语言交际中的文化因素，重视文化意识的培养，在教学中或教材编写的具体做法往往是：以结构为基础，以功能为目的，文化因素融合在语言教学中，并采用通过语言教学导入文化因素的做法实现三者的结合。文化因素的导入可以有不同的方法，例如，在教材中采用注解法，将文化内容与语言材料结合起来的融合法，直接利用视听读形式的实践法，比较母语跟目的语文化异同的比较法，对相关文化内容的专门讲解法等。

3. 科学综合的教学法

由于汉语作为第二语言教学的特殊性，事实上，在汉语二语教学中，从来没有出现像其他外语教学法那样从一种教学法向另一种教学法急剧转变的现象。汉语二语教学在学习、借鉴、采用一种教学法的同时，往往保留和继承了传统的教学法的优点，从而逐渐形成科学综合的教学法，例如，讲功能和情景，不会忘记语法和结构，而是把结构、意义、功能、情景、文化等有机结合起来；强调口语教学，并不轻视书面语教学，而是听、说、读、写并重；讲技能训练，并没有忘记语言知识的教学,而是把语言知识教学与语言技能训练、语言交际能力的培养结合起来;强调学生主体的同时,并没有忽视教师的积极主导地位。由于第二语言学习是一个复杂的活动和过程,第二语言能力的形成是多方面因素综合的结果,因而在汉语二语教学中,不应片面强调某一种教学原则和教学法,而应该吸取各种教学法之长,结合汉语的实际,针对不同课型和不同学习目的,采用科学综合的教学法。

第三节　汉语作为第二语言的教学特点

汉语作为第二语言教学与汉语作为第一语言教学不同,汉语作为第二语言教学与其他语言作为第二语言教学也有所不同。一方面,我们应该看到不同的语言教学之间存在着共性,同是第二语言教学,有相同的规律;另一方面,我们也应该看到不同的语言教学具有各自不同的特点。如英语作为第二语言教学和汉语作为第二语言教学既有共性,也有差异。汉语作为第二语言教学应该具有自己的特点,其特点的形成主要是由汉语的特点决定的,其次决定于不同的母语学习者。

一、与第一语言教学相比汉语作为第二语言的教学特点

汉语作为第一语言教学的学习者的母语通常是汉语,汉语作为第二语言教学的学习者的母语是其他语言,二者在教学对象、教学环境、教学目的、教学内容、教学方法等许多方面存在差异。与汉语作为第一语言教学相比,汉语作为第二语言教学主要有以下特点。

1. 年龄层次不同

从学习者的年龄层次来看,汉语二语教学的对象大多是成年人,他们还不能使用汉语进行交际。他们通常理解能力较强,而记忆能力较差。

2. 迁移作用不同

从受语言学习的迁移作用来看,汉语在语音、词汇、语法、文字等方面以其独特的系统区别于其他语言,而外国人学习汉语时已具有母语基础,这会对学习汉语产生一定的迁移作用。

3. 学习环境不同

从学习者的学习环境来看,中国的儿童习得汉语是在天然的语言环境中进

行的,便于学习和运用。外国人学习汉语的环境有两种情形,一是在中国学习,一是在本国学习。在本国学习缺乏天然的语言环境,学习效果不理想。即使在中国学习汉语,课堂内外都能够接触到汉语,但由于汉语基础、交际能力等多种原因的影响,也有学习者往往不能很好地利用语言环境。因此,汉语二语教学要充分利用和积极营造语言环境,以促进教学。

4. 文化背景不同

从文化教学的角度来看,汉语作为第二语言教学应更加注重文化的教学。汉族儿童在学习汉语的同时已经习得了汉语的文化,语言和文化是融合在一起的;汉语作为第二语言的学习者的文化背景与汉文化存在这样或那样的差异,要想真正地掌握汉语,就必须学习并了解汉文化,因此,教学中应多方面地介绍汉民族文化。

5. 学生个体差异不同

从学习者的差异性来看,汉语作为第二语言教学更应该注重不同的学习者的差异性。汉语作为第二语言教学的对象来自不同的国家、不同的民族,文化背景、思维方式、民族心理、学习方法等方面存在个性差异。例如,欧美学生个性相对比较开放,喜欢多听多说,汉语听说能力高于读写能力;相反,韩国和日本学生大多相对比较拘谨,喜欢用书面形式辅助听说,通常在回答问题或发言之前用母语或汉语打好草稿,汉语读写能力往往高于听说能力。因此,汉语作为第二语言教学更应关注学生个体的差异,更应注重因材施教。

6. 教学内容和教学重点、难点不同

从教学内容和教学重点、难点上来看,汉语作为第二语言教学的内容更突出交际性和与目的语的差异性。教学内容要从学习者的实际需要出发,密切联系生活,反映现实,注重交际的实用性。与目的语差别较大的地方通常是教学的重点和难点。另外,往往汉语作为第一语言教学的某些习焉不察的现象会在汉语二语教学中凸现出来,这些现象或问题也应是汉语作为第二语言教学的重要内容。如果用汉语作为第一语言教学的教材来教外国人,教学效果肯定不会好。

7. 教学方法不同

从教学方法上来看,汉语作为第二语言教学应该借鉴世界上各种第二语言教学法流派的合理因素,而不能照搬汉语作为第一语言的教学方法。

二、与其他第二语言教学相比汉语作为第二语言的教学特点

汉语作为第二语言教学与其他第二语言教学相比,常常遇到如下一些问题:

汉语是否是最难学的语言,汉语二语教学的难点是什么,等等。世界上许多汉语学习者或对汉语不甚了解的人,往往把"汉语"一词用作"不可理解""高深莫测"和"困难"的同义词。有人认为汉语是最难学的语言,对于母语为英语的学生来说,学习汉语的难度远远高于学习西班牙语、法语、德语的难度。之所以有这些认识,主要是因为汉语跟许多学汉语的外国人的母语不是同一个语系,在语言类型上相差较大,这些差异表现在语言的要素(如语音、词汇、语法)以及记录汉语的汉字和汉文化的特殊性上。

其实,一种语言是否难学,只是相对而言,作为第一语言,任何一个发育正常的儿童都能够在5—7岁以前基本掌握(运用口语交际),并不存在难易的问题。但作为第二语言就有一个与已获得的第一语言的谱系关系远近的问题。同一语系的亲属语言,共性多一些,相对来说就容易掌握;谱系关系较远的语言,不同之处多一些,学习起来就困难一些[①]。因此,对汉语的学习要有一个正确的认识。但如果真正了解汉语作为第二语言学习和教学的特点,掌握有效的教与学的方法,实际上汉语又不是一种十分难学的语言。因而,了解汉语作为第二语言教学的特点对学习来说就显得十分重要。

第二语言教学的不同特点主要是由该语言本身的特点决定的。从汉语作为第二语言教学的角度来看,汉语的主要特点是缺乏严格意义上的形态标志、有声调、记录汉语的汉字独特等。客观上讲,汉语的这些特点在第二语言教学中既有它的优势,也有它的不利因素。

(一)汉语作为第二语言教学的优势

汉语作为第二语言教学的优势可以通过语音、词汇、语法、汉字四个方面反映出来。

1. 语音方面

(1)汉语语音采用的音素较少,只有32个音素,其中,元音音素10个,辅音音素22个。而英语采用48个音素,比汉语多16个。

(2)音节结构简单,音节界限分明,规律性强。由一个元音或由一个元音加一个辅音构成的音节特别多,如a(啊)、yi(衣)、e(鹅)、da(大)、ti(体)、ne(讷)、lu(路)。音节中的辅音不能相连,而且辅音出现的位置固定,只能出现在音节的开头或结尾,如ma(妈)、kan(看)、an(安)、ling(零)。

(3)音节中元音出现的频率较高,以元音结尾的开音节占优势,再加上音节有抑扬顿挫的声调变化,因而,同以辅音结尾的闭音节占优势的英语、俄语、法语

[①] 刘珣:《汉语作为第二语言教学简论》,第13页。

等语言相比,汉语音节中乐音比较多,形成了它所特有的显著的音乐性。

(4) 汉语音节的声母和韵母之间的配合具有很强的规律性,有助于学习并掌握普通话音节的正确读音。

2. 词汇方面

(1) 汉语的词以双音节为主,也有一部分是单音节的,音节少,便于记忆。

(2) 汉语在构词上以词根复合法为主,词根加词根就能构成一个词,且词义与构词的语素义密切相关,便于理解并掌握词的意义。

(3) 汉语中的词缀数量极少,但很能产,又具有很强的词性类化规律,因此,可以根据词缀的类化规律来判断词性。例如,后缀"子"构成的词"桌子""椅子""柜子""骗子""傻子""儿子""戏子""燕子""狮子""猴子""领子""袖子""帽子""鞋子""肚子""脑子""脖子""鼻子""辫子""李子""杏子""桃子""橘子""模子""性子""空子"等都是名词。

(4) 常用词语的使用频率较高。

3. **语法方面**

(1) 语法结构简明,且句子、短语和词的结构关系具有很强的一致性,一种规则,三处可以使用,外国学生只要记忆同一套规则就能识别或生成不同的词、短语和句子。

(2) 汉语形态变化少,便于掌握和运用。一种语言的性、数、格等形态越丰富、越完善,对于第二语言的初学者来说就越麻烦、越难掌握。汉语缺乏性、数、格等形态变化,可以直接运用词语表达,不必考虑性、数、格等的形态变化,无需顾及性、数、格等的前后一致性。例如,汉语的名词和代词没有表示语法上性别差异的语法形式,不需要区分阴性、阳性、中性;表示"数"的语法形式也极其有限,只有一个"们";汉语的名词、代词在"格"方面也没有什么变化。汉语缺乏性、数、格等形态变化的特点,为汉语学习提供了便利。

(3) 汉语句式丰富,同一种意义通常可以借助多种不同的句式来表达。

4. **汉字方面**

汉字是汉语书面语的记录符号,是汉语教学的重要组成部分。汉字是形音义的统一体。汉语作为第二语言教学,其汉字教学有一定的优势。表现在以下方面。

(1) 汉字与音节的对应极强,一个汉字往往就是一个音节。

(2) 汉字有表意作用,不少汉字能够"以形显义",这一点与许多外国文字不同。有人说汉字的最大好处就是意义和字形直接挂钩,不通过声音。就好像现在国际上通用的一些符号:画支烟卷再打个叉就表示禁止吸烟,不管是说哪种语言的人都能看懂,用不着学。这种说法尽管不太科学,但教学中可以有限地利用。例如,汉字的字形和字义的关系较近,某些读不准甚至读不出的字,却可能知道它的含义。汉字的形、音、义之间是有一定的理据的,从汉字教学来说,有理据的字就容易学习。利用汉字自身的理据因素,有助于学生掌握汉字。象形字、会意字、指事字和形声字很多都有理据可考。当然,现代汉字的有理据程度已经大大降低,利用汉字形、音、义之间的理据性来帮助汉字教学是有限度的。

(3) 汉字中的形声字有表音成分。形声字的声符表音,有助于学习者学习并掌握字的读音。现代汉语的形声字占绝大多数。据统计,现代汉字里的形声字有5 496个,它在《现代汉语通用字表》中所占的比例是78.51%。

(4) 汉字是中华民族智慧的结晶,是中国古代文明的活化石。它凝聚了几千年的汉文化,能够让人产生极大的兴趣,具有很强的吸引力。

(5) 常用汉字高度集中,出现频率高,数量很有限,汉语二语教学可以按照使用频率由高到低的顺序进行教学,学习者掌握一定量的常用汉字后,就能够顺利地进行阅读。研究表明,现代汉语真正常用的汉字并不多,顶多有2 500个,只要认识2 500个常用字,现代书报刊物上用白话写的文章就可以认读99%左右。根据九年义务教育、成人教育以及汉语二语教学的需要,专家们一致认为,一般人只需要掌握《现代汉语常用字表》上的3 500个汉字。只要认识这3 500个汉字,累计频率即可达99.86%,也就是说,阅读1 000字的文章只有一两个字不认识[1]。

(二) 汉语作为第二语言教学的难点

1. 语音方面

(1) 声调是汉语语音教学的最大难点。汉语属于汉藏语系的语言,有声调。很多学习者的母语没有声调,很难发准四声的调值并记住每个音节的声调。即使是母语有声调的学习者,也感到准确地掌握汉语普通话的声调比较困难,因为不同语言的调值和调类并不相同。

(2) 送气音和不送气音的区分不易掌握。

(3) 音变(包括变调、轻声和儿化等)是汉语作为第二语言教学的难点。

2. 词汇方面

(1) 与汉语双音节词相比,单音节词较难学习。对于外国学生而言,识记和使用单音节词比多音节词所花费的工夫要多,特别是听力上不易辨别清楚。这主要是因为汉语单音节词同音现象比较普遍,再加上单音节词只有一个音节,语

---

[1] 苏培成:《现代汉字学概要》,北京大学出版社,2001年,第3、48、154页。

音持续的时间太短,对听觉神经的刺激强度不够。

(2) 汉语词汇丰富,同义词在语体色彩、感情色彩、词语搭配、句法功能等方面存在差异,这给学习者准确运用每一个词造成困难。

(3) 带有鲜明汉文化色彩的词语如"贵(校)""令(尊)""寿木""续弦""有喜"等以及现代汉语里遗留的部分文言词语,有的是词义不好把握,有的是运用常常出错。

(4) 汉语里有丰富的成语、惯用语等熟语,如"负荆请罪""刻舟求剑""开夜车""半瓶醋""拍马屁"等,结构简练,含义丰富,出现频率较高,对外国学生来说,理解和准确使用都比较困难。

(5) 在书面语中,汉语的词语排列不实行分词连写,给阅读带来不便。

3. 语法方面

(1) 虚词的运用。汉语缺乏严格意义上的形态变化,虚词是汉语里表达语法意义的一种重要手段。介词、连词、助词、语气词等虚词中有些词的用法比较复杂,如助词"的",什么时候用,什么时候不用,什么时候可用可不用,涉及多条规则,连母语为汉语的人也难以讲清楚,外国学生则更不易掌握。

(2) 量词的运用。汉语的量词特别丰富,根据名词的不同,在数词和名词之间选用不同的量词。汉语的量词运用有些是有理据的,有些是无理据的;有的量词语义虚化;有很多是临时量词;有时同一个名词由于语境的不同可以使用不同的量词;还有量词运用的规范问题等。这些问题使量词学习也成了一大难题。

(3) 代词的活用。代词的基本用法比较容易掌握,但汉语的代词往往可以活用,如疑问代词的非疑问用法、人称代词的人称变指用法(第二人称用作第一人称、单数用作复数、复数用作单数等)、指示代词等的虚指用法,这些也是汉语作为第二语言教学的难点。

(4) 离合词问题。汉语的离合词如"洗澡""见面"等,有时分开用,有时合起来用,比较特殊,在语言生活中使用频率高,留学生不能很好地区分哪些是离合词,哪些词不能分开使用,因而常常出现不能离合而分开使用的错误。

(5) 兼类词问题。汉语的词类缺乏形态标记,常常是一个词具有多功能,如"方便"一词,既可以作谓语,又可以作定语和主语;作谓语既可以带宾语,又可以受程度副词修饰,具有名词、动词和形容词多种词类的语法特征,让外国学生难以准确地把握词性和用法。

(6) 补语问题。汉语的补语很复杂,出现的频率又很高,能够集中地反映汉语语法的灵活性和简洁性的特点,补语的类别又多,吕文华曾把汉语二语教学中的补语分为8类①。补语表示的意义、补语的语义指向、补语与宾语的位置等问题,常常使外国留学生感到困惑。因此,补语教学是汉语二语教学的一个难点。

(7) 汉语的语序问题。不同的语言在语序上可能存在一定的差异。例如,汉语中宾语一般置于动词之后,而日语中的宾语一般放在动词之前。学习汉语的外国人由于受其母语的影响和干扰,常常在语序上出错。

(8) 汉语的省略问题。汉语句子成分的省略普遍存在,其中,主语的省略是汉语特有的现象。外国留学生在口语交际或书面写作中经常出现该省不省的重复啰嗦的语病。

(9) 句式与同义句式辨析以及某些特殊格式的用法问题。汉语的句型有限,句式却丰富多彩。同一个意义,可以用不同的句式来表达,但不同句式之间的语用价值却是有差异的,这是汉语二语教学和学习的难点。例如,"把"字句是汉语特有的句式,外语中没有与之相对应的句式,因而成了外国人学习汉语难以攻克的堡垒。再如,"他摇摇头""他头摇了摇""他的头摇了摇""他把头摇了摇"等可以看成是同义句式,它们之间的语用差异不易掌握。

(10) 汉语的意合法。汉语语言单位的组合有相当一部分没有形式上的标志,只是凭着语义上的组合,即意合。注重意合是汉语语法的一个特点,也是外国人学习汉语的一个难点,因此,外国留学生所犯的"搭配不当"的语病占了很大的比例。

4. 汉字方面

汉字是汉语作为第二语言教学的一大难点,在汉字的书写、认读、使用等方面都会存在一定的困难。

跟字母文字相比,汉字的字数多,笔画繁,结构复杂,组合方式多样。汉字是汉语的书写形式,是汉语教学的一个重要组成部分,学习汉语,理应掌握汉字。对于没有中文背景的外国学生来说,虽然汉字"魔方"很有趣,但很难掌握。一般认为,汉字数量繁多,结构复杂,多音常用字为数不少,存在难认、难写、难记等问题。从汉语二语教学实践来看,"写"比"认"难,"用"比"写"难。汉字确实是大多数学习者的主要障碍之一,尤其对欧美国家的学生来说,更是如此。从书写的角度看,对于一个外国人来说,面对几千个笔画数平均高达10笔以上的通用字,笔顺成了一个棘手的问题。从认读的角度看,汉字中形声字的声旁与表音文字的音符有很大的不同,它是借用的,不是专职的,数量多,表音不准,有的同一个声旁有多种读音;汉字中又有不少多音字,使用频率较高,这种一字多音现象也给

---

① 吕文华:《对外汉语教学语法体系研究》,北京语言文化大学出版社,1999年,第59页。

汉字学习者带来一定的困难。从字义的理解上看,现代汉字中有些并无表义成分,有的虽然有表义作用,但因文化的因素也不易理解;由于汉字形体的演变和汉字的简化,现代汉字出现了不少既不是表音又不表义的记号,这些记号是无理据的,如"鸡""邓"中的偏旁"又"。

可见,汉字确实是汉语作为第二语言教学的又一大难点。

第四节　汉语二语教学与其他学科的关系

每一门学科都必然用到相关学科的理论,第二语言教学也不例外。汉语作为第二语言教学历经数十载的实践,它吸收了语言学、心理学、教育学等学科的理论,已形成一门独立的学科,越来越受到国内外学者的关注和重视。

一、汉语二语教学与语言学

语言学是语言教学的教学原理和教学实践的理论基础之一。"可以说,如果没有语言学的研究成果,语言教学就寸步难行。"[①]汉语二语教学是一种语言教学,它同语言学的关系最为密切。语言学及其分支学科普通语言学、理论语言学、社会语言学、心理语言学、应用语言学等的研究成果对第二语言教学(包括汉语二语教学)起着极其重要的作用。汉语二语教学受普通语言学理论的指导,以汉语语言学为基础,并从其他分支领域汲取研究成果。

(一)汉语二语教学与普通语言学

语言学是语言教学的重要理论支柱之一,它对语言教学具有指导作用。第二语言教学法理论都有一定的语言学基础,汉语二语教学也离不开语言学理论的指导。普通语言学对语言的性质、特点、功能的认识,对语言的产生和发展的论述,对语言要素中语音、词汇、语法的分析和研究,以及对人们运用语言的听、说、读、写能力的研究等,都有助于我们认识并掌握汉语二语教学的目的和一般教学规律,给汉语二语教学以多方面的启示。

从宏观上看,普通语言学关于语言本质和特点的认识,对汉语二语教学理论和教学法的研究具有指导作用,其研究成果从不同的角度和不同的方面,为汉语

---

① 吕必松:《汉语研究与汉语教学》,载《世界汉语教学》《语言教学与研究》杂志编辑部编:《80年代与90年代中国现代汉语语法研究》,北京语言学院出版社,1992年,第224页。

二语教学提供了许多有益的滋养,促进汉语二语教学在理论和实践上的进一步发展。从微观上看,语言学对语言事实的描写和研究,对汉语二语教学教材的编写、课堂教学和测试等具体的教学活动也具有指导作用。

汉语二语教学对语言学的研究具有启示作用。汉语二语教学作为独立的一门学科,有自己的研究对象和研究方法,具有相对的独立性,其作用是语言学所无法取代的。汉语二语教学对语言学拓宽自己的研究领域具有重要的启发意义。

(二)汉语二语教学与汉语语言学

汉语语言学与汉语二语教学是两个不同的分支学科。汉语二语教学以汉语言为教学内容,属于语言教学,但不是汉语母语教学的附庸,不是汉语母语教学的分支领域。汉语二语教学作为一门独立的学科,与汉语语言学的关系最为密切。以语法为例,汉语语法研究从研究理论、研究方法以及研究成果等方面直接或间接地指导帮助汉语二语教学;汉语二语教学又会推动汉语语法研究的深入与发展。汉语二语教学对汉语语法研究成果的需求日益增多,我们需要深入细致地研究汉语语法,从教学中发现问题,找出规律,针对汉族人习焉不察而外国人学习汉语时比较敏感的语言现象和外国人学习汉语的特点以及难点等开展语法研究,因而可以说汉语二语教学又促进汉语语法研究的发展。

从事汉语二语教学的人,如果没有扎实的汉语语言学理论基础,如果不能正确地认识汉语言,不能用科学的方法来分析汉语语言现象,那也就很难搞好汉语二语教学。因此,汉语二语教学必须注重汉语基础理论的研究。朱德熙在谈到提高对外汉语教学水平时,就特别强调对汉语本体的研究。他指出:"上课许多问题说不清,是因为基础研究不够……应该强调汉语研究是对外汉语教学的基础,是后备力量,离开汉语研究,对外汉语教学就没法前进。"[①]汉语语言学研究是汉语国际教育学科建设中的基础部分和核心内容之一,汉语二语教学中,"教什么"是关键,"教什么"就属于汉语语言学本体研究的领域。当然,汉语二语教学中的汉语语言学是作为第二语言教学的汉语语言学,跟汉语语言学的本体研究是有所不同的,例如,在研究目的、研究的侧重点和成果的表述方式等方面都有所不同。

(三)汉语二语教学与语言学其他分支学科

语言学的其他分支学科都能为第二语言教学提供一定的理论依据,特别是

---

① 朱德熙:《在纪念〈语言教学与研究〉创刊十周年座谈会上的发言》,《语言教学与研究》1989年第3期。

心理语言学、社会语言学、应用语言学等语言学分支学科的研究成果将直接促进第二语言教学(包括汉语二语教学)的发展。

心理语言学是语言学的一个分支,它主要研究人类学习、使用语言的行为和言语活动的心理过程及两者之间的相互关系,探讨言语的产生、言语的理解和语言获得的规律,探讨幼儿对母语的习得与学生学习外语之间的共性和特性等。心理语言学认为,每个人的第一语言都是在一岁半至六岁之间随着发育成长而在周围环境的作用下自然获得的,这就叫语言习得;外语学习通常都是在正式的场合下进行,而且学习有快有慢、有成有败,存在着明显的个性差异,不像母语那样能够习得,这就叫语言学习。心理语言学研究发现,学生的学习方法因人而异,教师不必强求一致,应因人施教。心理语言学把语言的研究和心理的研究结合起来,对汉语二语教学有直接的影响。从事汉语二语教学,应该研究并掌握外国人学习汉语的心理过程,注重学习者的个性差异。

社会语言学研究语言的社会性,揭示语言和文化、职业的关系,为交际法奠定了基础。交际法是目前影响最大的一种第二语言教学法,汉语二语教学也深受交际法的影响。

应用语言学是一门年轻而充满活力的学科,它研究将各种语言学的理论、方法和成果应用于其他同语言有关的学科,为这些学科提供研究的方向和可能解决问题的办法等。应用语言学把语言教学作为其研究对象的一个重要方面。语言学理论应用于语言教学,特别是第二语言教学最为普遍,直接法、听说法、视听法、交际法、认知法等众多的第二语言教学法的产生和发展在很大程度上得益于现代语言学理论的启示。应用语言学的研究成果应用于汉语二语教学,汉语二语教学的实践又会促进应用语言学的发展。目前,多数学者认为汉语二语教学属于应用语言学学科的一个分支,即应用语言学是汉语二语教学的上位学科。

总之,汉语二语教学和语言学是两个不同层级的学科,语言学是汉语二语教学的高层次的或上位层次的学科,汉语二语教学的发展离不开语言学,语言学的研究为汉语二语教学提供理论依据和指导,汉语二语教学从某种意义上讲也会促使语言学的研究领域不断拓展。

二、汉语二语教学与心理学

心理学是研究心理现象及其规律的科学,几乎一切学科都与它有关系。语言教学是受心理学影响较大的学科,对语言教学活动的研究必然包括对语言学习者心理活动的研究。心理学是教育科学的基础理论之一,教育学、教学法不能违反教学规律,要想提高教学质量和教学效率,就必须把心理学的研究成果运用到教育教学实践当中。第二语言教学历来都受到心理学理论的影响,汉语二语教学也不能例外。

（一）心理学理论对第二语言教学的影响

一百多年来,西方心理学出现过很多流派和思潮,对语言教学产生过不同程度的影响。较有影响的第二语言教学法理论都有各自的心理学基础,还有一些语言教学法理论就是心理学家提出的。在众多心理学流派中,行为主义心理学派、精神分析学派、认知心理学、人本主义心理学等都对第二语言教学产生过较大的影响,成为不同的第二语言教学法的心理学理论基础。例如,现代认知心理学的奠基人皮亚杰(Jean Piaget)认为,认知指知识的习得和使用的过程,它是一个内在的心理过程,是有目的的、可以控制的。20世纪60年代,美国心理学家卡鲁尔(J. B. Carroll)以认知心理学为理论基础提出认知教学法体系,认为学习语言是一种创造性活动,重视智力和发展语言规则对学习外语的促进作用。其教学论指出,在外语教学过程中,学生的内因是决定性的因素,学生完全可以在教师的引导下通过自己的认识活动掌握语言交际能力,人类学习语言不是机械地模仿和记忆,而是在理解语言规则的基础上进行创造性的活动过程。因此,在教学中应遵循认知心理学的同化及适应原理,注意从学生已有的知识出发传授新的知识,注意利用视听教具使外语教学情景化和交际化,培养听、说、读、写、译等语言技能。

（二）心理学理论对汉语二语教学的影响

汉语二语教学像其他第二语言教学一样,离不开心理学及其分支学科的研究成果。汉语二语教学需要研究学生和教师在教学过程中的心理活动过程与规律,特别是感觉、知觉、记忆、表象、想象和思维等认知活动和意志活动、情绪活动的规律,以及如何运用这些规律促进汉语二语教学。汉语二语教学包括教师的教和学生的学两个方面,在教学过程中涉及众多的心理学问题。汉语二语教学工作者要掌握相关的心理学知识和理论,了解学生的心理发展规律和语言学习的心理过程。如果对语言习得过程和外国人学习汉语的心理过程有比较清晰的认识,无疑会使汉语二语教学更符合客观规律,从而少走弯路。

三、汉语二语教学与教育学

教育学具有悠久的历史,"教育学跟语言教学的关系最为直接,最为密切。

课堂教学的方法、技巧和手段,主要是教育学问题"①。语言教学带有教育的性质,汉语二语教学是语言教学的一个分支学科,汉语二语教学和教育学里的教学论是特殊与一般的关系。汉语二语教学法一方面以教育学和教学论的一般原理为依据来指导教学实践,另一方面又促使教育学和教学论不断完善、不断发展。因此,汉语二语教学与教育学的关系十分密切。

(一)教育学理论对汉语二语教学具有指导意义

教育学是研究教育规律的科学,其重要组成部分教学论则是研究教学规律的理论,第二语言教学法要遵循一定的教学规律。作为一种具体的学科教学,汉语二语教学必然会受到普遍教育规律和教学规律的制约,必须符合一般的教育原理和教学原则。教育学中所涉及的教育方针、教育目的、教育制度、教育管理等和教学论中的教学过程、教学原则、教学内容、教学方法、教学手段等所反映出来的教育教学规律,一般来说会对作为第二语言教学的汉语二语教学具有指导意义②。汉语二语教学以教育学的一般原理为依据,用教育学的基本原理指导教学实践,由易到难,循序渐进。汉语二语教学应遵循教育学规律,对外汉语教师应掌握相应的教育学原理。

教育学的其他分支学科如教育哲学、教育史、教育心理学、教育统计学、比较教育学等对汉语二语教学也产生一定的影响。

(二)教育学和语言教育学都不能代替汉语二语教学

教育学和语言教育学不能代替第二语言教学,当然也不能代替汉语二语教学。教育学是研究教育的一般规律的;语言教育学运用语言学、教育学、心理学等相关学科的理论,研究语言教和学的一般规律、原理和方法。汉语二语教学属于第二语言教学,它是一种跨国家、跨文化的教学,教学环境、教学目标、教学内容、教学方法、教学过程、检测评估标准都有自己的特殊规律,是一种特殊的教育活动,与其他学科教学相比有许多不同的地方,它有自己的研究对象和方法,其作用是教育学等学科所无法取代的。我们认为,汉语二语教学不是教育学或课程与教学论的下位学科,而是语言学及应用语言学的下位学科。

(三)汉语二语教学的研究可以使教育学、教学论得到不断完善和发展

汉语二语教学关于汉语作为第二语言教学的教育作用和教育目的的研究、关于汉语作为第二语言教学的基本原则和教学方法的研究、关于汉文化教学的研究、关于汉语作为第二语言学习的学习者的心理研究、关于汉语作为第二语言

---

① 盛炎:《语言教学原理》,重庆出版社,1990年,第9页。
② 刘珣:《对外汉语教育学引论》,北京语言文化大学出版社,2000年,第86页。

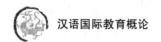

教学的教学过程研究以及对教师和学生在教学过程中的角色研究等,都取得了一定的成果,这些研究成果将在一定程度上促进教育学和教学论的研究并使其不断完善和发展。

四、汉语二语教学与文化学

文化是一个内涵极为丰富的概念,语言和文化紧密相连,第二语言教学(包括汉语二语教学)自始至终都离不开文化因素。

(一)语言和文化密切相关

文化是"人类某一群体所普遍享有的、通过学习得到的信念、价值观念或行为特征"①,它具有民族性、社会性、系统性等特征。对于个人来说,有关的文化知识和能力是后天在一定的社会环境中通过学习获得的。

语言是人类最重要的交际工具,语言和文化有着十分密切的关系。语言本身既是一种文化现象,又是文化和信息的主要载体。不同语言负载着不同的社会、民族、地域、历史而形成不同的文化。有人把语言和文化的关系比作"孪生的兄弟",认为人类从产生开始,语言和文化就被同时创造了出来,民族语言和民族文化是同龄的,二者你中有我,我中有你,互相依存,互相影响,又互相促进②。因此,要想了解某种文化,就要学习并掌握负载着该文化的语言;要想掌握某种语言,就必须了解并学习该语言所承载的文化。

(二)汉语二语教学离不开文化

汉语二语教学与汉民族文化密切相关。汉语二语教学离不开文化教学,它必须以一定的文化学理论为理论基础。

汉语二语教学要重视汉文化。汉语是汉文化的载体,汉文化博大精深,要真正地掌握汉语言,就必须学习中国的文化,中国文化的有关知识是汉语二语教学内容的一部分。交际能力中的社会语言能力、话语能力和策略能力等都与文化密切相关。如果不了解中国文化,就很难用汉语进行交际。在汉语二语教学中,我们发现,很多场合下交际的误会不是因为语言而是因为文化。有的学者认为,汉语二语教学中的文化应分为两个层面:一是文化因素;二是文化知识。前者为语言教学内容,属汉语二语教学范畴;后者为文化教学内容,属对外文化教学范畴。这里所说的文化因素,是指那些与语言理解和语言表达密切相关的文化

---

① 张先亮:《交际文化学》,上海文艺出版社,2003年,第12页。
② 周思源:《对外汉语教学与文化》,北京语言文化大学出版社,1997年,第263页。

因素,主要包括语言形式内的文化含义、文化背景和非言语信息三个方面。在传授语言知识和训练语言技能时,只有把语言的文化因素有机地结合起来,才能有效地培养和提高学生的语言交际能力[①]。而专门的文化知识教育是汉语二语教学专业本科课程体系中重要的组成部分。尽管文化知识课和汉语言课分属不同的学科领域,但在汉语二语教学中还是应该把二者结合起来。多年的汉语二语教学实践告诉我们,只有把语言知识、语言技能教学同与之相关的文化教学有机地结合起来,同步并进,才能取得最佳的教学效果。当然,汉语二语教学是针对外国人把汉语作为第二语言的语言教学,因而文化教学不能代替或冲淡语言教学。

(三)汉语二语教学不能忽视异国文化

汉语二语教学的对象是外国人,他们来自不同的国家、不同的民族,在言语行为和非言语行为等诸多方面都存在着文化差异,有的同汉文化差别小一些,有的同汉文化差别大一些,也会形成汉语二语教学中文化的"迁移"现象。随着跨文化交际日益增多,汉语二语教学中还需揭示不同文化之间的差异,注重中外文化的比较与学习,以汉文化为主,适当地介绍异国文化。

总之,由于汉语二语教学与文化关系紧密,因此,应该加强文化教学与研究,不断提高对外汉语教师的文化素养。

综上所述,语言学、教育学、心理学、文化学等相关学科为汉语二语教学提供了许多有益的理论,汉语二语教学工作者应该充分地从中汲取营养,从而不断地丰富、完善和发展汉语二语教学的理论和方法。

参考文献

刘珣:《汉语作为第二语言教学简论》,北京语言文化大学出版社,2002年。
吕必松:《对外汉语教学研究》,北京语言学院出版社,1993年。
齐沪扬、陈昌来主编:《应用语言学纲要》,复旦大学出版社,2004年。
盛炎:《语言教学原理》,重庆出版社,1990年。
王建勤主编:《汉语作为第二语言的习得研究》,北京语言文化大学出版社,
　　1997年。
[英]L.G.亚历山大:《语言教学法十讲》,张道一等编译,科学技术文献出版社,
　　1983年。
赵金铭主编:《对外汉语教学概论》,商务印书馆,2019年。

---

① 周思源:《对外汉语教学与文化》,"序"第4页。

赵贤州、陆有仪主编:《对外汉语教学通论》,上海外语教育出版社,1996年。
章兼中:《国外外语教学法主要流派》,华东师范大学出版社,1983年。
张亚军:《对外汉语教学法》,现代出版社,1990年。
周思源:《对外汉语教学与文化》,北京语言文化大学出版社,1997年。
周小兵、李海鸥主编:《对外汉语教学入门》(第3版),中山大学出版社,2017年。
朱德熙:《在纪念〈语言教学与研究〉创刊十周年座谈会上的发言》,《语言教学与研究》1989年第3期。

思考与练习

1. 第一语言和母语、第二语言和外语的关系是怎样的?
2. 第二语言教学与第一语言教学有哪些异同点?
3. 简述比较语法翻译法和直接法的主要差异。
4. 自觉实践法的基本原则有哪些? 它对汉语二语教学有什么启示?
5. 交际法的主要特点是什么? 请结合教学实际谈谈汉语二语教学应从中借鉴些什么。
6. 请结合第二语言教学实际,具体分析汉语作为第二语言教学的难点。
7. 请结合第二语言教学的学习和实践,设计一个汉语二语教学模式。
8. 试述汉语二语教学与心理学、教育学的关系。
9. 结合实例具体说明汉语言研究对汉语二语教学所起的作用。

第三章　汉语二语教学过程论

就教学过程来看,汉语二语教学是一个复杂的、多层次的过程,而不仅仅单指课堂教学活动。一般来说,这个过程除了汉语二语教学政策的制订外,还包括汉语二语教学的总体设计、对外汉语教材的编写和选用、对外汉语课堂教学和测试评估等方面。

第一节　汉语二语教学的总体设计

一、汉语二语教学总体设计的含义

总体设计是汉语二语教学的四大环节中首先要遇到的问题。它是教材编写、课堂教学以及测试评估等各项教学活动的依据,是协调其他各个环节,使它们成为统一的、科学的整体的重要步骤。确切地说,汉语二语教学的总体设计是"根据语言规律、语言学习规律和语言教学规律,在全面分析第二语言教学的各种主客观条件、综合考虑各种可能的教学措施的基础上选择最佳的教学方案,对教学对象、教学目标、教学内容、教学途径、教学原则以及教师的分工和教师的要求等做出明确的规定,以便指导教材编写(或选用)、课堂教学和成绩测试,使各个教学环节成为一个互相衔接的、统一的整体,使全体教学人员根据不同的分工在教学上进行协调行动"[①]。这是将汉语二语教学看作一项系统理论工程,并在应用中予以实践。

语言教学是一个非常复杂的系统工程,其中包含了许多教学环节和复杂的矛盾。首先表现在一种教学原则在某种情况下适用,而在另一种情况下就不一

[①] 吕必松:《对外汉语教学概论》(讲义),1996年。

定适用。其次,各种教学类型具有不同的教学特点,比如短期教学和长期教学、学历教学和非学历教学、基础教学和专业教学,它们各自具有带有自身特点的教学方案。要更好地协调各个环节、解决这些矛盾,就要根据具体情况综合分析各种不同的特点,找到符合语言学习规律和语言教学规律、符合教学要求的客观条件的最佳方案,并使之贯彻到教学的各个环节中去。

总体设计不仅能够帮助我们找到最佳的教学方案,还能帮助我们协调各个教学环节,使整个教学过程和全部教学活动成为一个统一的整体。可以说总体设计是从宏观上对教学全过程和全部教学活动的控制和把握。只有好的总体设计,才能有一个统一的测试评估标准。所以,我们首先要进行总体设计,并把这一环节作为其他环节的前提和依据。只有这样才能从宏观上理顺教学内部各种因素和各个环节之间的关系。

二、汉语二语教学总体设计的方法和程序

汉语二语教学的总体设计主要由教学类型、教学对象、教学目标、教学原则、教学途径以及教师分工和对教师的要求等构成。进行汉语二语教学总体设计时,一般要按照下列程序和方法进行。

(一)明确教学类型

不同的教学类型适应不同的教学对象,决定不同的教学目标、教学内容、教学原则和教学方法。我们可以根据教育性质、教学任务、教学时限和教学组织形式等把教学分成多种类型。目前主要的教学类型是按照教学期限和学习目的分的,可分为本科专业、长期班(4年、2年、1年等)和短期班(6个月、2个月、6周、4周等);非学历教育的预备教育(解决进入专业学习的汉语水平问题)、特殊目的教育(学习旅游汉语、经贸汉语、中医汉语、科技汉语等)。不同类型的教学适应不同的教学对象,它们之间在教学目的、教学内容、教学方法上有很大不同。总体设计首先要明确教学类型,然后根据这种教学类型确定相应的教学目标、教学内容、教学原则和教学方法。其中要特别注重基础阶段,特别是初级、中级阶段的汉语二语教学。因为这一阶段的学习者人数最多,也是研究成果最多、最集中的阶段,从一定意义上看,最能体现第二语言教学的特点和规律。

(二)分析教学对象

分析教学对象是为了使教学具有针对性。教学对象的特征主要从自然特征、学习目的、学习起点和学习时限四个方面来分析。

1. 自然特征

自然特征包括学习者的国别、年龄、文化程度、第一语言及文化背景等。这些自然特征对确定教学内容和教学原则有决定性的作用。自然特征关系到教学原则的确定、教学内容和教学方法的选择。从年龄方面来看,孩子与成年人的第二语言学习在内容和方法上都应该有所不同;对于文化程度高低不同的人,也应该采取不同的教学对策;国别不同、第一语言文化与目的语文化之间的关系不同,教学原则和方法也是不同的,例如,教韩国、日本学生学习中文和教欧美学生学习中文就不相同。

2. 学习目的

学习目的大体上可以分为受教育目的、职业工具目的、职业目的、学术目的和临时目的等五种。不同的学习目的决定了第二语言教学目标和内容的不同。汉语二语教学应当在了解学生的基础上,根据其学习目的来确定教学目标和内容,并制定相适应的教学方案。

3. 学习起点(水平)

学习起点一般是根据学习者的目的语水平而定。可以是零起点,也可以把已有的目的语水平作为起点。不同学习起点的学生,对学习汉语的认识、兴趣、接受能力和理解水平都有差异。汉语二语教学的各个阶段要充分考虑学生的实际汉语水平来安排教学活动。

4. 学习时限

学习时限可以依据学校的教学制度而定,包括本科(4年)或进修(1年、2年)的学习期限、总课时、周课时等;也可以依照学习者的特殊要求而定,如短期进修、短期强化等。学习时限也对教学目标和教学内容起限定作用。反过来,教学目标和内容的确定除了要与学习目的、学习要求保持一致外,也要考虑到学习时间的限定性因素。

(三) 确定教学目的和目标

1. 教学目的

教学活动是为实现教育目的的服务的,从根本上看,教学目的就是为了培养全面发展的人才。由于教学活动主要是从事科学文化知识和技能的传授和学习,因此,不同的教学类型又存在着具体的教学目的。

汉语二语教学的教学目的应归纳为:掌握汉语基础知识和运用汉语进行听、说、读、写、译的基本技能,培养运用汉语进行交际的能力;提高学习汉语的学习兴趣和方法,培养学习汉语的自学能力;学习和了解中国文化、中国历史和中国社会。

2. 教学目标

汉语二语教学要培养学生具备什么样的知识结构和能力结构,具备什么样的语言能力和语言交际能力,能够使用目的语从事什么样的工作,这就是教学目标。

教学目标包括使用目的语的范围和目的语水平的等级两个方面。

第一,使用目的语的范围。主要是指在什么领域和范围内使用目的语。有的是把目的语作为职业的条件,而有的是把目的语作为职业工具。例如,学习者学习目的语是因为都要在工作中运用目的语,但是他们的职业各不相同:一部分学生是公司经理或者职员,他们的学习目的是从事经济贸易活动;而一些学生可能从事旅游服务工作,他们的学习目的是为了做导游工作。目的语对于他们来说是一种职业工具,职业不同,教学内容也会有所差异。所以,国家汉办最近几年启动了包括旅游HSK、文秘HSK、经贸HSK专项考试的研发工作。

第二,目的语水平的等级。目的语水平具有等级差异,主要有初级、中级、高级的差别。教学目标包括培养学生达到目的语水平的哪一个等级。

目前汉语二语教学大都考虑划分初、中、高三个等级。初级的要求是:掌握日常生活用语和比较容易的社交用语,学会最基本的语法项目,有一定的语用知识。中级的要求是:在日常生活和社会生活中能比较自由地进行口语表达,能看懂报纸新闻,担任初级翻译;具有自学能力;基本上掌握各个语法项目和一般的语用规则。高级的要求是:语言基本过关。具体是指,基本上能听懂一般的新闻广播,能够比较自由地进行口头表达,比较顺利地阅读内容不超过阅读者知识范围的书刊,能担任中级翻译;能自由地进行口头表达。除了掌握语法和语用规则外,还具有一定的修辞知识。

(四)确定教学内容的范围

汉语二语教学内容的范围不仅仅指汉语的语音、词汇和语法等语言要素,因为第二语言教学的基本目的是培养学生运用目的语的语言能力和语言交际能力,要确定教学内容的范围,首先必须了解语言能力和语言交际能力的构成因素和形成过程。一般认为,人的语言能力和语言交际能力至少是由语言要素、语用规则、相关的文化背景知识、言语技能和言语交际技能这五个方面的因素构成的,因而汉语二语教学应该从上述五个方面确定教学内容的范围,为制定各项教学内容的大纲提供依据。

(五)确定教学原则

汉语作为第二语言的教学原则不是凭空确定的,而是需要理论与实践相结合。教学原则是由一定的教学理论决定的,而教学理论又是在语言学理论、心理学理论、语言学习理论、教育学理论、跨文化交际理论、哲学理论等理论的基础上,结合汉语教学自身的规律进行研究而形成的理论体系。

总体设计主要规定教材编写、课堂教学和成绩测试中必须共同遵守的原则,目的是使整个教学过程和全部教学活动保持一致。总体设计的教学原则主要包括以下九个方面。

1. 处理好语言要素、言语技能和言语交际技能之间的关系

不同的教学法在处理语言要素、言语技能和言语交际能力三者的关系时,侧重点并不一样。这涉及怎样进行言语技能的训练、怎样进行交际技能训练、怎样处理语言要素和语言知识的关系以及怎样处理语言要素和相关文化知识的关系等。例如:

第一,结构语言学的听说法是以语法结构为纲编排教学顺序,以语言要素为中心来组织语言材料。

第二,听说法的改进是以语法结构为纲编排教学顺序,以言语技能训练为中心组织语言材料。

第三,功能法的教学是以功能项目为纲编排教学顺序,以言语交际技能训练为中心组织语言材料。

第四,结构-功能相结合法是以语法结构为纲编排教学顺序,以功能项目和言语交际技能训练为中心组织语言材料。

不论是语法-翻译法还是直接法、听说法,都是以语言结构特别是形式结构为纲;功能法则独树一帜,强调语言教学要以功能为纲。

2. 选择好言语技能训练方式

主要包括综合训练、专项训练、综合训练和专项训练相结合的方式。

3. 选择好言语交际技能训练的方式

目前汉语二语教学中,关于言语交际技能训练的方式主要有如下五种:

第一,以结构为纲,兼顾功能。

第二,以功能为纲,兼顾结构。

第三,以话题为中心,注重结构和功能结合。

第四,以情境为中心,注重结构和功能的结合。

第五,纯功能的方式。

结构和功能相结合是近年来我国学者们根据自己的经验总结出来的一条教学原则,其中语言结构是基础。国内外几十年的汉语教学经验证明,通过早期系统的语言要素的学习掌握语言的基础,是第二语言学习者较迅速地获得语言交际能力的关键。反之,初级阶段忽视结构教学或完全打乱结构教学的系统性,会

给汉语学习带来极其不利的影响。当然,功能是语言教学的目的。学习语言结构是为了交际,因而语言要素是为功能服务的,语言要素的教学必须与功能教学紧密结合。要重视功能的教学,既要考虑语言要素的系统性,也要注意功能的系统性。

4. 处理好语言要素之间的关系

语言要素是指语音、词汇、语法三要素,汉语二语教学中还包括汉字。对不同语言要素的教学,可以在不同的阶段有所侧重,甚至采取语音教学阶段、语法教学阶段等分阶段教学的做法。但语言诸要素只有组成句子或话语时,才能较好地发挥交际工具的作用,所以,目前的做法大多数是以句子和话语这两级语言单位为重点,进行语音、语法、词汇综合教学。句子是语言交际中表达完整意思的最基本的运用单位,是语音、语法、词汇的综合体,长期的教学实践证明,通过句型能较好地掌握语言的组装规则。因此,从第二语言教学的角度考虑,句子仍应是教学的重点。随着话语语言学的兴起,人们对言语活动的研究更加深入,逐步认识到第二语言教学中除了传统的句子的操练外,还需要加强话语的训练。话语教学是一个新的研究领域,无论在我国还是在国外都还处于探索的阶段,尚未有重大的突破。

5. 处理好语言和文字的关系

这方面的重点问题是解决教不教汉字、先语后文还是语文并进以及繁简汉字的教学等问题。另外,在汉字教学中还要重视语素教学,这有两方面的意义:一是有助于准确地理解复合词的词义并有利于加快扩充词汇量,二是有助于记忆汉字。

6. 处理好目的语和媒介语的关系

这方面的主要问题是:要不要用媒介语进行解释,要不要进行两种语言的对比和对译,在什么情况下用媒介语解释,在什么情况下进行两种语言的对比和对译。这条原则涉及目的语的教学与母语或媒介语的关系。以联结主义心理学为基础的直接法强调在第二语言教学中目的语与客观事物直接联系,无论是言语的理解或表达,都应避免依赖母语的翻译过程,实践证明这是正确的。但母语的存在是一个无法回避的事实,母语对目的语的迁移作用也是一个无法避免的事实。问题在于如何发挥母语的积极作用而消除其不利的影响。利用母语或媒介语,主要是指在教材的编写和教师的备课活动中进行语言对比分析,以确定教学重点;同时也是指在十分必要的情况下,教师在课堂上可以少量地用母语或媒介语进行难点讲解。但课堂上教师对母语或媒介语的使用必须很好地控制,基本原则是能不用就不用。大量地用母语来讲解语法,通过母语来学习汉语或中国文化,绝不是语言教学理想的做法,难以培养运用汉语进行思维和交际的能力。在课堂里应该让学生尽可能多地接触汉语,"沉浸"在汉语的氛围或环境中。

7. 处理好语言要素和相关文化知识的关系

汉语二语教学还要考虑文化知识的教学与语言要素的教学、与言语技能和言语交际技能训练的结合问题。文化教学要为语言教学服务,文化教学是语言教学不可或缺的一部分。语义和语用的教学,作为语言交际能力一部分的社会语言学能力、话语能力和策略能力的培养,都离不开文化教学。但是文化教学要紧密结合语言教学,以语言教学为目的。在高级阶段的教学中,文化因素教学尤其是介绍目的语国家的文化背景知识的分量应该加大。

8. 处理好语言和文学的关系

这方面主要是处理好文学作品在语言教学中的地位,特别是要处理好在高级阶段的阅读课教学中,文学作品的内容在教学中所占的比例问题。

9. 充分利用现代化教学技术和手段

现代化的教学技术和手段是第二语言教学的重要组成部分。目前,汉语教学的主要资源仍只局限于教科书,主要的教学手段是靠教师的讲和练;与主教材相配套的录音、录像、多媒体辅助教材、多媒体教学资料库以及网络课程、多媒体课件、教学软件等还不够丰富。这种情况不利于汉语教学水平的提高,更不利于线上教学以及线上与线下相结合的混合式教学。以汉字教学为例,通过多媒体或动画来帮助学习汉字的部件和笔顺,能取得其他手段无法达到的效果。目前汉语二语教学非常需要研究如何从汉语的特点出发,充分利用现代化教学技术手段以及互联网＋、人工智能辅助教学技术等来提高教学效率的问题。

（六）规定教学途径

教学途径是将教学目标、教学内容和教学原则贯彻到教学过程中去。教学途径包括教学阶段、课程设计以及周课时和总课时三项内容。

1. 教学阶段

划分教学阶段是为了突出不同阶段教学的特点和重点。目前主要采用把要达到的目的语水平等级作为划分教学阶段的依据,这种根据教学目标划分教学阶段的原则叫作教学目标原则。教学中区分出的目的语的水平等级一般为初级、中级和高级。还可以根据教学目标原则在每个大的教学阶段再划分出若干个小的阶段,如初级上、初级下、中级上、中级下、高级上、高级下,划分小的教学阶段要解决的主要问题是如何对教学目标进行再分解和细化。

2. 课程设计

课程设计是总体设计的核心内容,也是联结总体设计和教材编写、课堂教学的中心环节。它是针对特定的教学类型和具体的教学对象并参考课程类型来制订课程设置计划。科学的课程设计应该是：规定的课程能够使学生具备合理的知识结构和能力结构；能使全部教学内容合理地分布到有关的课程和课型中去，能够较好地体现既定的教学原则。课程设计在具体的教学单位要考虑各种主客观条件，如教学规模、教学条件等，要根据既定的教学对象所具备的知识结构和能力结构来决定开设何种课程和课型。总之，要根据各个教学单位特定的教学类型来进行课程设计。

3. 课时安排

总课时和周课时的安排要考虑到与教学目标和教学内容相一致，要适合学习者的特点。

（七）明确教师分工和对教师的要求

在第二语言教学中，教师有一定的分工，需要重视担任不同课型教学工作的教师之间的互相配合。具体地说就是：教师应该全面了解总体设计的内容和安排，掌握教学总体情况，明确自己在整个教学过程和全部教学活动中所承担的工作性质、特点，以及自己应该发挥的作用，明确自己所承担的教学工作和其他教学任务之间的关系，并配合和协调好相关的教学工作。

第二节　汉语二语教学的教材评估和选用原则

一、汉语二语教学的教材评估原则

汉语二语教学教材都有各自的特点，同时也具备一些共同性。教材的评估原则和编写原则基本上是一致的，这些基本原则是对各类教材都普遍适用和应当遵循的。这些原则可以概括为实用性、知识性、科学性和趣味性。

（一）实用性

与普通的语言学教材不同，第二语言教材主要用于培养语言能力。语言知识要通过教学转化为技能，最终培养学习者的语言能力。因此，教材的实用性十分重要，也只有实用的教材才能更好地激发学习者的学习积极性。教材的实用性包括教学内容的实用性、语言材料的真实性和教学方法的实用性。

教学内容的实用性是指教材中教学内容的选择和确定要从学习者的需要出发，是学习者生活、工作或学习中常用的，在交际中所必需的，在生活中能马上用得上的,是学习者最急需掌握的。语言材料要尽可能地选择现实生活中真实的语料,尽量避免使用无实际意义、无使用价值或者只是为了讲解语法点而需要的"教科书语言"。教学方法的实用性是指教材在提供必要的理论知识同时,更要提供大量的练习。练习是获得技能和能力的主要途径之一,是教材中的重要部分,练习设计和编写要尽量做到生动有趣,在形式和层次上要多样化。

(二)知识性

所谓知识性是指教学内容中要包括一定量的新知识。除了在量上要有所保证以外,在质的方面还需要考虑新知识必须是学生感兴趣的。使学习者在学习语言的同时获得各种有用的知识和信息,这也是激发学生学习热情、增加学习积极性的一个重要方面。因此,在教材的内容方面要注重吸收社会政治、科技常识、文化风俗、历史地理等方面的相关知识内容。

(三)科学性

1. 要教授规范、通用的汉语汉字

教材的科学性主要体现在语言的规范、知识的准确和解释的科学性、内容组织符合教学规律并反映学科理论研究的新水平等方面。教学的内容要尽可能参照已经公布的汉语二语教学等级标准和大纲。《中华人民共和国国家通用语言文字法》明确规定:"对外汉语教学应当教授普通话和规范汉字。"普通话即现代汉民族共同语,规范汉字即我国正式公布的简化字。另外,通用的给汉字注音的拼音方案是《汉语拼音方案》。就是说,汉语二语教学应该利用《汉语拼音方案》,使用规范的简化汉字,教授普通话。

2. 教学内容的组织要符合语言教学规律

教学内容的编排顺序要由易而难,由浅入深,循序渐进,要适合大多数学习者的接受程度;题材内容要从日常生活用语开始并逐渐涉及社会生活交际的各个方面,进而逐步扩大到政治、经济和文化等方面。新词语和语法点分布要均匀、合理,适当分散难点,要特别注意重点词汇和句型的重现率,以有效地帮助学习者不断地循环复习,科学地记忆。

另外,对语言现象(语音、词汇、语法、语义、语用等)的解释要注意准确性和规范性,避免造成误导。教材内容要反映新的、成熟的学科理论研究水平,及时更换陈旧过时的内容。当然,在吸收新的研究成果时,也要注意采取谨慎的态度。

(四)趣味性

具有趣味性的教材才能吸引学习者,使之产生学习的兴趣和动力,使语言学习的过程变得更加轻松愉快,以更好地提高学习效率。教材的趣味性主要体现在教材内容的生动有趣和形式的活泼多样。教材内容的趣味性与教材的实用性、交际性密切相关。尤其在初级阶段,要紧密结合学习者的日常生活需要,课上学习的内容课后马上能够运用,就自然产生学习的兴趣和动力。随着学习水平的提高,教材内容需要逐步扩大,要加入文化内容,特别是中高级语言教材要反映现实生活,选择学习者所关注的话题或者含有丰富的文化内涵的话题,这对学习者就会有吸引力,就会引起他们的浓厚兴趣。除了题材的多样化以外,体裁、语言风格和练习形式的多样化也是兴趣性的重要体现。此外,教材的排版设计、字体大小、插图画面等也是不可忽视的影响教材趣味性的因素。

二、汉语二语教学的教材选用原则

选用教材的原则是以评估教材的原则为基础的。从实际运用的角度出发,选用教材的原则在评估原则的基础上还要增加交际性原则、针对性原则和系统性原则。

（一）交际性

交际性是指教学内容的选择、语言材料的组织要充分考虑到有利于学生语言交际能力的培养。具体而言,要选择有交际价值的教学内容。教材要有利于教学过程交际化,便于交际活动的开展。语言材料必须来源于生活、来源于现实。从初级阶段就应该选用一些适用于交际的真实材料。要提供尽可能接近生活的便于交际的语言情景。另外,语言材料要体现生活的真实性,使学习者课下能很快地将教材中学到的内容直接或比较顺利地运用到现实生活之中。

（二）针对性

选用教材时要明确该教材适用于何种教学类型、课程类型和教学对象。教材必须有明确的针对性,要适合使用对象的特点。以前,由于教材的种类比较少,存在着不同类型和不同需求的学习者都使用同样教材(特别是比较优秀的通用教材)的现象,这势必会影响学习效果。实际上,学习者的情况千差万别,教材要尽可能地适合学习者的特点。最基本的要求是,要根据不同母语、母语文化背景与目的语文化对比所确定的教学重点选用不同的教材。此外,还要考虑到学习者的年龄、民族、文化程度特点,考虑学习者学习目的的不同,考虑学习者学习起点不同和学习时限不同。在海外教授汉语,还需要考虑教材的本土化问题,这也是针对性的重要方面。当然,针对性并不是绝对的,只能针对主要的大的方面,逐步分别编写各类教材,并不断完善,给学习者更多的选择。在重视针对性的同时也不能忽视通用教材的作用。

(三) 系统性

教材的系统性涉及很多方面。首先是指教材内容在基本知识介绍和技能训练方面,即语音、词汇、语法、汉字等语言要素和听、说、读、写言语技能的安排方面,要平衡协调。初、中、高级不同阶段的教材要衔接;综合技能课与听、说、读、写专项技能课教材要配合。要充分考虑多媒体、图片、幻灯片、声像、动漫等辅助手段,从而形成系列的、立体的教材体系。因此,教材的选用要考虑到横向和纵向的关系,要考虑该教材在整个教材体系中所处的位置和作用。如果说教材的针对性是具体的方面,那么系统性就是宏观上的考虑。

第三节 汉语二语课堂教学的特点和要求

一、汉语二语课堂教学的特点

课堂教学是汉语二语教学的基本形式,它是指教师根据教学大纲规定的目的、任务和教材,运用恰当的教学方法,在规定的时间内对固定班级的学生进行某门课程教学的形式。

在第二语言教学中,课堂教学是帮助学生学习和掌握目的语的主要场所。这是因为第二语言学习主要通过课堂进行有组织的教学活动和展示有计划的教学内容。教学过程的感知、理解、巩固、运用阶段主要在课堂教学中完成。实施教学计划,贯彻教学原则,运用教学方法,完成课程教学并实现教学目标,主要都是依靠课堂教学。语言教学的根本目的是培养学生的语言能力和语言交际能力。因此,通过课堂教学这一基本形式来实现培养学生运用语言进行交际的能力是课堂教学的根本目的。

总体设计和教材编写必须考虑到课堂教学的特点和需要,并接受课堂教学的检验;成绩测试要从课堂教学的实际出发,并给课堂教学以反馈。在教学活动的四大环节中,课堂教学是中心环节。也就是说,课堂教学是所有教学活动的中心,其他环节都要以课堂教学的需要为出发点,适应和满足课堂教学的要求。总体设计的制定、教学内容和方法的安排、教材的编写和选择等,都要考虑到在课堂上是否可行,是否能够满足教学的需要;成绩测试的内容和方法要考虑到是否有利于改进课堂教学,测试的结果也要考虑到是否能促进和推动教学。

课堂教学一般要完成传授知识和培养能力两项任务。第二语言教学是以培养学习者的交际能力为目的,所以,第二语言课堂教学除了体现一般课堂教学规律外,还有自身的特点。

(一)以学生为中心的课堂教学原则

第二语言教学虽然也要教授语言知识,但与一般以理论知识传授为主的教学不同,它更强调把知识转化为技能,以培养技能和能力为最终目的,而技能和能力更需要靠学习者进行大量练习和实践才能获得。传统的教学法遵循的是"我教你学,我讲你记,我问你答"这种模式,学生总是处于被动的学习状态。这种没有变化的教学法很容易把语言教学搞得枯燥无味,很难调动学生学习的积极性,以致课堂上出现这种尴尬的局面:教师在讲台上滔滔不绝,学生瞪着两眼茫茫然,或者不停地翻词典,甚至打瞌睡。现代的第二语言课堂教学更多地提倡以学生为主体,充分发挥学生的主动性、积极性和创造性。近年来,以学为中心、以学生为中心是大家的共识,但并不是说,学生想学什么就是什么,想怎么学就怎么学,而是应该从学习者和学习过程的角度出发来考虑教学,教学对象是主动的,能改变教学的重点和内容。教师应该掌握学习和习得的规律,搞清楚学习主体以及环境等其他多种因素对学习过程的影响,然后以此为依据,再根据学习者的学习要求和目的更好地设计和组织教学,建立所谓的"最佳教学模式"。运用趣味教学法,将课堂讲练游戏化,让学生成为主角,教师大部分时间只充当导演,这样更能激发学生的表达欲望和创造性,收到很好的效果。当然,要真正做到以学生为中心并非容易的事情,需要对外汉语教师在理论和实践上的共同探索和努力。

(二)活跃的课堂教学方式和气氛

第二语言教学更注重以学习者的活动为主,不是教师一人的"满堂灌",而是进行多种形式和方法的语言操练和交际实践活动。特别强调和提倡教师与学生以及学生与学生之间的交流活动,要妥当使用各种教学技巧和艺术,充分利用接近实际生活的直观教具和现代化的教学手段、技术。对外汉语课堂教学还要营造一种轻松愉快的气氛,以激发学生的学习兴趣,减少紧张和恐惧心理,只有这样,才能收到预期的效果。

学习一种语言,历来被人们认为是枯燥的苦差事。如果教师没有很好地掌握和运用课堂教学技巧和艺术,就很容易造成压抑和紧张的课堂气氛。教师可以在开始上课的时候,与学生聊一些简单、轻松的话题,或者在讲课过程中穿插一些风趣幽默的话语、故事,适当地开点玩笑,就会在一定程度上缓解学生的紧张情绪,形成活跃的课堂气氛。

此外,语言教师应该想尽各种办法,充分利用接近实际生活的直观教具和现代化的教学手段,利用实物、图片、教具、动作加上现代化的录音、录像、软件、动画、多媒体等,活跃课堂教学的气氛,改进课堂教学的方式。

（三）交际性操练的方法

交际性操练是指从"语言是交际工具"这一本质出发,在交际性原则的指导下,在课堂过程中实现交际化。交际性操练不同于机械性操练,它以机械性操练为基础,但又不拘泥于机械性操练。它是在特定的真实或模拟真实的语言环境中,创造性地使用语言,在进行真实或模拟真实的语言交际活动操练中,可以根据不同的交际对象、交际目的和交际场合,对语音形式、词语、句型和对话方式进行选择。交际性操练在语言使用的准确性、流利性的基础上,更强调语言使用的得体性。教师一步步地放松对学生的控制,发展到让学生能够根据实际需要自由地表达,创造性地使用学习过的语言形式。需要注意的是,课堂上的一切教学活动和现实生活中的交际是不同的,课堂上的一切教学活动都是有教学目的和教学计划的,是教师精心设计的教学步骤。现实生活中的交际,其目的在于交际本身;而课堂上的交际,其目的在于通过这些交际活动学会如何进行交际。因此,课堂上的交际活动在语言的使用上就相对强调规范性和准确性。

在培养语言交际能力方面,交际性的操练方法十分重要。但是,从目前整个汉语二语教学的教学现状来看,课堂操练的分量不够、课堂操练远离实际交际。课堂上教师反复地领读,让学生记忆、背诵,然后替换、扩展,机械性操练占去了大部分时间,虽然符合精讲多练的原则,但是由于操练内容过于注重形式,远离实际交际,致使学生的学习热情下降,产生厌倦。那么,如何让学生获得语言的交际能力呢？

首先,要注意在情景中操练。交际离不开情景,以掌握语言交际能力为目的的交际性操练一定要在一个真实或模拟真实的语言情景中进行。课堂上教师最大的作用是为学生创造一个真实的或模拟真实的交际环境。模拟真实的环境就需要教师去精心设置,尽量设置出具有交际价值的情景,比如,设计出与学生日常学习、工作、生活密切相关的生活片段,在课堂上引发学生进行交际练习。

其次,要注重从机械性操练到交际性操练的转变。多年来,我国的第二语言教学比较重视语言结构的系统性传授和语言技能的强化训练,在机械性操练方面总结出:"重复—替换—扩展—完成句子—提问或回答"等有效的方法。交际性操练的类型还在探索之中,主要是要在特定的语言环境中进行,以口头会话交际能力的操练为主,目标是形成话语能力,强调语言的规范性和得体性。从机械性操练到交际性操练,是从语言要素到语言技能、再到语言交际能力的形成过程,两种操练方法缺一不可。

二、汉语二语课堂教学的要求

课堂教学是汉语二语教学的基本组织形式,汉语二语教学的不同课型,其教学的要求也不完全相同,但无论什么课型都特别强调教师与学生的共同作用。这种共同作用体现在教师完成教学任务和学生掌握教学内容的程度上。

（一）对教师的要求

从第二语言教学特点出发,教学过程分为四个基本阶段,即感知阶段、理解阶段、巩固阶段和运用阶段,课堂教学中对教师提出的要求都贯串在这四个阶段中。

1. 展示教学内容

在感知阶段,教师要运用最好的教学方法来全面展示和传授计划内的教学内容,把它们全部教授给学生。

2. 使学生全面理解所学内容

学生不一定能完全理解教师所展示和传授的教学内容,教师一定要运用正确的教学方法和技巧,尽量采取有效的教学手段和措施,帮助学生理解所学习的内容。

3. 引导学生正确地模仿和重复

在第二语言学习中,模仿和重复虽然是一种初级的操练方法,却是十分重要的方法,是学习语言必不可少的前提和过程,教师在其中应该给予正确的引导。

4. 帮助学生巩固记忆

学习一种语言,记忆是非常重要的,尽管记忆要靠学生自己来实现,但是教师的作用不可低估,通过深入浅出地讲解并运用复习、检查等手段,可以帮助和督促学生巩固所学的内容并且真正记住。

5. 创造条件让学生进行交际

让学生能够正确运用汉语进行交际是汉语二语教学的最终目标,老师在课程教学中要想方设法地创造交际条件,尽可能地让学生在真实的交际情景中进行语言练习,从而使学生能尽快将所学的内容在实际中运用。

（二）对学生的要求

课堂教学对学生的要求贯串在语言学习的"理解—模仿—记忆—运用"这一过程当中。

1. 理解

理解是语言学习的第一步。学生通过视觉、听觉等多种途径接受语言材料,并且进一步了解言语的意义、结构和用法,对语言材料从感性认识发展到理性认识。从记忆的特点来看,被理解的知识内容通常才能进入长久记忆。因此,理解所学的内容是学生学习汉语的第一步,也是学生在课堂上要完成的首要任务。

2. 模仿

理解了的知识还需要通过"实践—模仿"才能得以掌握。学生在汉语模仿中要注意模仿的正确性。因为错误的模仿只能造成负面效应,如果形成错误的习惯,以后纠正起来就困难了。开始模仿的时候往往要经过多次反复,不断纠正偏差和错误,才能达到正确的运用,关键是学生要充分利用课堂教学的有利条件,及时纠正错误的模仿,尽可能多地进行正确的模仿训练。

3. 记忆

记忆是所有语言学习必须具备的基本功。汉语学习的记忆,不论是机械的还是理解基础上的,都需要学生的主观努力。尽管大量的学习信息的记忆需要学生课外进行,但是学生应该尽可能地利用课堂教学的各种有利因素帮助自己记忆,以达到事半功倍的效果。

4. 运用

正确运用所学的内容进行交际,是语言教学的最高目标,也是汉语二语课堂教学的最高目标。学生在课堂中要积极主动地参与各项课堂训练和活动,这样可以打下良好的语言基础,很快地适应课外的语言交际活动。

第四节 汉语二语教学的师资培养[①]和评估

一、国际汉语教师的基本素质

外语教学是一门学科,汉语二语教学是作为一门外语来教的,自然也是一门学科。尽管目前的状况比起前些年要好多了,过去那种"教外国人学汉语并不难""只要会说汉语就能教老外汉语"的思想逐步为人们所抛弃。但是,"国际汉语教师应当具备什么样的业务素质"这一问题并没有得到全面而深入的研究和探讨。另外,国际汉语教师的业务素质还应该随着时代的发展而不断提高,新的形势对汉语二语教学提出了更高的要求。我国的汉语二语教学正处于新的大发展时期,国内和国外的汉语教学规模都在迅速扩大,教学要求也越来越高。因

[①] 参考陆俭明、马真:《汉语教师应有的素质与基本功》,外语教学与研究出版社,2016年。

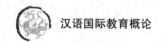

此,既要不断地补充新教师,又要尽快提高整个国际汉语教师队伍的素质。为了更好地履行汉语二语教学的职责,国际汉语教师必须具备相应的思想心理素质、业务知识素质和工作能力素质。

(一)思想心理素质

(1)高度的责任心。要具有敬业、精业和创业精神,心里要有学生,眼里要有学生,要多从学生的角度着想,关注学生的学习需求、学习难点。

(2)亲和力。汉语教师要有亲和力,这对提高汉语教学的质量、取得较好的教学成效有直接的影响。亲和力主要来自三个方面:一是教育水平以及实事求是的教学态度;二是教育责任心,特别是对学生的爱心;三是平易近人,诚信相待的良好作风。

(3)求实的教学态度。面对外国学生提出的各种各样的问题,国际汉语教师应采取求实的态度,当时能回答就回答,一时不能回答,则应如实告之,并承诺"我回去想一想再告诉你"。在汉语教学中,最忌讳的说法就是"这是汉语的习惯",这种说法会让学生产生"汉语没有规律"的错误想法。

(4)良好的品格和心理素质。要有不卑不亢、谦虚谨慎的良好品格。外派的汉语教师,面对国外举目无亲、一个人生活的环境,还要具备独立的、坚强的心理素质。

(二)业务知识素质

具备什么样的条件才能胜任课堂教学工作呢?语言教学既是一门科学,又是一门艺术,教学方法只有通过大量的实践才能不断完善。王还曾经指出:"作为一个教员却没有理论知识,仅仅能说地道的汉语,是不够的。学生犯的错误是各种各样的,仅仅指出错误并加以纠正而说不出原因,统统归之于'不合习惯'是在学生面前树立不起威信来的。"[①]由此可见,汉语二语教学是一项科学性、艺术性和知识性很强的工作。作为一名国际汉语教师,要胜任课堂教学,就应该具备比较广博的专业知识和文化知识,这些知识主要包括汉语言文字学的功底,教育学、外语教学和心理学的知识,有关中国的方方面面的知识,等等。

1. 汉语言文字的知识

任何语言都是一种系统,人们学习一种语言,就是要掌握这种语言系统。成年人学习第二语言跟幼儿学习第一语言不同,他们对学习的内容首先要理解,然后才能掌握。因此,教师只有对所教语言的系统有了较为深刻全面的认识,才能

---

① 王还:《和青年教师谈谈对外汉语教学》,载王还:《门外偶得集》,北京语言学院出版社,1987年,第135页。

有效地进行这种语言的教学。崔希亮指出:"汉语教师要有汉语知识。汉语教师对汉语的语音、文字、词汇、语法、语用规则、篇章知识一定要有所了解。"①国际汉语教师要教好汉语的语音,首先要对汉语的语音系统有较为深刻的理性认识;要教好汉字,教师就必须掌握汉字的结构特点。同样,要教好汉语的语法和词汇,也必须对汉语的语法系统和词汇系统有较为深刻的理性认识。虽然不必把所有的理论知识都教给学生,但教师必须心中有数,否则就不能有效地组织教学。语言教学是有系统的,这个系统就是根据语言规律、语言学习规律和语言教学规律组成的一种语言教学系统。如果语言教师对语言系统本身没有较为深刻的理性认识,就不可能认识这种语言的教学系统,甚至在一个语段中找不到语言点,更分不清什么语言点已经学过,什么语言点还没有学过,也不会明白什么语言点应该先学,什么语言点应该后学,更不会知道哪些语言点是重点和难点。如果这样,这个教师在教学中就不可能有的放矢。成年人学习第二语言要在理解的基础上才能掌握,因此,教师不但要预见学生在哪些地方会遇到理解上的困难,而且要预见到学生有可能在哪些地方会出错,以便有针对性地进行有效的讲解和组织练习。学生在学习过程中出现错误是难以避免的,对于那些带普遍性的经常出现的错误,教师不仅要指出错在哪里,而且要说明为什么只能这样说,而不能那样说,更不能说"这是中国人的习惯"。例如,学习动词"见面",90%的韩国学生都犯过同样的错误,造句出现类似"我要见面我的朋友"的错误,所以,教师在教授时对这类常见错误应该有预见性,告诉学生"见面"是不能带宾语的动词,要说"和(跟、与)……见面"。

　　外国学生中也有些人学过语言学或者对语言学有兴趣,有的学习汉语就是要研究汉语或准备从事汉语教学的,他们学习汉语不但要掌握用汉语进行交际的技能,而且也希望掌握汉语理论,遇到教师没有解释清楚或者他们还不大理解的地方,就会提出问题。例如,"他能说汉语"和"他会说汉语"有什么不同? 为什么只能说"我们谈了一会儿话",而不能说"我们谈话了一会儿"? 什么时候用"了",什么时候不用"了"? 如此等等。对学生提出的问题,教师应该尽量给以合理圆满的回答。而要准确、简明、快捷地回答这些问题,是非常不容易的,必须具备相当深厚的汉语语言学知识。

　　2. 教育学、外语教学和心理学的知识

　　从事语言教学必须掌握各种常见的语言教学法。对一个任课教师来说,首

---

① 崔希亮:《汉语教师的知识结构、能力结构和文化修养》,载周小兵主编:《国际汉语》(第二辑),中山大学出版社,2012年。

先要掌握体现在教材中的教学法。比如,有的教材是按照语言结构的难易程度来编排教学内容,对语言点的解释侧重于说明语言的结构特征,练习也是为了让学生熟练地掌握句子的结构形式,这样的教学法叫作结构法。有的教材是以所谓功能、意念项目为纲来编排教学内容,侧重于从语用的角度解释言语现象,练习方式的设计也是从语用出发,这样的教学法叫作功能法。还有的教材一方面按照语言结构的难易程度编排教学内容,另一方面又以功能、意念项目为中心组织语言材料。对语言现象的解释和练习方式的设计也兼顾结构和功能两个方面,这样的教学法叫作结构-功能法或功能-结构法。这些常用的教学法各有自己的长处和适用的对象,用不同的方法编写的教材往往都要使用。任课教师只有对语言教学法有了全面深刻的了解,才能理解教材中的教学法意图,才能正确地使用教材,同时,还可以根据教学对象的实际情况弥补教材中的不足。

除了正确贯彻和灵活运用教材中体现的教学法以外,组织课堂教学还需要一套具体的教学方法和教学技巧,贯彻一定的教学原则。怎样把言语要素转化为学生的言语技能,怎样调动全班每一个学生的积极性,怎样把课上得生动活泼,从而激发学生的学习兴趣,如何消除学生的紧张心理,以及怎样板书、怎样提问等,都不能带有主观随意性。精讲多练是语言课的一个重要原则,但实际上有个别教师只讲不练或讲得多练得少,还有的教师过多地使用学生的第一语言,或者只对学习好的学生感兴趣而冷落学习成绩落后的学生,以及特殊的穿着打扮和大量琐屑动作使学生注意力分散等,都是课堂教学的大忌,都不符合语言教学法的要求。

教学法与教学效果有直接的关系,如果不掌握教学法,就是学问再大,也不能取得好的教学效果。有些教师上课不受学生欢迎,不一定是因为学问不够,而往往是由于不懂教学法,没有很好地掌握课堂教学的要领。要真正懂得教学法,除了学习教学法本身以外,还要学习语言学、心理学和教育学。所谓语言教学法,实际上就是把语言规律、语言学习规律和语言教学规律统一起来的一种方法,是根据语言规律、语言学习规律和语言教学规律组成语言教学系统的一根纽带。如果不懂得语言学、心理学和教育学,就不知道怎样把三大规律统一起来,就不知道如何根据三大规律组成语言教学系统,在课堂教学中也就不知道如何贯彻教学原则和运用具体的教学方法。教学方法必须建立在正确的理论基础之上,这里的"理论基础"就包括语言学、心理学和教育学。由此可见,语言学、心理学、教育学和语言教学法等方面的知识,都是汉语国际教育教师所必须掌握的专业知识。

3. 有关中国的方方面面的知识

国际汉语教师应具备一定的文学知识和文学修养。语言和文学是分不开的,文学语言是语体的一种,文学作品是语言研究的原材料之一;人们学习语言,到一定阶段也需要通过文学作品来学习,所以,文学作品也是语言材料的一部分。作为一名国际汉语教师,应该具备一定的文学知识和文学修养,要了解中国古代、现代和当代文学的发展线索和轮廓,对各个时期有代表性的作家、作品要有所了解,对名家、名著要熟悉;此外,对世界第一流的作家和作品以及主要教学对象国家的文学概况也应该有所了解。

国际汉语教师应掌握一定的百科知识。我们的教学对象都是成年人,他们中不少人都有较为丰富的文化知识和较高的文化素养。无论是在课堂上还是在课后,教师都应该显示出具备丰富的知识。国际汉语教师在一定程度上代表着我国高等教育的水平,如果知识贫乏,不仅影响个人威信,还会损害我国高等教育的声誉。所以,国际汉语教师除了必须掌握专业知识以外,还应当掌握有关的文化知识。例如,要熟悉中国的历史和地理,要了解主要的名胜古迹,要有一定的社会和民俗知识,要了解当前的社会经济、国家重要的方针政策等。此外,还要具有一般的世界历史、世界地理知识,了解当前国际政治、国际经济形势,熟知主要教学对象国的风土人情、社会习俗,尤其是文化禁忌等。

二、国际汉语教师的能力结构

国际汉语教师除了需要合理的知识结构,还需要优化的能力结构。

(一) 较好的汉语素养和表达能力

一方面,有较好的母语语言素养才能具备较好的语言表达能力,才能将汉语的字词句、汉语虚词的意义和用法等清晰地向外国学生讲清楚;另一方面,国际汉语教师只有善于将学术语言转化为教学语言,才能进行卓有成效的汉语教学。崔希亮指出:"汉语教师要把特别复杂的问题说清楚、说明白,需要较好的语言表达能力。有人喜欢把特别简单的问题说得非常复杂,没人听得懂,我不欣赏这样的做法。复杂的问题能用简单的话说清楚,这才叫本事。"[①]

(二) 一定的外语能力

国际汉语教师学习、掌握好外语起码会有三方面的好处:一是汉语教师学

---

① 崔希亮:《汉语教师的知识结构、能力结构和文化修养》,载周小兵主编:《国际汉语》(第二辑),中山大学出版社,2012年。

习、掌握好外语,无疑将有助于更好地学习国外有关语言研究和语言教学的理论或经验;二是有助于在海外任教时较快适应海外的生活、教学环境,有助于跟学生及家长进行有效的沟通和交流;三是有助于进行语言对比与思考,以服务于汉语教学。

（三）具有一定的教学能力

国际汉语教师的工作能力是非常重要的,因为他们不但要从事教学工作,而且要开展或参与跟教学有关的各种课外活动。无论是在课堂教学中还是在课外活动中,国际汉语教师都要起组织和主导作用。如果没有一定的工作能力,即使知识再丰富,也难以胜任教学工作。一个能胜任教学工作的国际汉语教师的工作能力主要表现在语言文字能力、课堂教学能力、交际和组织能力等方面。在语言文字能力方面的主要要求是:具有扎实的汉语听、说、读、写的基本功。具体地说,就是能讲标准的普通话,口齿清楚;具有较强的口头和笔头表达能力;汉字书写正确、工整,最好再有一定的书法修养;有较高的外语水平,应该具备至少一种第二语言的熟练运用能力,本身有第二语言学习的经验和体会。

一名称职的国际汉语教师应该具有教学能力,包括能担任多种汉语课型教学的能力;能有效地组织课堂教学,能贯彻和灵活运用教学的原则和方法,使用各种不同的教学手段,能应变并及时调整教学方法,能发现并且及时纠正学生的错误,正确掌握各种教学技巧等。作为教师还应该有对教材、教学大纲进行设计、编制和评估的能力,有对学生的学习能力、水平、效果进行分析、判断、评估和解释的能力。目前,现代化的教学手段被越来越多地运用到汉语教学中,这要求教师能熟练地使用跟现代教育技术有关的硬件设备和软件技术及网络技术等。

在交际和组织能力方面的主要要求是:在正式场合举止得当,言语得体;在自己组织的集体活动中能调节气氛,左右局势;在尴尬的场合下沉着自如;遇到紧急事件镇定冷静,急中生智。如果教师具有特殊的文艺才能,例如在创作、导演、音乐、舞蹈、绘画等方面有一项或多项才能,能够组织、引导学生把所学的内容生动形象地表达出来,就能更好地吸引学生,教学效果也会大大提高。

（四）掌握一定的教学艺术

语言教学既是一门科学,又是一门艺术。掌握一定的教学艺术,是语言教师在汉语二语教学中所要追求的目标。科学往往比较枯燥,艺术却可以使人愉悦,激发人的学习兴趣。第二语言学习是枯燥的,而且容易使人产生紧张畏难情绪。教师有责任使枯燥的语言学习变得生动有趣,尽最大可能地消除学生的畏难情绪,激发他们学习汉语的兴趣和热情。国际汉语教师的任务之一就是在提高汉语二语教学科学性的同时不断地提高它的艺术性。掌握教学艺术是汉语教师必须具备的条件之一,也是汉语教师的特殊才能之一。如果掌握了教学艺术,就能使教学产生一种艺术感染力,并由此获得圆满的教学效果。只有教学艺术高超的教师,才有可能达到这样的境界。具体地说要做到以下五点。

1. 充分了解自己的教学对象

现代教育理论强调以学生为中心。所谓以学生为中心,就是教学要求、教学内容和教学方法都要从学生的需要和特点出发,有针对性地进行教学,以充分调动学生的积极性。这是取得好的教学效果的前提条件。凡是教学艺术高超的教师,对本班每个学生的上述情况都了如指掌。

2. 从全局出发,以小见大

语言教学是一个过程,这个过程由若干个教学阶段组成。每一个教学阶段都要开设一定的课程或者课型。每个教学阶段、每门课程或课型,都要确定一定的教学目标、教学要求和教学内容,并且把教学任务落实到任课教师身上。每位任课教师都必须在了解总的教学任务的基础上,了解自己所承担的是什么样的任务,这一任务和合作者所承担的任务有什么联系和区别,以便更好地跟合作者进行有效的配合,通过完成自己的这一部分任务来为完成总的教学任务服务。

3. 精通课堂教学方法

国际汉语教师的课堂教学,在教学方法上要注意以下问题。

第一,教学环节上要层次清楚,环环相扣,重点突出,解析难点。

第二,处理好讲和练的关系,该讲则讲,该练才练,有的放矢,使学生容易掌握。

第三,在处理全班同学和个别同学的关系上,须照顾大多数同学,关注每个学生,平等地对待成绩好和成绩差的学生。

第四,课堂用语使用上要精益求精,语音语调清楚,语速快慢得当,声音高低适度。尽量做到"四不",即不讲学生听不懂的话,不讲废话,不讲句子不完整的话,不轻易使用媒介语。

第五,板书要使用规范的字体,精心设计版式,以提升教学效果。

第六,能正确使用视听设备和辅助手段,并善于学习新的教学手段和现代教育技术,在课前要检查设备的运行情况。

第七,讲究仪容,衣着大方、整洁,教态自然。

总之,教学艺术是理论、知识、经验和艺术的有机结合,是一种很高的教学境界。

(五) 具备较强的科研能力

国际汉语教师需要能解决学科建设中的实际问题以及重大理论问题,在学

术上不断有所创新。除了能胜任教学工作外,还要能进行科学研究。国际汉语教师在科研能力上应该具备的主要条件有:

(1) 对语言学领域有较为全面的了解和体会。

(2) 对国内外语言教学研究的历史和现状有较为全面的了解,并能把握今后发展的趋向。

(3) 对本学科各个研究领域以及它们之间的相互关系有全面而深刻的了解。

(4) 能在本学科范围内的某一领域进行创造性的研究,而且有能力在其他领域进行深入的研究。

(5) 思维敏捷,有很强的观察能力和综合分析能力。

实际上,语言学家和语言教师是很难分离的,应当鼓励语言教师努力成长为语言研究专家甚至语言学家,并继续以一名语言教师的身份从事语言教学工作。只有拥有一大批称得上语言研究专家或语言学家的汉语教师,汉语二语教学这个学科的地位才会大大提高,我国的汉语二语教学才会有自己的特色。

三、提高国际汉语教师业务素质的策略

提高国际汉语教师队伍的素质是一项长期的任务,当前首先要使有关人员(特别是各级领导)对这项工作的重要性有足够的认识,在此基础上,坚定不移地实施下列策略措施。

(一) 根据国内外教学和科研工作的需要培养各种类型和各个层次的教师

所谓各种类型和各个层次的教师指的是:

(1) 能够胜任某种/些课型的课堂教学工作的教师,这是最基本的要求。

(2) 教学型的教师。又分为两个层次:能够胜任多种教学任务的教师;教学艺术高超的教师。后者是高层次的教师。

(3) 科研型的教师。也可分为两个层次:既能胜任教学工作,又能进行科学研究的教师;能够胜任教学工作,科研能力又特别强的教师。后者也是高层次的教师。

(4) 管理型的教师。也可分为两个层次:既能胜任教学、科研工作,又能担任教学、科研管理工作的教师;既能胜任教学、科研工作,管理工作能力又特别强的教师。

以上各种类型和各个层次上的教师都是汉语二语教学工作所需要的,只有做到培养各类教师,各尽其能,才能满足国内外汉语教学和科研工作的需要,也

才能充分发挥人才的整体效益。因此，当前不但要尽快地使所有的教师都成为能够胜任课堂教学工作的教师，而且要从能够胜任课堂教学工作的教师中分别培养出教学型、科研型和管理型的教师。要特别重视培养能胜任教学、科研和管理等多项工作的教师，即努力培养出一批有志于汉语二语教学事业、教学艺术高超、科研能力特别强、具有一定管理工作能力的多面型、复合型教师。当然，培养多面型、复合型教师，不是说每个教师在多个方面都平均用力，合理的做法是每个教师根据自身的特点，突出重点，兼顾其他。新形势下的国际汉语教师一定要做到教学与科研并重，把教学与科研有机地结合起来，以科研促教学，根据教学需要进行科研，解决教学实践中存在的问题，并用教学实践来检验研究成果。

（二）通过多种形式对现有的国际汉语教师进行在职培训

近十几年来，汉语国际教育本科专业已经成为高等学校比较热门的专业之一，越来越多的国内大学都开设了这个本科专业，以培养国际汉语教师的基础人才；同时，不少院校招收汉语二语教学方向及相关研究方向的硕士研究生、博士研究生，为汉语二语教学学界输送了各个层次的专业教师，在很大程度上改变了国际汉语教师的构成结构，国际汉语教师在年龄、学历、学位、专业、职称等方面的结构都发生了巨大变化。目前，汉语二语教学学科正在向专业化，高学历方向发展，出现了从未有过的好势头。但由于历史原因，目前国际汉语教师中仍有相当一部分教师还存在学历低、没有受过专业训练、不重视自我进修等问题。当前国际汉语教师建设的任务之一，就是对知识结构、教学能力、科研结构欠缺的教师进行补课性的培训，使他们达到国际汉语教师的资格要求。培训的方式可以是举办时间长短不等的各种培训班，也可以举办专家的专题讲座，或指定书目由教师自学。不论通过什么形式进行培训，都要进行严格的考试或考查。与此同时，要通过多种形式，包括举办专题研讨班，安排在国内外脱产进修，在职攻读硕士、博士学位，指定承担重要的科学研究项目等，努力培养更多高层次的教学与科研人员。

（三）引入竞争机制，采取鼓励措施

为了充分发挥人才的作用，鼓励上进，在人才的培养和使用上，都要引进竞争机制。为了推动各教学单位重视教师队伍建设，应建立教师队伍评估制度，通过评估，从数量和质量两个方面来检查各单位教师队伍的状况。对各方面表现优秀的教师，要给予奖励，国家汉办在过去已经评选过全国对外汉语教学优秀教师。对教学和科研力量都比较强的教学单位，应该给予政策上的优惠。目前，通过对申报院校在教学、师资、科研、教材、师资培训、对外交流、管理体制和基础设备条件等方面的考察，教育部在 2003 年和 2004 年先后批准了 8 个对外汉语教学基地。这是国家对汉语二语教学基础建设的一个重要举措。事实证明,只要有关人员(特别是各级领导)对加强国际汉语教师队伍建设的重要性有了足够的认识,并且采取各种切实可行的措施来提高教师素质,我国整个汉语二语教学面貌就会更上一层楼。

(四)实施《国际汉语教师标准》和《国际中文教师证书》考试

1.《国际汉语教师标准》(2007版)

自2006年10月起,国家汉办先后聚集海内外近百名专家和学者参与《国际汉语教师标准》研制工作,并广泛征求国内外专家学者和一线教师的意见,于2007年10月正式推行《国际汉语教师标准》。《国际汉语教师标准》是对从事国际汉语教学工作的教师所应具备的知识、能力和素质的全面描述,旨在建立一套完善、科学、规范的教师标准体系,为国际汉语教师的培养、培训、能力评价和资格认证提供依据。《国际汉语教师标准》(2007版)由五个模块组成。分别为:(1)语言知识与技能。包括"汉语知识与技能"和"外语知识与技能"两个标准,对教师应具备的汉语及外语知识与技能进行了描述。(2)文化与交际。包括"中国文化和中外文化比较"与"跨文化交际"两部分。要求教师具备多元文化意识,了解中国和世界文化知识及其异同,掌握跨文化交际的基本规则。(3)第二语言习得理论与学习策略。要求教师了解汉语作为第二语言的学习规律和学习者特点,能够帮助学习者成功学习汉语。(4)教学方法。包括"汉语教学法""测试与评估""课程、大纲、教材与教辅材料"和"现代教育技术与运用"四个标准。要求教师掌握汉语作为第二语言的教学理论和教学法知识,具备教学组织和实施能力。(5)综合素质。主要对教师的职业素质、职业发展能力和职业道德进行描述。《国际汉语教师标准》(2007版)借鉴了TESOL等国际第二语言教学和教师研究的新成果,吸收了国际汉语教师的实践经验,反映了国际汉语教学的特点。

2.《国际汉语教师标准》(2012版)

为进一步适应国际汉语教学的实际需要,提高国际汉语教师的能力和水平,国家汉办/孔子学院总部于2012年12月正式对外发布《国际汉语教师标准》(2012版)。

新标准是在《国际汉语教师标准》(2007版)的基础上,历时3年修订完善而成,由汉语教学基础、汉语教学方法、教学组织与课题管理、中华文化与跨文化交际、职业道德与专业发展五部分组成,增强了实用性、操作性和有效性,突出汉语教学、中华文化传播和跨文化交流三项基本技能,更加注重学科基础、专业意识和职业修养,构建了国际汉语教师的知识、能力和素质的基本框架,形成了较为完整、科学的教师标准体系,是孔子学院中外汉语教师选拔和培训、国际汉语教师资格认证、汉语国际教育专业学位研究生培养等工作的依据。

3.《国际中文教师证书》考试

《国际中文教师证书》考试是由教育部中外语言交流合作中心主办的一项标准化考试。考试通过对汉语教学基础、汉语教学方法、教学组织与课堂管理、中华文化与跨文化交际、职业道德与专业发展五个标准能力的考查,评价考生是否具备国际中文教师的能力。考试包括笔试和面试,笔试成绩合格者方能报名面试。笔试成绩两年内有效,在有效期内可以报名参加面试;面试成绩合格者可在面试成绩公布后的两年内,凭面试成绩、大学本科及以上学历证明申请证书,逾期未申请者,成绩失效。

《国际中文教师证书》考试范围涵盖汉语教学基础、汉语教学方法、教学组织与课堂管理、中华文化与跨文化交际、职业道德与专业发展五大领域,主要考查应试者的汉语交际能力、语言分析能力、教学设计能力、教学资源应用能力、课堂活动组织能力、课堂管理能力、中华文化阐释与传播能力、跨文化交际及适应能力、用外语进行交际和辅助教学能力、国际中文教师道德修养、心理素质和职业发展能力、现代教育技术应用能力等,以及对相关理论知识和应用方法的掌握。

参考文献

北京语言文化大学汉语水平考试中心:《汉语水平考试研究文集》,经济科学出版社,2000年。

刘珣主编:《对外汉语教学概论》,北京语言文化大学出版社,1997年。

刘珣:《对外汉语教育学引论》,北京语言文化大学出版社,2000年。

吕必松:《对外汉语教学探索》,华语教学出版社,1987年。

[加]W. F. 麦基:《语言教学分析》,王得杏等译,北京语言学院出版社,1990年。

盛炎:《语言教学原理》,重庆出版社,1990年。

施良方:《课程理论》,教育科学出版社,1996年。

赵金铭主编:《对外汉语教学概论》,商务印书馆,2019年。

赵贤州、陆有仪主编:《对外汉语教学通论》,上海外语教育出版社,1996年。

周小兵、李海鸥主编:《对外汉语教学入门》,中山大学出版社,2004年。

思考与练习

1. 结合你的教学体会或观察调研,谈谈如何确定教学原则。
2. 举例说明分析教学对象的重要性。

3. 请根据汉语国际教育教材的评估原则,对某本汉语国际教育教材进行评估分析。
4. 根据汉语国际教育教材的选用原则,谈谈你将如何选择初级汉语精读课本?
5. 结合自己的教学实践或观察调研,谈谈你对"以学生为中心"的教学方式的认识。
6. 举例说明怎么样能更好地创造条件让学生在课堂上进行交际训练?
7. 举例说明国际汉语教师的教学能力表现在哪些方面,并谈谈你对教学艺术的认识。
8. 为什么说国际汉语教师要具有较强的科研能力?

第四章　汉语二语教学阶段论

第一节　阶段划分的基本原理

一、阶段划分的依据

任何科学的教学过程都必须具有连续性(continuity)、顺序性(sequence)和整合性(integration)①。就汉语二语教学来说，所谓连续性，是指教学过程所安排的汉语教学内容是前后衔接的，前边的教学是基础，后边的教学是在已有基础上的延伸与提高；所谓顺序性，是指按照一定的教学规律和认知规律，将语言知识、言语技能、交际能力和学习过程分解成一个个有先有后、有难有易的段落，再将段落排列成一定的次序；所谓整合性，是指使学习者在一定时间内把学习的内容转化成综合的、内在的语言能力，从而能在实际的交际场合加以运用。

正规的、有计划的汉语二语教学是受一定的教学时间限制的。针对留学生的汉语言专业本科的教学时间一般是四年，汉语进修生的学习时间由几个月到两三年不等。这少则几个月多则四年的学习时间一般是连续的，连续的教学时间特别是较长的教学时间往往会被分割为一定的课时、学期、学年，这是对教学过程中时间阶段的划分。这种阶段划分虽然不只是针对汉语二语教学的，但在学校里进行的汉语二语教学必须服从学校的教学制度，我们要把连续的教学过程分解落实到一定的教学时间里。

一个熟练使用汉语的人所具有的汉语知识和言语能力是综合的、立体的、全方位的。目前，人们对汉语本身的认识还谈不上有多么深入全面，更谈不上对人

---

① ［美］拉尔夫·泰勒：《课程与教学的基本原理》，施良方译，瞿葆奎校，人民教育出版社，1994年。

脑里的汉语知识和言语能力有多么具体的认识，当然不可能让不会汉语的人一下子就能掌握并使用汉语。我们只有根据目前对汉语知识和人类学习使用语言规律的认识及经验，来选择有限的学习内容。就是这有限的内容，我们也不可能一股脑儿地教给学生并要求他们掌握，也必须精心地对它们进行分析，理出一定的语言知识点和语言技能项目，再根据一定的教学对象和教学时间，选出最合适的教学内容。

选出的语言知识点和语言技能项目是否合适，首先要看它们是否适合学生学习和使用。学习汉语的学生来自世界各地，其母语和文化背景各不相同，各自学习语言的能力和原有的汉语水平也有差异，我们必须对学生的情况进行分析，根据学生的汉语水平把学生分成若干组或级，再为每一级学生选出适合他们的语言知识点和技能项目，制定相应的教学计划，确定合适的教材，这样才能够使教学安排具有计划性和针对性。

无论是从教学理论上还是从教学实践的需要出发，汉语二语教学都必须划分出不同的阶段。接下来的问题是，要划分出多少个阶段才是合适的呢？从学生学习的角度说，划分出的阶段越多越细，就越能区分出学生的个体差异，也就越便于因材施教。比如，来中国以前在本国已经学习了一个月汉语的学生和已经学习了三个月的学生，他们的汉语水平应该是有高低之分的，最好是把他们分在不同水平等级的班里。但在实际组织教学活动时，由于受到教学条件（如教室、教师人数等）的限制，或出于教学成本方面的考虑，一般不可能使进入同一个阶段或班级的学生的汉语水平整齐划一。拿零起点班来说，设立这个班是假定进入这个班的学生都是一点儿也没学过汉语的，但实际上有的学生在来中国以前已学了一个月或几个月的汉语，已经具有了一定的汉语基础，然而他们的水平又达不到进入更高一级的要求，这样他们就只能进入零起点班。

目前，各学校的汉语二语教学的阶段划分在时间长短方面大体上和普通学校的学期划分是一致的，是以学期为阶段划分出的时间单位。比如语言进修班，根据学生的汉语水平，第一、第二学期分别为初等一级、初等二级，第三、第四学期分别为中等一级、中等二级，第五、第六学期分别为高等一级、高等二级。汉语言本科一般为四学年共八个学期，进入一年级的学生目前要求达到汉语水平考试（HSK）四级水平。

当然，汉语二语教学阶段的划分并不是绝对的。语言知识点和技能项目排列的先后有些是经过研究排定的，有不少是根据教学经验排定的，还有些是可前可后的。每一阶段要求学习、掌握哪些知识点和技能项目，都有一定的可伸展的空间。学生从低一阶段进入高一阶段最终要看他是否掌握了他所在阶段要求掌握的知识点和技能项目。学生们学习语言的能力各有差异,一个阶段的学习以后,大部分学生可以进入高一级阶段,有少数学习能力特别强的学生可能达到进入更高一级的水平,不过也有少数学生由于学习不够努力或者受自身语言学习能力的制约等原因未能达到进入高一级阶段的水平。所以,一个阶段的学习以后,一般要根据学生的汉语水平对其进入哪一阶段学习进行重新安排:或进入高一级阶段,或跳过高一级阶段进入更高一级阶段,或留在所在的阶段重新学习。在学生数量达到相当的规模、教学条件允许的情况下,对教学阶段划分可以尽量细一些,跨度尽量小一些。比如,将初等水平不是分成两个阶段而是分成三个阶段,这样一个学期下来,大部分学生可以进入初等三级,一些达不到进入初等三级水平的可以进入初等二级,这样就避免了有些学生仍留在初等一级完全重读的尴尬,也便于插入一些从国外刚来中国、已学过几个月汉语但水平没达到进入初等三级要求的学生。

总之,要在一定的时间内使学生的汉语水平提高到一定的高度,就必须对教学过程进行科学合理的安排,其中的重要一环就是对教学阶段进行科学合理的划分。言语技能只有经过从一个阶段到高一级阶段,在不同等级、不同水平要求下进行层次上的叠加、循序渐进、反复训练,才可能形成。科学地分出不同的教学阶段,是提高教学效率所必需的。

二、教学目标与手段的阶段性

汉语二语教学目标是指在一定的教学阶段使学生掌握哪些汉语知识点和哪些技能项目,从而具备怎样的言语能力和言语交际能力,能够用汉语做什么,具体包括:①交际范围,即学生能在什么范围内进行交际;②言语技能,即掌握哪些项目的言语技能;③水平等级,即所掌握的语言知识和言语技能达到怎样的水平等级。衡量学生交际范围的大小、言语技能和水平等级的高低,都是根据不同的教学阶段而言的,在不同的教学阶段,教学目标也就相应地有所不同。

就交际范围而言,在不同的教学阶段,有不同的目标。比如,在教学时间为一个学期的初等阶段,往往要求学生能在最基本的日常生活(如询问时间、购物、用餐、起居、问路、乘车、看病等)、有限的学习活动(如上课、借书、还书、复习、预习、练习等)和简单的社会交际(如打招呼、问候、告别、道谢、道歉等)范围内进行有效的言语交际。到了高等阶段,往往要求学生能在一般的生活、工作场合和各种社交活动场合(如旅游、环保、体育、商贸、文化、教学、宗教、科研、外交、婚姻、爱情等)进行较高层次的学习和社会交际活动,能用汉语进行具有一定专业性的实际工作。

言语技能一般被分解为听、说、读、写、译五项分技能。不同的教学阶段对这五项技能的要求也有高低之分。就阅读能力方面来说,教学时间为一个学期的初等阶段的教学目标为:能阅读与课文类似的记叙文,长度在400—500字,速度为每分钟100字左右,要求理解90%以上;高等阶段则要求读懂一般的汉语原文,阅读生词量在3%以内、文言词语在2%以内的原文时,速度要求达到每分钟150字左右,而且要求理解80%以上,要求具有快速阅读各类文章和查找信息的能力,速度要求达到每分钟180—240字。就写作能力方面来说,教学时间为一个学期的初等一级,要求学生能模仿课文用所学的词语写出300字以内的记叙文;高等阶段则要求学生在两个小时内写出800字以上的各类常见文体的命题作文①。听、说和译的技能目标,在各个不同的教学阶段也有不同的要求。

学生汉语水平的高低往往跟一定的教学阶段相联系。目前,检验学生汉语水平高低比较权威的手段是看学生参加汉语水平考试(HSK)所达到的水平等级。在预定教学目标时,也可以把一定阶段的教学所要达到的教学目标设定为达到HSK的某个水平等级。我们可以把教学阶段的初、中、高级分别与HSK水平等级的初、中、高级对应起来。经过初等阶段两个学期的教学,使学生达到HSK的初等水平(一、二级);经过中等阶段的两个学期的教学,使学生达到HSK的中等水平(三、四级);经过高等阶段的两个学期的教学,使学生达到HSK的高等水平(五、六级)。就目前的教学情况和学生参加HSK取得成绩的情况来看,我们设定的某个教学阶段和HSK成绩的对应关系还是比较现实和可靠的,即零起点班的学生经过两个学期的教学,学生大多能获得HSK一到二级证书;进入中级阶段再经过两个学期的教学,学生基本上能获得HSK三到四级证书;到了高级阶段经过两个学期的教学,学生基本上能获得HSK五级以上的证书。

在不同的教学阶段,教学手段也具有一定的阶段性。在初级阶段,训练往往比较注重语音、词汇、语法等方面的机械模仿练习,如跟读、抄写、复述、模仿造句、模仿作文等,这对培养刚刚接触汉语的留学生的初期语感是必需的。这个时期在语音、词汇、语法等方面打下比较坚实的基础,也为以后的学习铺平了道路。在初级阶段的教学活动中,教师经常会运用一些直观的手段(如实物、图画、体态语言等)来辅助教学,帮助学生建立语言单位和事物之间的联系,从而准确地理

---

① 参阅国家对外汉语教学领导小组办公室汉语水平考试部编:《汉语水平等级标准与语法等级大纲》,高等教育出版社,1996年。

解一些语言单位和概念。有时也会借助一点学生的母语或别的媒介语来帮助学生理解或表达。随着学生汉语水平的提高,到了中高级阶段,原来在初级阶段经常使用的机械模仿练习就越来越少,取而代之的是越来越多的主观性练习,如叙述事件、说明陈述意见、进行辩论、写读书心得、归纳段意中心、在规定时间内完成命题作文等。在初级阶段常用的直观手段,在中高级阶段也越来越少用。这个阶段的学生已具有了一定的汉语水平,在教学中遇到新的语言点或知识点时,教师基本上可以用已经学过的汉语进行说明和解释,教师和学生也完全可以用汉语进行讨论。在中高级阶段的教学活动中,教师应尽量少用或不用学生的母语或别的媒介语。教师动不动就用学生的母语或别的媒介语,是汉语二语教学尤其是中高级汉语二语教学的一忌。

三、教学内容与课程设置的阶段性

汉语二语教学的教学内容包括汉语的语音、词汇、语法、语用、汉字等要素及相关的文化知识,以及使用汉语的技能。这些内容经过挑选确定下来,又被分成不同的等级,最后被落实到相应的教学阶段。

就语音教学来说,在初级阶段刚开始一般要集中一段时间学习每一个音节的声母、韵母和声调,再练习音节连读、短语和句子朗读,逐渐到练习句子或话语的语调。这段时间的练习要尽可能使学生每发一个音都做到准确到位,这样会为以后的学习打下良好的基础,减少很多麻烦。集中学习一段时间之后,语音训练就进入了克服怪音怪调的纠偏和巩固时期,以至形成自然的汉语发音。纠偏和巩固时期的长短和难度的大小跟初级阶段刚开始时期的语音训练是否扎实有着密切的关系。有时为了让学生能尽快开口,对学生不正确的发音听之任之,使得学生习惯成自然,这样的学生以后要想纠正其发音是相当困难的;相反,如果我们尽早地严格训练学生的发音,就可能使其避免养成不良的发音习惯,随后的纠偏工作量就比较小。

汉语二语教学的各个教学阶段词语范围的总量在8 000到9 000之间。这些词语也被划分为几个不同的等级,每个教学阶段都有相应的词汇教学内容。国家汉语水平考试委员会办公室考试中心制定的《汉语水平词汇与汉字等级大纲》共收词语单位8 822个,其中,甲级词1 033个,乙级词2 018个,丙级词2 202个,丁级词3 569个。汉语二语教学的初级阶段的两个学期的词汇教学范围基本上是以甲级词和乙级词为依据的。初级阶段的汉语教材中编入的这两个等级的词汇量分别要求占比在85%(甲级词)和80%(乙级词)以上。中级阶段两个学期的词汇教学范围基本上以丙级词为依据。中级阶段的汉语教材中编入的丙级词要求占比在75％以上。高级阶段两个学期的词汇教学范围基本上以丁级词为依据。高级阶段的汉语教材中编入的丁级词也要求占比在75％以上。各个阶段都允许出现一些超纲词，但在教学（主要是教材）中出现的超纲词在初级阶段一般占比不多于20％，在中级阶段一般占比不多于30％，在高级阶段一般占比不多于35％[1]。不同教学阶段的教学词汇不仅数量不同，而且要求学生掌握的程度也不尽相同。初等阶段学习的大纲范围内的词语基本上都要求复用式掌握，即要求听、说、读、写"四会"，只要求领会式掌握的词语数量极少。但到了中级、高级阶段，大纲范围内的词语要求领会式掌握的比例越来越大，要求复用式掌握的词语比例要小一些。

汉语二语教学各教学阶段所教的汉字基本上是与词汇等级相对应的。《汉语水平词汇与汉字等级大纲》中，与甲、乙、丙、丁四级词语单位对应的甲、乙、丙、丁级汉字分别是800、804、601和700个字种，各等级的汉字总数是2905个。各教学阶段的汉字教学基本上以这样的分级为依据。初级阶段两个学期的教材分别要求编入甲级和乙级汉字占比不少于85％，超纲汉字占比不多于10％；中级汉语教材要求编入丙级汉字占比不少于90％，超纲汉字占比不多于15％；高级汉语教材要求编入丁级汉字占比不少于90％，超纲汉字占比不多于20％[2]。大纲中的2905个汉字，又分为2500个左右的常用字和400个左右的次常用字，常用字要求熟练掌握，次常用字中有些只要求能认读。

语法教学也是划分为不同等级的。根据《汉语水平等级标准与语法等级大纲》[3]，汉语二语教学语法被分解为1168项（点），其中，甲级语法129项，乙级语法123项，丙级语法400点，丁级语法516点。各阶段的语法教学基本上要依照这样的指标来进行：初级阶段两个学期的汉语教材要求编入甲级和乙级语法项目各占比90％，超纲语法项目占比不多于10％；中级阶段的汉语教材要求编入丙级语法点的80％，超纲语法点占比不多于30％；高级阶段的汉语教材中要求编入丁级语法点的80％，超纲语法点占比不多于35％。

不同教学阶段的言语技能教学内容也有差异。拿写作技能教学来说，在初级阶段经常会安排一些抄写（词语、句子、课文）、模仿造句、叙述简单的事情等练习，着重训练书写汉字、运用词语和基本语法的准确性；到了中级阶段，则会安排

---

[1] 参阅国家对外汉语教学领导小组办公室汉语水平考试部编：《汉语水平等级标准与语法等级大纲》，高等教育出版社，1996年。
[2] 同上。
[3] 同上。

一些听记语段、语篇的练习,还要安排一些叙述复杂事件、说明事物或陈述意见主张的写作练习,在训练语言表达准确性的同时,逐渐训练谋篇布局的能力。

语音、词汇、汉字、语法等这些基本教学内容的等级划分工作,已经取得了比较丰富的成果,但对教学中涉及的语言功能和相关文化因素等级划分的研究还不够充分,量化的程度还不高。目前,我们对各教学阶段应该安排哪些功能项目和哪些语言文化知识等问题的认识还比较模糊,但有些问题是很明确的,比如,在初级阶段安排"打招呼""欢迎""打算""喜欢与否""要求""禁止"等功能是合适的,而在初级阶段安排大量的文化知识(包括历史知识、地理知识等)内容则是不合适的。

为了使各阶段的学生学习、掌握相应阶段的教学内容而设置的课程也体现了阶段性。比如,在初级阶段,为了培养学生的基本技能,课程安排基本上围绕一门综合课而展开听、说、读、写训练,可以设置"初级汉语综合课""汉语听力""汉语口语""汉语阅读""汉语写作入门"等课程,对没有汉字背景的学生可以开设"汉字入门"之类的选修课,这一时期学生接触的语言材料大多是为了教学而设计、编造的,很少来自真实的交际活动。到了中级阶段,仍然要培养较高层次的言语技能,因此,围绕一门综合课而展开听、说、读、写训练仍然是必要的。随着基本言语技能的提高,在教学活动中就要扩大输入的量,让学生广泛接触反映真实交际活动的汉语言语材料,拓展知识面,所以有必要开设"汉语泛读""汉语报刊语言基础""新闻听力"等课程,也可以适当开设一些像"中国概况""中国简史""中国地理"之类的文化课。到高级阶段,除了要继续加强高级言语技能的训练外,有关语言知识、文化知识方面的课程的比重会稍大些,特别是在汉语言专业本科的高级阶段,可以开设"当代中国话题""现代汉语词汇""现代汉语语法修辞""古代汉语""中国文学史"等课程,还可以开设"汉语古籍选读""中国文化史""中国哲学史"等选修课。

四、教学等级大纲

在汉语二语教学的基本内容和总体目标确定下来之后,再对这些基本内容和总体目标进行分析、分级、排列教学的先后顺序,把分解、排列的结果放到各个不同的教学阶段,即确定在每个不同的教学阶段教些什么、应该达到怎样的目标以及为了达到目标应该采取怎样的手段(如设置哪些课程、安排多少课时等),在这些工作的基础上可以制定汉语二语教学的等级大纲。等级大纲为各个阶段的汉语二语教学提供了基本的规范,编写各阶段的教材必须以相应阶段的等级标准或大纲为依据,选取哪些语言点、培养怎样的技能都应该根据等级大纲,这样才能避免教材编写的随意性;教师在组织各阶段的教学活动时,也应该基本在相应等级的大纲范围内进行,这样才可能达到相应阶段的教学目的。教师缺乏等级大纲意识,其教学很容易缺乏针对性。对教学质量的评价、检查以及对学生汉语水平的测定,都必须以等级大纲为依据,可以说等级大纲是评价教学质量和测定学生汉语水平的基本标尺,离开了等级大纲,就无法对一定阶段的教学质量进行客观的评价、检查,也很难准确测定一定阶段学生的汉语水平。因此,汉语二语教学的等级大纲对于教学实践具有根本的指导意义,是任何教学理论和教学经验都无法替代的,从事汉语二语教学工作的人员必须牢固树立大纲意识,从大纲出发来安排各阶段的教学工作。

随着人们对等级大纲研究和制订工作的重视,各种等级大纲纷纷问世。下面列举的是目前影响比较大的各类等级大纲:

中国对外汉语教学学会汉语水平等级标准研究小组研制:《汉语水平等级标准和等级大纲[试行]》,北京语言学院出版社,1988年;

国家对外汉语教学领导小组办公室汉语水平考试部编:《汉语水平词汇与汉字等级大纲》,北京语言学院出版社,1992年;

王还主编:《对外汉语教学语法大纲》,北京语言学院出版社,1995年;

孙瑞珍主编:《中高级对外汉语教学等级(词汇、语法)大纲》,北京大学出版社,1995年;

国家对外汉语教学领导小组办公室汉语水平考试部编:《汉语水平等级标准与语法等级大纲》,高等教育出版社,1996年;

王钟华主编:《对外汉语教学初级阶段课程规范》,北京语言文化大学出版社,1999年;

陈田顺主编:《对外汉语教学中高级阶段课程规范》,北京语言文化大学出版社,1999年;

杨寄洲主编:《对外汉语教学初级阶段教学大纲》1、2,北京语言文化大学出版社,1999年;

国家对外汉语教学领导小组办公室编:《高等学校外国留学生汉语言专业教学大纲》,北京语言文化大学出版社,2002年;

国家对外汉语教学领导小组办公室编:《高等学校外国留学生汉语教学大纲(长期进修)》,北京语言文化大学出版社,2002年;

国家对外汉语教学领导小组办公室编:《高等学校外国留学生汉语教学大纲(短期强化)》,北京语言文化大学出版社,2002年;

国家汉办/孔子学院总部编：《国际汉语教学通用课程大纲》，外语教学与研究出版社，2008年；

国家汉办、教育部社科司、《汉语国际教育用音节汉字词汇等级划分》课题组编制：《汉语国际教育用音节汉字词汇等级划分》，北京语言大学出版社，2010年。

这些大纲对于规范汉语二语教学起到了极其重要的导向或示范作用。按照以上各种大纲的内容和在教学工作中的作用，可以将它们分成基本纲和课程纲两类。这两类大纲都可以包括不同阶段的词汇、汉字、语法、功能、文化及语言技能标准，两者的不同之处在于：基本纲一般是把汉语二语教学的基本内容分成高低不同的水平等级，是规范和指导各阶段教学的基本文件，它不规定各教学阶段设立哪些课程或以怎样的方式来实现教学目标，比如，《汉语水平等级标准和等级大纲[试行]》《汉语水平词汇与汉字等级大纲》《中高级对外汉语教学等级（词汇、语法）大纲》《汉语水平等级标准与语法等级大纲》和《高等学校外国留学生汉语言专业教学大纲》等；课程纲以基本纲为依据，确定某个阶段的具体教学内容和教学目标，为了实现这个教学目标规定设立某些课程，规定各门课程的教学任务，做好各门课程之间的协调。与基本纲相比，课程纲在教学实践中更具有可操作性，比如，《对外汉语教学初级阶段课程规范》《对外汉语教学中高级阶段课程规范》等就具体规定了不同阶段的课程设置。有些基本纲中也带有课程纲的内容，如《高等学校外国留学生汉语言专业教学大纲》主要是基本纲，但后边所附的汉语言专业各年级的"课程介绍"就是课程纲。对于教学实践而言，基本纲是课程纲的依据，课程纲根据教学的实际需要会对基本纲作些调整，比如，制定初级阶段的课程纲选择词汇范围以《汉语水平词汇与汉字等级大纲》中的甲级词和乙级词为依据，但并不完全一致，而且在课程纲里允许出现少量的超纲词。

根据各种等级大纲所规定的教学内容是专项的还是综合的，可以将上面提到的各种大纲分成专项纲和综合纲，专项纲通常只规定某一项或几项教学内容的等级，如《对外汉语教学语法大纲》《汉语水平词汇与汉字等级大纲》《中高级对外汉语教学等级（词汇、语法）大纲》等，只规定各等级的词汇、汉字、语法等内容；综合纲对各教学阶段涉及的各方面教学内容都作出规定，典型的综合纲往往包括语音、词汇、汉字、语法、功能、语言文化知识、情景、言语技能等方面的内容，如《汉语水平等级标准和等级大纲[试行]》《对外汉语教学初级阶段课程规范》《高等学校外国留学生汉语言专业教学大纲》等。课程纲一般都是综合纲。有的综合纲是由若干专项纲构成的，如《对外汉语教学初级阶段教学大纲》就包括初级

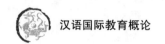

阶段的"词汇大纲""语法大纲""功能大纲"和"情景大纲"等专项大纲。从各阶段教学大纲的制定程序来说,专项纲是综合纲的基础,没有一些可靠的专项纲,综合纲的制定就无从谈起。就目前各种专项纲的制定情况来看,各阶段的"词汇大纲""汉字大纲"和"语法大纲"的研究成果比较多,而对"功能大纲""情景大纲""语言文化知识大纲""言语技能大纲"等的内容以及对其中内容的分级研究工作,做得还不够充分。

第二节　初级阶段教学

一、初级阶段的教学对象

确定初级阶段的教学对象跟汉语二语教学的总体阶段划分体系有关。把整个教学过程划分为不同的阶段,所划分的阶段越细,每个阶段的教学对象范围就越小;所划分的阶段越粗,每个阶段的教学对象范围就越大。比如,倘若一种分级体系是将整个教学过程划分为初级、初中级、中级、中高级和高级五级,而另一种体系是将整个教学过程划分为初级、中级和高级三级,那么前一种体系中初级的教学对象范围就比后一种体系中初级的教学对象范围要小。

初级阶段教学对象的确定还跟对每个教学阶段学生水平的要求高低有关。以汉语水平考试(HSK)的水平体系六级为参照标准,如果一种阶段划分体系是把水平为二级以下(包括二级)的范围作为初级,而另一种阶段划分体系是把水平为四级以下(包括四级)的范围作为初级,那么前一种划分体系中初级阶段教学对象的范围就比后一种划分体系中初级阶段教学对象的范围大。

这里权且把整个教学过程划分为初级、中级和高级三个阶段,就各阶段的汉语水平要求来说,初级为 HSK 二级以下(包括二级)水平,中级为三到四级水平,高级为五到六级水平。

尽管把 HSK 水平二级以下的学生都放在初级阶段来进行教学,但很显然把这些学生都放在一起来组织教学是不合适的,我们很难把刚开始学习汉语的学生和已经有过 400 个学时学习经历的学生放在一个班来进行教学。因此,仍有必要对初级阶段再进行分级。接下来的问题是,初级阶段再分成几段才是合适的呢?从提高教学效果的角度考虑,对初级阶段再进行阶段划分,划分出的阶段多一些,教学工作就好安排一些,因为各阶段划分得越细,相同阶段学生的水平就越接近,就越容易实施统一教学,也便于统一要求。但由于受教学规模、教学成本和教学管理等因素的制约,一些规模较小的教学单位很难对教学阶段进行仔细划分。比如,一个总共只有 50 个留学生的教学单位就很难在划分了初、中、高三级之后,再把初级分成多个等级。规模较大的教学单位有条件把初级阶段再分成多个阶段,但这样一来教学管理的任务就要多一些。比如,一个学校的初级阶段学生有 500 人,从教学规模和教学成本上说有可能将学生分成多个水平等级,但这样势必会给教学管理带来更多的负担,因为每一个教学阶段所需要安排的教学时间很难与一般学校的一个学期或两个学期相一致,如果一个教学阶段在学期当中的某个时间结束了,另一个阶段就会随之在学期当中开始,这就打乱了一般学校"正常"的教学秩序。为了尽可能地与一般学校的教学管理以学期为时间单位的惯例相一致,在教学规模允许的情况下,把初级阶段再分为三个阶段比较合适,差不多用一个学期完成一个阶段的教学任务,完成初级阶段的全部教学任务大致需要三个学期即一年半时间。

二、初级阶段的教学目标

零起点的教学对象,经过教学时间为三个学期、每周 20 个学时的初级教学阶段,需达到的语言知识和技能水平要求等方面的教学分目标[①]如下。

语言知识的学习目标主要是语音、词汇、汉字和语法方面的指标。在语音方面,初级阶段必须使学生掌握普通话的全部声、韵、调及其配合规律,发音基本正确。在词汇方面,掌握《汉语水平词汇与汉字等级大纲》中的甲、乙两级词语 3 051 个(甲级词 1 033 个),基本要求复用式掌握。在汉字方面,掌握《汉语水平词汇与汉字等级大纲》中的甲、乙两级汉字 1 604 个(甲级汉字 800 个)。在语法方面,掌握《汉语水平等级标准与语法等级大纲》中甲、乙两级语法 252 项(甲级语法 129 项)。

言语技能表现为听、说、读、写、译方面的能力,在初级阶段主要表现在听、说、读、写方面。

在听力方面,总体要求是对所听的语句、会话或短文的语音、语调和语气等具有初步的分辨和理解能力,能听懂教师讲课内容,实际交际中能就简单熟悉的日常生活话题进行问答。具体一点说,就是要求学生能听懂跟课文难度类似的、

---

① 参考国家对外汉语教学领导小组办公室:《汉语水平词汇与汉字等级大纲》(1992 年)、《汉语水平等级标准和等级大纲[试行]》(1996 年)、《高等学校外国留学生汉语教学大纲(长期进修)》(2002 年),下文"中级阶段""高级阶段"同。

含生词或新语法点不超过2%的、长度为500字左右的材料,语速为每分钟180字左右;能听懂在交际活动中进行的内容熟悉的简短问答,语速为每分钟170字左右。

在说话能力方面,总体要求是对普通话的声、韵、调、轻重音、语气等具有基本的模仿和运用能力,能用语法正确的语句进行简单的问答,用词适当。具体一点说,就是要求学生能用正确的语音、语调朗读课文,速度不低于每分钟120字,能就简单熟悉的日常生活和学习的话题进行简单的问答、会话和陈述,说话速度不低于每分钟100字。

在阅读能力方面,总体要求是读懂与课文难度类似的、反映日常生活和学习内容的材料,理解内容、掌握要点,初步掌握精读、略读和速读等基本技能。具体一点说,就是要求学生能精读不含新语法点、题材熟悉的短文,速度为每分钟120字左右,理解90%以上;精读含生词不超过2%的浅显短文,速度为每分钟100字左右,理解85%以上;速读同等难度的同类短文,速度为每分钟150字左右,理解70%以上。

在写作能力方面,总体要求是掌握所学汉字的笔画、笔顺和书写规则,能够正确使用常用的标点符号,运用所学的词语和语法能写内容完整、题材熟悉的记叙文。具体要求是,抄写速度不低于每分钟15字;听写由学过的词语组成的、不含新语法的语句或段落,速度不低于每分钟12字,汉字准确率在90%以上;在两小时内完成内容完整的记叙文,字数在500字以上,能用正确的格式写简单的书信、便条、请假条等日常应用文。在汉字书写方面,学生有没有汉字背景,学习起来存在较大的差异,比如,来自韩国、日本等国家的学生在汉字书写方面往往要比来自欧美国家的学生快得多。如何有效地对没有汉字背景的学生进行汉字教学,是初级阶段教学特别值得重视的一个问题,如果这个问题处理不好,就很容易使学习汉字困难的学生对学习汉语失去信心。

初级阶段的交际范围主要是基本的日常生活、社会交际和学习场合。

三、初级阶段的课程设置

教学目标的实现主要是靠安排一定的课程和课时来保证的。在汉语二语教学的各阶段所设置的课程都可以分为必修和选修两种。初级阶段的必修课是围绕全面培养听、说、读、写能力来设置的,主要有"初级汉语综合""初级汉语听力""初级汉语口语""初级汉语阅读""初级汉语写作"等;初级阶段的选修课可以围绕语音、汉字、语法、说话等方面的训练来设置,如"汉语语音入门""汉字入门"

"语法练习""看图说话""写作入门"等。初级阶段的所有课程都以提高言语能力、言语交际能力为根本目的,语言知识、文化知识学习融合在言语技能训练中,综合技能课与专项技能课并存,以综合课为核心,全面进行听、说、读、写综合技能训练。初级阶段所开设的每一门课都必须是围绕培养学生听、说、读、写的基本技能,每一门课都必须具有一定的特色,必须具有不可替代性,没有特色或可以被其他课代替的课程是不必要的。

各阶段的综合课都要围绕汉语的基本要素和相关的文化内容进行听、说、读、写的综合训练,培养学生综合运用汉语的能力,它具有融合各单项技能训练的特点,对实施一个阶段的各单项技能训练起着铺路的作用,对于协调各单项技能课的教学起着纽带与核心的作用。初级汉语综合课旨在培养学生初步的听、说、读、写能力,以满足基本的日常生活、学习及一般场合的交际需要。这一阶段在听、说、读、写并重,做到"四会"的前提下,应该适当突出听和说的训练,这是由在中国国内的汉语环境下进行汉语教学的条件所决定的。就这门课的教学内容来说,在语音方面,要求讲授和练习汉语普通话的声母、韵母、声调、声韵调的拼合、轻声、儿化、轻重音、语调等;在词汇、汉字、语法等方面,要求覆盖初级阶段相应的各专项大纲所规定的教学内容。初级阶段综合课可以再分为几个阶段,比如在刚开始的两到三周着重就语音方面安排教学内容,接下来再用一段时期安排大纲所规定的甲级词汇、汉字、语法等项目,突出基本语法项目的训练,再用一段时期安排大纲规定的乙级词汇、汉字、语法等项目。当然,在后边的两个阶段,语音方面仍是一个重要的训练项目。这门课的语言材料大多是根据一定的教学目的而特别设计编写的,较少直接取自真实的汉语文本。初级汉语综合课的周课时一般要求不低于8个学时。

各阶段的专项技能课都是围绕某项具体的技能所要求的语言要素与相关文化内容进行专项技能训练,以达到提高某个专项技能的目的。

"初级汉语听力"的目的是培养学生在言语交际中的听音理解能力,这是一种与听力速度、记忆、判断、概括能力等紧密联系在一起的综合能力,是对语音、词汇、语法等的综合运用。具体地说,这门课要通过对学生进行声、韵、调、音节、语调、语句、对话及短文等的辨音能力的训练,培养对语句形式、结构及意义的领会能力,使学生逐渐形成抓细节的精听能力、捕捉主要信息的泛听能力以及快速反馈、联想和预测能力。听力课的内容主要是配合综合课进行语音、词汇、语法等方面的训练,所听的话语主要是关于日常生活和学习等简单的场景,形式主要是简单语句、对话和短文。这门课的主要教学手段是在教师的指导下让学生听录音并做相应的练习。听力课还可以与视听课结合或配合起来进行。这门课的周课时一般为4个学时左右。

"初级汉语口语"主要是通过设置在日常生活和学习等活动中常见的、实用的交际场景,与综合课配合,给出与设置情景相关的词语、格式或语法结构等,在教师的指导下,由学生进行口头表达(可以是两人以上组织会话,也可以是单人叙述),目的是训练和培养学生进行日常会话和一般交际所需要的口头表达能力。在这门课上,要注重加强对学生口头表达时的语音、语调的训练,使其养成良好的发音习惯,适当注意表达的得体性。口语课上应鼓励学生多开口,提高开口率。初级口语教学可以适当安排一些室外活动,以增强交际场合的真实性。这门课的周课时一般是4—6个学时。

"初级汉语阅读"主要是通过对学生进行初步的阅读技能训练,培养学生对题材熟悉的简易书面材料的阅读理解能力,并逐渐训练阅读速度。这门课在配合综合课的前提下,加强对汉字、词语和句子的认读和对难度适中短文的阅读理解训练,阅读材料所涉及的汉字、词语、语法、综合知识的范围可以比综合课的课文范围稍大些,超出的范围一般不大于3%。初级阶段阅读课主要是精读,通过对阅读材料的仔细阅读,正确理解材料中的重点词语、语法点以及语句、段落的意义,巩固语言基础,逐步过渡到泛读并要求一定的速度。这门课的周课时一般不多于4个学时。

"初级汉语写作"是通过基本的书面练习,使学生熟练掌握并在书面表达时运用学过的汉字、词语和语法,逐步培养学生写简单记叙文和应用文的能力。在初级阶段的不同时段,写作课的安排可以有所侧重。比如,在入门阶段,可以安排一些模仿课文中的句子用给定的词语造句,或者模仿课文的形式练习写一些简单的语句、话语、段落,再过渡到写短文,字数要求也可以由少到多。写作练习可以安排在课堂上限时完成,时间的长短根据写作练习的具体任务决定,教师要安排时间对学生的习作进行有效的讲评。初级阶段写作课教学,要加强正确、规范的书写习惯训练,注重正确使用词语和语法,适当注意书面表达的得体性。这门课的周课时一般为2—4个学时。

选修课的设置在某种意义上说是为了补充必修课教学的不足。比如,针对有些学生学习使用汉字的困难,设置选修课"汉字入门"。选修课原则上由学生自主选择,教师可以根据学生的个体差异进行适当的引导。选修课不一定要跟学期的时间安排相一致,可以根据教学需要,使一门选修课的时间跨度长于或短于一个学期。比如,"汉字入门"可以在综合课的语音阶段结束以后才安排选修。一门选修课的周课时一般不多于4个学时,通常是2个学时。

四、初级阶段的教学原则

汉语二语教学各阶段在把汉语作为外语教学方面具有共同的性质,各教学阶段都应该遵循如下基本原则。

1. 以学生为中心,教师为主导

各阶段的教学活动都要围绕训练、提高学生运用汉语的技能来展开,教师的作用在于根据学生的情况,对教学过程进行科学的设计,帮助学生解决或克服学习中的困难,引导学生达到某个预定的目标。在教学活动中,教师的所有工作都必须是从学生学习的需要出发,除此以外,不存在其他任何出发点。

2. 教学活动注重实践性

汉语二语教学的首要目标是培养学生运用汉语的能力,这个目标就注定了汉语二语教学活动必须注重实践。言语能力和言语交际能力是在反反复复的实践中逐渐形成的,只凭教师的讲授,学生是不可能学会汉语的。因此,如何安排有效的训练,对有效提高学生运用汉语的能力至关重要。教师的讲解始终只起着辅助的作用,而且讲解也要从学生学习的需要出发,重在安排有效的操练,做到精讲多练,培养学生的言语技能。

3. 追求教学手段的多样化

教学手段包括用于教学的硬件条件,也包括教师对教学活动的组织和对教学硬件的使用。在用于教学的硬件方面,教学单位应不断地改善教学条件,比如建立多媒体教室、置办现代教学技术所需要的教学器材等,尽量使"一位教师一支粉笔一本书"的原始教学手段变得丰富些。汉语二语教学活动场所主要是教室,但不应该仅仅局限在教室里,而应该适当安排一些室外活动,如组织实地参观考察、现场访问等,特别是在中国国内进行汉语二语教学,更应该有效地利用课堂外的汉语环境来丰富学生的学习生活,加速语言知识和言语能力向言语交际能力转化。随着教学条件的改善,可以用于汉语二语教学的设备和手段越来越多,教师如果能有效地运用一些辅助手段,就会使教学活动变得更加丰富,使教学过程变得更加生动,也必将激发学生学习汉语的兴趣。

4. 尽量避免使用学生的母语或其他媒介语

汉语二语教学是要使学生掌握、运用汉语,在学习过程中,学生与教师的交际是学生学习用汉语交际的最初演练,这种演练包括与教师就学习内容用汉语进行的对话,也包括听教师用汉语对教学内容的讲授。所以,教师应该创造各种条件使学生得到更多的演练汉语的机会。来中国学习汉语的外国学生,同一个班上的学生的母语背景不完全相同,教师如果仅使用某些学生的母语,对另一些学生是不公平的,如果使用某种媒介语(如英语),也不一定能照顾所有的学生。所以,在汉语二语教学过程中,特别是在听、说、读、写等基本技能训练方面,除非万不得已,一般不用学生的母语或其他媒介语。

汉语二语教学初级阶段除了要遵循以上各阶段都须遵循的基本原则之外,这一阶段还应该遵循如下一些需要特别强调的教学原则。

1. 注重基本语言要素的教学

初级阶段的学生刚刚接触汉语,汉语的语音、词汇、汉字、语法等与他们的母语千差万别,对他们来说都是完全陌生的学习内容。而这一阶段的学习内容又是汉语最基本的知识(如声、韵、调、常用词语和汉字、基本语法等),它们是学生将要学习掌握的所有汉语知识的基础,将直接关系到学生在以后较高阶段学习和使用汉语的质量。因此,这一阶段对学生加强基本语言要素的教学并使学生准确掌握显得特别重要。如果学生在这一阶段发音基础没打好,养成了怪音怪调的习惯,以后将很难改正,这就会给将来的学习造成很大的麻烦。汉语的基本语法规则主要安排在初级阶段,如果这一阶段没有就这些基本规则安排有效的训练,使学生掌握并学会运用这些规则,就可能使学生将来在表达时再出现基本的语法偏误,甚至语无伦次。在初级阶段,学生运用汉语的能力极为有限,走好这一阶段的每一步都至关重要。

2. 听、说、读、写并重,听、说领先,教学活动交际化

初级阶段刚开始时,学生运用汉语的能力几乎是空白的,听、说、读、写方面的基本技能训练要做到齐头并进、相互协调,即这几种言语技能训练所包含的语言要素应该是基本一致的,而且在各种技能训练课上所安排内容的顺序与进度也应该大体一致,这样便于各种技能训练相互影响、相互作用,形成合力,使学生的综合言语能力得到训练和提高。在中国国内的汉语环境下进行的汉语二语教学,初级阶段的学生最迫切需要的是迅速具备一定的听、说能力,以满足最基本的日常生活和学习的需要,这就要求初级阶段的教学在做到听、说、读、写并重的前提下,适当突出听、说训练。听、说领先并不意味着要把听力课和口语课放在突出的地位,却把其他课放在次要的地位,而是在各门课上都以学生能听懂、提高开口率为基本要求,使教学活动交际化。教学活动的交际场所除了教室,还可以适当安排在室外(如校园、餐厅、商店、市区、景点等),学生的交际对象除了教师,还可以是其他人(如其他学生、职员、工人、服务员、行人、游客等)。

3. 训练重模仿

第二语言学习是从模仿开始的,特别是在初级阶段,学生更是要靠模仿来练

习每一个声母、韵母和音节的发音,练习每一个汉字的写法,练习用每一条规则来组词造句,甚至要靠模仿现成的对话材料来练习会话,模仿短文来练习作文。所以,在初级阶段经常要安排学生跟读生词、语句和课文。在练习跟读的时候,教师要注意纠正学生的不太正确的发音。与跟读一样,抄写汉字、生词、课文等都是比较机械的模仿手段。要求学生尽量用课文中的语句或所给的语句来进行口头或书面形式的复述,也是一种常用的模仿手段,利用这种手段可以逐渐过渡到利用所学的语句来进行真实的交际。在进行各种模仿训练时,我们要尽可能地使训练所用的材料切合实用,便于学生在真实交际中加以运用。

4. 教学手段重直观、形象,教学用语简明

由于学生刚接触汉语,在教学中,教师很难用汉语充分地对学习内容、教学安排等进行说明,在这种情况下,运用一些直观、形象的手段,如图画、实物、动作、影像等,会有助于学生理解所学的内容,增加学习过程的趣味性。教师的教学用语要力求简明,特别是在入门阶段,教师的指示语更要求相对稳定,不宜变换太多。比如,表示"把书翻到50页"的说法可以是"请把书翻到第50页""打开书,翻到50页""翻开书,看第50页""我们看50页"等,相比之下,在入门阶段,用"我们看50页"做指示语是比较适当的。在初级阶段,教师对学习的内容不需要进行不厌其烦的、详尽的讲解,重要的是点出要点、安排适当而有效的练习。

第三节 中级阶段教学

一、中级阶段的教学对象

参照汉语水平考试(HSK)的水平等级,汉语水平为三到四级的学生可以进入中级阶段学习。没有 HSK 考试成绩的学生能否进入中级阶段学习,可以分别考察其对语言要素的掌握、言语技能水平和交际能力是否达到了进入中级阶段的基本要求。

进入中级阶段,对语言要素的掌握可以参照如下指标:在语音方面,掌握普通话的全部声母、韵母、声调及配合规律,正确处理变调、儿化和词语的轻重音,朗读或说话语调基本正确;在词汇方面,复用式掌握《汉语水平词汇与汉字等级大纲》中甲、乙两级词语3051个;在汉字方面,掌握《汉语水平词汇与汉字等级大纲》中甲、乙两级汉字1604个;在语法方面,掌握《汉语水平等级标准与语法等级

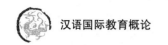

大纲》中甲、乙两级语法252项。各项综合起来,一般要掌握70%以上。

言语技能水平可以从听、说、读、写方面来分别考察。在听力方面,能听懂不含生词和新语法点、长度为500字左右的材料,语速为每分钟180字左右,能听懂教师讲课的内容;在说话能力方面,能用正确的语音、语调朗读课文,速度不低于每分钟120字,能就简单熟悉的日常生活和学习的话题进行问答、会话和陈述,语法正确,用词恰当,说话速度不低于每分钟100字;在阅读能力方面,能精读不含新语法点、含生词占比不超过2%的浅显短文,速度为每分钟不低于100字,理解85%以上,速读同等难度的同类短文,速度为每分钟150字左右,理解70%以上;在写作能力方面,听写由学过的词语组成的、不含新语法的语句或段落,速度不低于每分钟12字,书写汉字准确率在90%以上,用一个半小时左右完成内容完整的记叙文,字数在400字以上,能用正确的格式写简单的书信、便条、请假条等日常应用文。

衡量学生的交际能力,可以通过考察其在基本的日常生活、社会交际和学习场合完成一定交际任务的能力。

考查学生的汉语水平是否达到进入中级阶段的要求,大体上可以参照以上各项指标。但同时也要顾及学生掌握的语言知识和言语技能的不均衡性。比如,来自欧美国家的、没有汉字背景的学生经过初级阶段的学习,在汉字读写能力方面往往较难达到指标要求,但如果他们的听说能力已经达到了进入中级阶段的要求,就可以适当降低一点在汉字读写能力方面的要求,使他们能够进入中级阶段学习。也有一些学生在经过初级阶段学习之后,阅读能力已经达到了进入中级阶段的要求,但听说能力特别是说话能力还相差较远,对于这样的学生,也可以采取跨等级学习的方式,即在与他的口语水平相当的初级阶段的班级里继续提高其听说能力,在与他的阅读水平相当的中级阶段的班级里进一步提高其阅读能力。

与初级阶段需要再分级一样,中级阶段也可以根据学生的汉语水平,再分出高低不同的阶段,划分阶段的多少根据学生规模和教学条件来定,一般可以分为两个阶段,各对应着一个学期。

与汉语言专业本科相比照,中级阶段基本上与二年级相当。

二、中级阶段的教学目标

中级阶段在语言知识、言语技能和交际能力方面的教学分目标如下。

在汉语知识方面的要求,可以分别从语音、词汇、汉字和语法方面来确定具体要求。语音方面,要求正确掌握普通话的全部声、韵、调及其配合规律,正确认识和处理轻声、儿化、变调、停顿、词语和句子的轻重音,掌握本阶段及初级阶段所学词语的正确发音。词汇方面,要求在初级阶段掌握的《汉语水平词汇与汉字等级大纲》中的甲级和乙级词语(3 051 个)基础上,再掌握 2 202 个丙级词语,共计掌握甲、乙、丙三级词语 5 253 个,甲级和乙级词语要求活用式掌握(即能够灵活自如地加以运用),大部分丙级词要求复用式掌握,尤其是丙级词语里的副词、连词、动词、形容词等。汉字方面,要求在初级阶段掌握的《汉语水平词汇与汉字等级大纲》中的甲级和乙级汉字(1 604 个)基础上,再掌握 601 个丙级汉字,共计掌握甲、乙、丙三级汉字 2 205 个。语法方面,要求在初级阶段掌握的《汉语水平等级标准与语法等级大纲》中甲、乙两级语法(252 项)的基础上,再掌握约 400 个语法点,共计掌握甲、乙、丙三级语法 652 项/点。

在言语能力方面的要求,跟初级阶段一样,主要还是体现在听、说、读、写分项技能上,同时也要求学生在汉语和学生的母语之间具有一定的互译能力。对于要在中国高等院校入系学习的学生来说,要求他们具有入系学习的基本言语能力。

在听力方面,要求能听懂教材内容,能够较好地辨别和理解所听材料的语音、语调和语气,能听懂各门课上教师的课堂讲解,能听懂其他人关于日常生活方面的、略带方言成分的谈话,能基本听懂较浅显的广播、电视新闻和其他题材熟悉的广播电视节目,能听懂一定数量的常用惯用语、熟语等。听教师讲解、较长段落或短文、广播电视节目或其他人的谈话,要求具有听记所听材料的主题和信息要点的能力。对准备入系学习专业的学生而言,要求能基本听懂大学入系基础课程的课堂讲解,并能记录要点。在办手续、签合同、洽谈业务、求职等场合能听懂一般的谈话。听内容或题材熟悉的连贯讲解、会话、谈话或广播电视新闻(生词量占比不超过 3%、语速每分钟 180—220 字),正确理解率要求在 80% 以上。

在口语能力方面,要求说话时语音、语调基本正确、自然,语速基本正常,能基本正确地使用相当一部分丙级词语和丙级语法(约占 30%),能比较流利地朗读课文和与课文难度相当的其他读物,朗读速度不低于每分钟 160 字;课堂上能就课文内容与教师和同学进行问答,能用所学的词语和语法解释生词、造句、提出问题、回答问题、归纳段意、复述课文;具有初步的成段表达能力,语句前后比较连贯,表达比较清楚、准确、恰当,说话速度不低于每分钟 140 字;能就日常生活、学习、工作等方面的话题进行一般的谈话,如具体叙述或说明事物、介绍人物,提出意见和看法,进行一般的交涉和业务洽谈。

在阅读能力方面,要求能够读懂跟课文难度相当的浅显文艺读物、新闻报道、一般性科普文章,能基本读懂一定工作范围内的应用文(如日常公文信函、简单协议条款等);理解所读材料的内容大意,理清所读材料的层次和条理,抓住文章要点,能够概括所读文章的段意、主题;利用工具书能够独立清除阅读过程中的疑难障碍。对准备入系学习专业的学生而言,要求能够阅读大学入系的一般的基础课程教材。经过训练,要求在阅读过程中具有跳跃障碍,了解大意,查找所需信息,吸收新词语的能力。阅读方式可以分精读和速读两种,要求也相应有所不同。精读与课文题材和难度类似的、不含生词的一般性文章,要求速度不低于每分钟 150 字,正确理解率达到 90% 以上;精读题材熟悉、含 3% 左右非关键性生词的一般的文艺读物或浅显的新闻报道,要求阅读速度不低于每分钟 120 字,正确理解率达到 85% 以上。速读与课文难度相当或略低于课文难度的材料,能够跳跃障碍,根据语境猜测词义,抓住要点,提炼所需信息,要求阅读速度不低于每分钟 280 字,正确理解率达到 70% 以上。

在写作能力方面,要求熟练掌握所学汉字的笔画、笔顺和书写规则;具有记录课堂笔记、谈话要点和摘录有关资料及所需信息的能力;能用所学的词语和语法来叙述事件,要求内容完整、表述清楚、语句通顺、用词适当、语法基本正确、语篇较为连贯;能写一般的应用文和一定业务范围内的工作文件(如简短的书信、个人情况介绍、求职报告、工作总结、发言提纲等),要求格式基本正确,语句较为清楚、准确;能就个人对某些问题或事情的看法阐明自己的观点,要求观点明白、条理清楚、有一定的说服力。汉字抄写速度要求每分钟不低于 20 字,听写不含生字和生词的 300 字以上的段落或短文,速度要求每分钟不低于 17 字;一个半小时之内能写出 600 字左右的命题作文,要求汉字书写正确率达到 90% 以上,语法正确率达到 85% 以上,标点符号使用正确率达到 90% 以上。

在翻译能力方面,要求能就比较熟悉的话题进行较顺利的汉语与母语的口译,将母语或别的媒介语翻译成汉语时,语速正常,在发音、用词、语法等方面没有明显的错误;能把与课文难度相当的文章或别的书面材料笔译成母语,要求较准确、适当地表达出汉语的意义和风格。在把母语或别的媒介语的书面材料笔译成汉语时,要求用词适当、语法正确,基本保持原文的风格特点。

在交际能力方面,要求能够在一般的日常生活、学习和工作范围内,就其中涉及的问题和社会上发生的一般事件,用汉语口语或书面语比较顺利地与人进行交际。

三、中级阶段的课程设置

进入中级阶段的学生虽然已经具有了一定的汉语言语能力和交际能力,但这种能力在中级阶段仍需要有较大的提高,因此,中级阶段的课程设置仍然要围绕着进一步提高学生的言语能力和交际能力来进行。这一阶段的课程也可以分为必修课和选修课两种。必修课是实现本阶段教学目的的根本保障,选修课用以满足部分学生的补差补缺或个人兴趣。

这一阶段的必修课一般是围绕一门综合课来设置的,主要有"中级汉语综合""中级汉语听力""中级汉语口语""中级汉语阅读""中级汉语写作"等。

"中级汉语综合"是综合言语技能训练课,其目的是要在一学年的教学时间里,通过对学生进行听、说、读、写等方面的综合技能训练,并安排学习一定的语言知识和文化知识,使学生进一步扩大词汇量,并能运用所学词语、结构和较复杂的句式、语段语篇连贯的手段就某方面的内容或话题进行较正确的表达(口头与书面),培养学生成段听、读能力,使学生在日常生活、学习和一般的工作场合能较自如地运用汉语,提高交际能力,并逐步培养学生阅读原著的能力。教学内容主要是学习各种题材和体裁的反映当代中国人生活的文章以及一些反映近几十年生活的现代作品,材料尽量不作改动,使学生尽可能地接触汉语的原著,但所选材料的词语、语法和文化背景知识等应该控制在中级阶段的教学范围之内。通过对选文的精读,介绍一定的文化背景知识,掌握材料中出现的生词和新的语法现象,并进行各种形式的综合训练。这门课的生词量一般在 2 000 个左右,新语法点在 200 个左右,课堂教学重点讲练虚词和虚词结构、固定结构和格式,以及汉语中出现较多的、具有较强能产性的语法项目。在中级阶段的各门课中,"中级汉语综合"承担着大部分词汇和语法项目的教学任务,为其他专项技能课的教学起着重要的铺垫和纽带作用。"中级汉语综合"的周课时一般不少于 6 个学时。

"中级汉语听力"的目的是通过有计划的训练,在学生已有的汉语能力基础上继续培养和提高学生对日常交际汉语的理解能力,在日常生活和一般社会交际中能听懂语速正常、题材熟悉、不带关键性词语和语法障碍的普通话,使学生具有一定的捕捉主要信息的能力、快速反应能力和综合分析能力。教学过程一般是由听不太长的对话逐步过渡到听有一定长度的段落、短文,其中的词语基本控制在《汉语水平词汇和汉字等级大纲》中的甲、乙、丙级词语范围内,适当包括一些成语、俗语、歇后语和一些在口语中常用的词语,语法点基本控制在"中级汉语综合"所出现的语法范围内,适当增加一些口语里常用的格式。听力材料的语速不低于每分钟 180 字,语体是口语化的,听力材料的长度在中级阶段开始时可以在 200—300 字,以后逐步过渡到 800—1 000 字。在"中级汉语听力"课上,也可以安排一定的难度相当、题材熟悉的新闻听力训练。"中级汉语听力"的周课

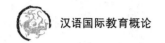

时量一般不少于4个学时。

"中级汉语口语"通过对学生口头表达能力的训练,进一步提高学生的口语交际能力,使学生在掌握日常口语交际中必备的词语和句式的基础上,能在一般的日常生活、社会交际及一定范围的工作场合比较正确、熟练、自如地进行口头表达,主要是能口头叙述较为复杂的事件,能就一般的事物和问题发表个人意见,能比较顺利、得体地与人谈话、讨论,要求表达连贯,具有条理性。口头表达的语速要求不低于每分钟180字。中级口语训练要加大句式、语段的训练量,可以由200字左右的成段训练逐步过渡到连贯的、较为完整的800字以上的篇章表达。中级口语课上可以安排个人叙述事件、陈述观点,也可以安排集体讨论问题、展开辩论等活动。在进行口头表达训练时,可以要求学生使用一些给定的词语、句式。"中级汉语口语"的周课时量一般不少于4个学时。

"中级汉语阅读"从训练阅读技能入手,通过阅读大量书面汉语材料,在字词、句子、段落和篇章方面对学生进行集中的、系统的、有针对性的训练,培养和提高学生对汉语书面语的理解能力,使学生逐步形成独立确定词义、理解句意和根据语境进行一定程度推理的能力,能够读懂一定工作范围内的文件(如信函、合同、协议等)、一般的新闻报道和科普文章,具有一定的跳跃障碍、搜寻所需信息、归纳要点、概括段落及篇章内容、把握段落及篇章主旨的能力。阅读材料应包括各种常见的体裁,题材要广泛,可以涉及生活、社会、经济、政治、文化、历史、科技等方面,风格宜多样。教学重点应放在对字、词、句到段落、篇章等阅读技能的训练上,培养学生掌握分析长句、难句的技能,使学生养成默读的习惯,锻炼由对汉字材料的感知进入对内容的理解的能力,提高阅读速度。在课堂教学中可以采用当堂发放材料限时阅读的方法,并配合一些诸如判断正误、选择正确答案、回答问题之类的练习来检测阅读效果。这门课也可以结合"报刊阅读"来安排。"中级汉语阅读"的周课时量一般不少于2个学时。

"中级汉语写作"通过有计划的写作训练,使学生能够正确运用所学的汉语词语、汉字、语法结构、标点符号、书写格式和一定的汉语修辞手段进行写作,巩固所学语言知识并使所掌握的语言知识向书面语言表达能力转化,进一步培养和提高书面表达能力。在"中级汉语写作"课上主要进行记叙文和应用文的写作练习,记叙文写作训练可以采用听后写、观后写、读后写、扩写、缩写、改写等方式,要求思路和条理清楚、结构完整、用词适当、语法正确,并能运用一些积极的修辞手段,语言运用较为自然、流畅,词语较丰富,句式有变化;应用文写作训练着重要求格式正确,词语和句子表达明确。每学期要求完成7—9篇练习作文。每次作文练习都要求有作文前指导和作文后批改和讲评。作文前指导时,教师可以提出要求及需要注意的方面，可以提供一些范文作为学习参考；批改作文要针对学生的具体情况，多就少改；讲评时要结合学生习作讲解成功与不足之处，个别学生的具体问题可以一对一地当面解决，普遍的问题可以集体讲解。"中级汉语写作"的周课时量一般不少于 2 个学时。

中级阶段除了以上几门必修课以外，还可以根据学生的情况安排一些选修课。设置中级阶段的选修课可以考虑"翻译基础""现代汉语语音训练""汉字读写训练""中国近现代史""中国地理"等。各门选修课的周课时一般都不超过 2 个学时。

培养学生的翻译能力是汉语二语教学的一项重要任务，本来是应该安排一门必修课来承担这项任务的，但由于大多数教学单位的教学规模不大，又经常是让操不同母语的学生在一起学习，因此很难安排适合每个学生的翻译训练课。在这种情况下，可以根据学校的具体情况安排适合某些学生的"翻译基础"选修课。这门课通过对学生进行一定的翻译技能训练，使学生基本了解汉语与其母语或别的媒介语之间在词语、语法及表达方式等方面的异同，培养学生有意识地进行汉语和他们的母语或别的媒介语的比较，从而认识不同语言之间相互转换的规律，初步培养口译和笔译的技能。在教学内容方面，一般以将学生的母语或别的媒介语翻译成汉语的练习为主，着重就汉语和学生的母语或别的媒介语之间存在差异的语言点安排训练。

"现代汉语语音训练"主要在初级阶段语音学习的基础上，通过大量的有针对性的语音练习，使学生更加熟悉和了解汉语语音语调，使学生口语的语音语调更加标准、规范、自然。在教学过程中，要注意纠正学生不良的发音习惯，教学手段主要是在讲授的基础上反复实践，针对实践再进行正音，以使学生养成良好的发音习惯。

"汉字读写训练"主要针对学习和掌握汉字有困难的学生，特别是那些母语没有汉字背景的学生，结合中级阶段所学的词语以及与之相应的汉字，科学地设计教学方案，使学生能够巩固初级阶段应该掌握的那些汉字，并能够认、记、读、写中级阶段应该掌握的常用汉字。

"中国近现代史"和"中国地理"在汉语二语教学中都属于文化课的范畴，承担着向学生介绍语言文化背景的任务。"中国近现代史"通过向学生介绍中国近现代历史的常识，使学生对中国的近现代历史有所了解，从而了解所学课文的历史背景，加深对课文的理解。在这门课上宜介绍一些有影响的人物和事件，避免抽象的分析、总结、说教。"中国地理"通过向学生介绍中国的地理常识，使学生对中国的山川地貌、风土人情、民俗习惯等有所了解，从而更加具体、深入地了解生活在这块土地上的人们所使用的汉语。

四、中级阶段的教学原则

与初级阶段相同,中级阶段的教学也应该遵循以下基本原则:以学生为中心,教师为主导;教学活动注重实践性;追求教学手段的多样化;尽量避免使用学生的母语或其他媒介语。

除此之外,中级阶段也有一些本阶段需要特别注意遵循的原则:重视语用规则的教学;注重语段篇章教学;听、说、读、写并重,突出读、写训练;适当增加语言文化教学内容;增加主观性练习量。

1. 重视语用规则的教学

经过初级阶段的学习,学生已经积累了一定数量的词语、语法结构和表达方式。到了中级阶段,学习的词语、语法结构和表达方式的数量越来越多,从话语理解方面来说,学生不仅要理解话语的逻辑意义,而且要能准确地把握话语所表达的语用含义;从言语表达方面来说,学生不仅要能把自己的意思表达清楚,而且要在众多可选的表达方式中选择较为合适、贴切的表达方式,从而把自己想表达的意思表得更加得体、适切。在这个阶段,学生遇到的表达相同功能的语言手段增多了,教师有必要向学生讲授这些类似的表达手段在语用上的异同,以便学生能够准确理解这些言语成分,也便于他们在表达时准确使用。比如,表示对客人的欢迎,有这么一些不同的表达方式:"欢迎!欢迎!""欢迎光临!""欢迎大驾光临!""欢迎您的到来!""对各位的到来,我们表示热烈的欢迎!""我代表……对各位来宾表示诚挚的欢迎!""各位贵客的到来,使我们感到无上的荣幸!"等。在什么样的场合使用这些表示欢迎的语句,应该让学生心中有数。中级阶段各种课型的课文都开始体现语体的差异,在教学中也很有必要向学生介绍一些语体知识,使学生明白所学习的材料是何种语体以及各种不同的语体(如口语体、书面语体、文艺语体、科学语体、日常语体、公文语体、正式语体)在言语风格上的特点,特别是在词语使用、句式选择方面的特点。

2. 注重语段篇章教学

在初级阶段学习基础词语和语法结构时,学习材料较多的是一个个独立的语句,即使学习短文,也不怎么注重语段、篇章的结构以及语句之间的衔接。但进入中级阶段以后,学习的语言材料大多以语段、篇章为主,培养口语表达能力和写作能力也以语段、篇章的表达训练为主,因此,中级阶段的教学活动不仅要继续加强字、词、句等基本部件的教学,而且要花相当的气力来进行语段、篇章教学。进行语段、篇章教学时,在阅读和听力训练方面,要使学生能够理解汉语语段、篇章中语句之间的衔接手段,能够理清语段、篇章的脉络和思路,能够分析语段、篇章中前后语句的信息结构,能够领会语段、篇章中使用的某种修辞手段的表达效果;在写作和口语训练方面,使学生在表达时注意前后话语的衔接,自觉使用一些衔接手段,使书面表达或口头表达前后更加连贯,而且思路清楚,使说出的话语或写出的语段、篇章所表达出的信息与所要传达的信息相互一致。篇章结构的相对完整性也是这一阶段一项重要的教学内容,比如,口头或书面叙述一件事,总要符合一般的叙事结构;一些常用应用文的学习和写作也要特别注意固定格式的教学。

3. 听、说、读、写并重,突出读、写训练

与初级阶段教学相同的是,中级阶段仍然要听、说、读、写训练并重。到了中级阶段,学生虽然具有了一定的听、说、读、写能力,但这几方面的能力还十分有限,离中级阶段对各项能力要求的目标还有相当的距离,所以在本阶段这几方面的训练都要继续加强。与初级阶段不同的是,初级阶段在强调听、说、读、写训练并重的前提下强调听、说领先,这主要是为了满足初级阶段学生在学习和日常生活中的口头交际的迫切需要。随着初级阶段教学目标的实现,学生的言语能力基本上满足了日常生活和学习的口头交际需要。在这种情况下,让学生接触大量的、题材更加广泛的书面材料,对于扩大、丰富学生的词汇量,对于巩固已学习的语法知识和学习新的结构都是十分有益的,所以在中级阶段要加强阅读训练。在初级阶段解决了学生基本的交际需要之后,在学生已经积累了一定的词汇和语法结构之后,如何使学生在表达时使用词语和语法结构更加准确,成了中级阶段教学的一项重要任务。要实现这项任务,加强写作练习是一条有效的途径。因为在中级阶段学习的不少词语和语法结构在学生的日常生活和学习场合的口头交际中并不经常使用,而在写作练习中,使用这些词语和语法结构的可能性要大得多,而且书面表达对词语和语法结构使用的正确性要求更高,利于培养学生正确使用所学词语和语法结构的良好习惯。因此,在中级阶段做到听、说、读、写训练并重的前提下适当突出读、写训练是十分必要的。

4. 适当增加语言文化教学内容

进入中级阶段之后,学生接触的直接来自真实交际场合的语言材料(主要包括听力材料和阅读材料)越来越多,真实的材料往往有一定的社会历史文化背景,学生不了解这种背景往往很难真正理解所接触的材料。比如,学生听到主人跟客人打招呼说:"哟,今天是什么风把你给吹来了?"如果他不理解这句话的文化含义,他就很难理解说话人与客人的关系。一些俗语、熟语也有特定的历史文

化背景。比如,学生遇到"三个臭皮匠,赛过一个诸葛亮",如果他不了解其中的历史文化知识,就不可能理解这句话的含义。阅读材料中有不少是选自原著的,要读懂这样的作品,往往必须介绍作品的背景知识。中级阶段学生接触的材料中的文化因素涉及习俗、历史、政治、经济、文学、社会、电影、音乐等方面,在教学中到底要引入哪些文化知识项目,目前还没有定说,但有一个基本的引入原则,即那些对学生理解话语或篇章可能形成障碍、对学生进行真实交际有直接影响的文化因素,应该作为这一阶段的教学内容,这些内容往往跟语言点直接相关。

5. 增加主观性练习量

与初级阶段注重安排机械模仿的练习形式不同,中级阶段随着词汇量的不断增大,可以选用的表达手段的不断丰富,应该给学生更多自由表达的机会,让学生做更多的主观性练习。比如,让学生叙述真实事件、相互之间讨论问题、发表看法、提出批评或评论等。这种主观性练习可以是口头的形式,也可以是书面的形式。在安排这样的训练时,教师要提出一定的要求,比如要求使用给定的词语或句式,或要求在一定的时间内完成一定的表达任务。口语和写作训练是两种常用的主观训练方式。此外,在听力和阅读训练方面也可以安排主观性练习,比如要求学生根据听到或阅读的材料进行复述、归纳语段或篇章的中心或要点,对材料中涉及的事物或问题进行分析或评论等。通过这些主观性练习,可以巩固和提高学生独立、综合运用汉语的能力。

第四节 高级阶段教学

一、高级阶段的教学对象

经过中级阶段的教学,学生的汉语水平达到了中级阶段的合格要求,就可以进入高级阶段学习。以 HSK 水平等级为参照,进入高级阶段学习的学生的汉语水平应该基本达到 HSK 五级,这个要求也可以从语言知识、言语技能和交际能力等方面来具体衡量。

汉语知识水平还须分别从语音、词汇、汉字和语法方面来确定具体要求。语音方面,要求正确掌握普通话的全部声、韵、调及其配合规律,发音较为自然,正确掌握初、中级阶段所学词语的发音。词汇方面,要求基本掌握《汉语水平词汇与汉字等级大纲》中的甲、乙、丙三级词语 5 253 个,其中的大部分词语要求复用式掌握。汉字方面,要求基本掌握《汉语水平词汇与汉字等级大纲》中的甲、乙、丙三级汉字2205个,其中的大部分汉字要求能够认读和记写。语法方面,要求基本掌握《汉语水平等级标准与语法等级大纲》中的甲、乙、丙三级语法652项/点,其中的大部分项/点要求能够在口头和书面表达中加以运用。言语能力水平也还是主要从听、说、读、写分项技能方面来衡量。在听力方面,要求能够辨别和理解各门课上教师课堂讲解的语音、语调和语气,能听懂其他人关于日常生活方面的、略带方言成分的谈话,能基本听懂较浅显的广播、电视新闻和其他题材熟悉的广播电视节目,能听懂一定数量的常用惯用语、熟语等,在一般的工作场合能听懂一般的谈话。在说话能力方面,要求发音、语调基本正确、自然,语速基本正常,口头表达使用词语正确且基本恰当,能正确使用相当一部分丙级词语和丙级语法,课堂上能就课文内容与教师和同学进行问答,具有初步的成段表达能力,条理和思路比较清楚,能就日常生活、学习、工作等方面的话题进行一般的谈话。在阅读能力方面,要求能读懂浅显的文艺读物、新闻报道、一般性科普文章以及一定工作范围内的应用文,利用工具书能够独立扫除阅读过程中的疑难障碍。精读没有生词和新语法点的一般文章,要求速度不低于每分钟150字,正确理解率在90%以上,精读题材熟悉、含3%左右非关键性生词的一般读物,要求阅读速度不低于每分钟120字,正确理解率在85%以上。在写作能力方面,要求能用所学的词语和语法结构来叙述事件、发表看法或写一般的应用文和一定业务范围内的工作文件,做到用词适当、语法基本正确、语句通顺、语篇较为连贯、表述清楚、结构完整、格式基本正确。一个半小时之内能写出600字左右的命题作文。

交际能力方面,即将进入高级阶段学习的学生要能够就一般的日常生活、学习和工作范围内涉及的问题和事件,用汉语口语或书面语比较顺利地与人进行交际。

经过中级阶段学习的学生进入高级阶段学习,最理想的是学生在汉语知识、言语能力和交际能力等方面都能达到相应的要求,但由于种种实际的原因,有些学生在某些方面的水平或能力是不平衡的,有的学生掌握的语言知识水平达到了进入高级阶段的要求,但他的言语能力在某些方面还没达到相应的高度;有的学生的阅读能力已经达到了要求,但他的听力水平、口语水平或写作水平还没达到相应的要求。这样的学生可以根据其具体情况,允许他跨阶段学习,根据他的单项技能水平,选择相应阶段的单项技能训练课,比如,阅读水平达到了进入高级阶段的要求,就允许他进入高级阶段参加高级阅读课的学习;如果他的口语水平比较低,与进入高级阶段对口语能力的基本要求相差较远,那么他最好是在中级阶段继续训练和提高口语能力。

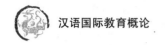

二、高级阶段的教学目标

拿 HSK 水平等级作参照,高级阶段的最高教学目标是使学生的汉语水平达到 HSK(高等)十一级。根据《汉语水平等级标准》的要求,高级阶段的最高目标是使学生的汉语水平达到最高级五级水平。不管以哪种标准作为高级阶段的教学目标,都可以在学生应该掌握的汉语知识范围、言语能力和交际范围等方面提出具体要求。

在掌握汉语知识方面,仍然主要是从语音、词汇、汉字、语法方面来要求,同时在修辞、语用方面也有一定的要求。在语音方面,要求熟练掌握普通话的全部声、韵、调及其配合规律,熟悉音节的轻声、儿化、轻重,能够辨识话语中的音变、重音、语调、语气、口气等。在词汇方面,要求在中级阶段掌握的词汇量基础上,再基本掌握《汉语水平词汇与汉字等级大纲》中的 3569 个丁级词语,其中的三分之一要求复用式掌握,特别是丁级词语中的虚词和一些动词、形容词,另外的三分之二要求领会式掌握。另外,在高级阶段还要求学生掌握一定数量的熟语,如成语、俗语、惯用语、谚语等。在汉字方面,要求在基本掌握甲、乙、丙三级汉字的基础上,再基本掌握丁级汉字 700 个,其中的大部分要求能够认读、记写。在语法方面,要求在初、中级阶段掌握的语法知识的基础上,再基本掌握《汉语水平等级标准与语法等级大纲》中的丁级语法 516 点,特别要注意其中的固定格式。在修辞方面,要求熟悉一些常用的修辞手法(如比喻、夸张、拟人、双关、对偶、排比等)及其修辞效果,能够辨识话语或篇章中使用的修辞手段。在语用方面,要求掌握一般的语段、篇章、话语构成的基本知识,能够正确理解话语的适切、连贯、信息结构,具有一定的语体知识。在高级阶段,汉语知识方面的超纲现象比初、中级要多,这是正常的,因为语言教学越是到了高级,语言知识等级就越是相对模糊,但是对超纲的总量要进行控制,教学安排还是要以大纲为准来确定教学重点,超纲部分可以作一般的了解,不宜作为教学重点。

言语能力方面的目标也是从听、说、读、写、译方面来具体要求。

在听力方面,材料的词汇和语法难度限于高级阶段目标规定的范围,要求在课堂上能听懂教师用普通话或略带方言的普通话作一定深度的、连贯的,且带有某种专业性的讲解,语速在每分钟 180 字以上;在实际生活、交际和工作中,能听懂语速正常或稍快(每分钟在 180 字以上),内容较复杂的会话、谈话、讨论、辩论或演讲以及一般的新闻广播、电视节目等。在交际活动中,能够准确领会交际对方的言内之意和话外之音,明确对方的话语意图。在听较长时间的谈话时,能够准确获取主要信息和重要细节,具有较强的泛听能力。综合听力水平能满足较高层次的学习、社交活动和一定的专业工作的需要。

在口语能力方面,要求语音、语调、语气、口气正确、自然,语速正常,能够使用一定数量的丁级词语和语法,要求词语和语法结构使用正确、恰当、得体,能够使用一些较为复杂的句式,语句连贯,思路清楚。在课堂上能够就生活、学习、工作、社会等方面的各种问题、事件或现象参与讨论、辩论、答辩或发表意见、主张,能够清楚、准确地叙述较为复杂的事件、陈述个人观点,具有较强的口头语篇表达能力。在实际交际活动中,能够与不同的交际对象,在不同的场合就各种话题准确地表达自己的意见,顺利、恰当地与人进行口头交流。能够在一般的专业业务场合(如接待、会谈、交涉、谈判等)充分、得体地与人沟通和交流,能够在公开场合就自己的观点流利、得体地发表演讲。综合口语水平要求能够满足较高层次的学习、社交活动和一定的专业工作对口语能力的需要。

在阅读能力方面,要求能够顺利地读懂词汇、汉字和语法在高级阶段目标要求范围内的书面材料;阅读含生词3%以内、文言词语2%以内、语句和内容较复杂的原文,要求能够抓住主要内容、重要细节,阅读速度达到每分钟150字,正确理解率达到80%以上;快速阅读与课文难度相当的各类文章,能够快速查找相关信息、概括要点、提炼主题,具有一定的跳读、猜读能力,快速阅读速度要求达到每分钟180字;借助工具书,能够独立扫除阅读过程中的语言和社会文化知识方面的障碍,读懂一定专业范围内的工作文件(如业务信函、合同、协议书、契约、报告等)。综合阅读水平要求能够满足较高层次的学习、社交活动和一定的专业工作对阅读能力的需要。

在写作能力方面,要求能够在正确地使用甲、乙、丙级词语以及汉字和语法的基础上,正确、熟练、自然地使用一部分丁级词语、汉字和语法,标点符号使用正确;在课堂上能够抓住教师讲授的要点,详细记写听课笔记,具有整体听记较长语段(600—800字)要点的能力;能够在2个课时内(约90分钟)完成700字以上的命题作文,要求书写正确、清楚,用词适当,语句通顺,能够正确运用一些结构较为复杂的句式,语句有一定的变化、不单调,思路清楚;写记叙文时要求把事件的来龙去脉叙述清楚,表达连贯,结构完整;写议论文时要求观点明确,论据充分,议论围绕观点,不跑题;写说明文时要求表达准确,把事物的特征如实、逼真地写明白;写应用文时要求格式正确,用语准确,不含糊。作文在遣词造句方面除了要符合汉语的规范之外,还要能体现汉语表达的多样性,做到语句运用得体,适应不同语体的不同需要。综合写作水平要求能够满足较高层次的学习、社交活动和一定的专业工作对写作能力的需要。汉语言专业本科学生在毕业时要

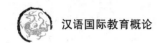

求能够在老师的指导下撰写毕业论文,字数要求不少于5 000字。

在翻译能力方面,要求能够运用高级阶段教学目标范围内的词语、语法等进行汉语和学生母语或其他媒介语之间的对译,特别要求能够进行从母语或其他媒介语到汉语的翻译;能够将报刊杂志上的各类文章和一定的专业工作文件(包括业务信函、合同、协议书、契约、报告等)进行互译。翻译材料的题材或体裁涉及各个方面,无论是口译还是笔译,都要求翻译准确,用词适当,语句顺畅,能够体现或保持原文的语言风格。综合翻译水平要求能够满足较高层次的学习、社交活动和一定的专业工作对翻译能力的需要。

在交际能力方面,要求学生能够在社会生活、各种社交场合和一般的专业工作(如旅游、体育、商贸、文化、教学、科研、外交等)范围内,用汉语口语或书面语比较顺利地与人交流,在交际活动中,能比较准确地把握汉语的文化背景和语用含义,并能灵活自如地运用汉语表情达意;能够进行更高层次的学习(如进一步学习和研究中国社会或文化的某个方面),并能以汉语为工作语言,从事一些实际的工作(如接待、翻译、起草信函、合同等)。

三、高级阶段的课程设置

经过中级阶段的教学,学生的汉语知识、言语能力和交际能力已经达到了一定的水平,但离自由运用汉语的水平还有相当的距离,到了高级阶段仍然不能放松,要在汉语知识、言语能力和交际能力等方面继续提高学生的汉语水平。为此,高级阶段的必修课仍然是围绕"高级汉语综合"课再设置"高级汉语阅读""高级汉语写作""高级汉语口语""高级汉语视听"等课程。此外,再根据学生的情况开设一些选修课,比如"翻译训练""现代汉语语法、词汇、修辞""中国概况"等。

"高级汉语综合"仍然是对学生进行听、说、读、写方面的综合技能训练。通过阅读较有现实意义的、语言典范的现代名家作品(不仅仅是文学作品)和反映当代现实生活、社会面貌和民族文化特点的文章,使学生进一步扩大词汇量,积累相当数量的词语(包括一些成语、俗语、惯用语、谚语、歇后语、少量文言词语等)和一些固定格式(包括短语格式和复句格式),培养和提高对相似表达方式(词语、句式或结构)的辨析和运用能力;训练学生对较长段落或篇章的综合理解能力,从而形成学生自己的段落或篇章表达能力;使学生对汉语的语体区别有更进一步的了解和认识。"高级汉语综合"主要培养和提高学生的阅读、口语和写作技能,为听、说、读、写、译方面的分项技能训练打好基础,做好更高水平等级的语言知识和言语技能方面的综合训练。课堂教学时主要采取讲练的方式。这门课的周课时一般为6个学时。

"高级汉语阅读"通过阅读一定数量的汉语原著继续训练和提高学生的阅读技能。这门课的阅读材料要求题材广泛,涉及日常生活、社会关系、工作、家庭、婚姻、人口、青少年、老人、就业、文教、法律、政治、宗教、外交、经济、贸易、环境、科技等;体裁也多种多样,有叙事的,有说明事物的,有发表议论的,还有各种较复杂的应用文;课文的语言风格也不尽相同,有俗有雅,有口语体的,也有书面语体的,有日常语体的,也有正式公文、新闻或科技语体的。通过阅读实践,继续训练快速阅读和查找信息的能力,训练跳读、猜读、概括要点、提炼主题的能力。在训练阅读技巧的同时,也使学生通过阅读材料广泛地了解汉语的文化背景和中国社会生活的方方面面。"高级汉语阅读"的许多材料都取自报刊,所以,有的教学单位也把这门课叫作"报刊阅读"。这门课的教学方式一般是泛读,周课时一般不超过4个学时。

"高级汉语视听"通过观看一定数量的汉语原版影片、电视片或其他影像资料,或收听一定数量的电台广播节目,使学生的视听能力得到进一步提高。学生在学校里接触社会的机会、时间或空间范围都十分有限,让学生观看适当的影像资料或收听一定的广播节目可以弥补这方面的不足,扩大学生的视野,丰富学生的学习内容,加深学生对汉语社会文化背景的了解。选择影像资料或广播节目时要注意以下几点:①难度要与高级阶段学习的学生水平相当,不宜太难,即生词和新的语法点不宜太多,也不宜太简单,影像里的词语和语法点不宜都是初级或中级阶段已经学过的。②影像资料或广播节目的语言要尽量规范,不要带有过多的方言成分。③选择影像资料或广播节目时要尽可能使题材广一些,使学生有机会了解社会生活的方方面面。④选择影像资料或广播节目时要注意避免国家、民族、宗教之间的一些忌讳的话题或领域。"高级汉语视听"可以跟口语练习结合起来,采用边听、边看、边说的方式,有的教学单位就把这门课叫作"汉语视听说"。这门课的周课时可以为2—4个学时。

"高级汉语写作"通过有计划的写作训练和讲评,使学生巩固和运用所学的词汇、语法、修辞和语用知识,并通过写作来获得一些新的语言知识,使学生的书面表达更加准确、适切,进一步提高学生的汉语表达能力。在这门课上主要安排学生进行观后感、读后感、说明文和议论文的写作训练,使学生对不同文体的语言特点有所认识,要求用词准确适当、语法正确、标点符号使用规范、能够运用一定的修辞手法、衔接和连贯自然、条理清楚、主题和观点明确。"高级汉语写作"可以按照"指导—训练—批改—讲评"的环节来进行:"指导"是教师提出写作要求及注意事项,提供范文或例文并分析成败得失;"训练"是学生经过教师的指导,进行独立自主的作文练习,一般是在 2 个课时内完成 700 字以上的作文;"批改"是教师对学生作文中的汉字书写、词语和语法结构的使用、修辞手段的运用、谋篇布局等方面的正误优劣提出意见,指出错误或不当之处时要落到实处,具体准确;"讲评"是教师针对学生的作文情况,肯定优点,指出缺点并提出改进意见,对个别学生的问题可以个别指导,教师在进行讲评时切忌空泛。这门课的周课时可以为 4 个学时。

"高级汉语口语"通过有计划的口头表达训练,使学生进一步提高进行较高层次口头表达的能力,能够在教学、翻译、演讲、洽谈、公关等活动中,就相关话题发表意见和看法,针对具体对象和一定的场合进行顺畅、充分、得体的口头交际活动。这门课的教学重点是使学生在口头表达训练中使用一些有一定难度的词语和语法结构,运用一些修辞手段,加强语段和语篇的口头表达练习,引导学生使用一些关联成分,注意语段和语篇中的衔接、连贯及逻辑关系。课堂教学以安排学生练习为主。教师在提出话题和一定的要求之后,主要是安排学生练习,在训练语段和语篇口头表达时,教师应仔细听学生的表达,记下需要改进的地方,等学生表达完毕,再向学生指出需要改进的地方,不应一发现有问题就打断学生的表达,那样不利于培养学生连贯表达的习惯和信心。"高级汉语口语"也可以引入当前社会生活、中国或世界上的一些热门话题来进行,这样便于学生有话可说,增加口头表达的真实性。这门课的周课时可以为 2—4 个学时。

"翻译训练"承担着培养和提高学生进行汉语和母语或其他媒介语互译能力的任务。有可能的话,它应该作为必修课,但考虑各教学单位的具体情况,也可以把它作为选修课。通过"翻译训练"这门课使学生进一步认识汉语和母语或其他媒介语在各方面的异同,练习的材料包括文学作品、报刊文章和一般应用文,着重练习从母语或其他媒介语到汉语的口译和笔译练习,通过练习掌握一定的翻译技巧。这门课的周课时可以为 2 个学时。

"现代汉语语法、词汇、修辞"对于汉语言专业的学生来说,应该作为一门必修课;对于非汉语言专业的学生来说,也可以作为选修课。这门课通过对汉语语法、词汇和修辞知识的讲授并安排一定的训练,使学生对汉语的语法、词汇和修辞现象有一些理性的认识,并通过一定的训练来改进听、说、读、写、译方面的言语技能。这门课的课堂上要求能做到讲练结合,忌抽象的、条条框框式的讲解。这门课的周课时可以为 2 个学时。

"中国概况"通过介绍中国历史、哲学、文化、文学、社会制度、风土人情、民族、人口等方面的情况,使学生对中国的历史、现实有更加具体、全面、深入的认识,丰富语言文化背景知识。这门课也可以根据具体情况再分成若干门更加具体的课程,开设具体课程时应考虑与中级阶段所开设的一些相关选修课的衔接,比如,在中级阶段开过"中国近现代史",在高级阶段就可以开设选修课"中国古代史"。这门课以知识传授为主要目的,在课堂上以教师讲授为主,也可以结合相关内容进行课堂讨论,还可以辅以适当的课外活动,如参观、访问等。这门课的周课时可以为2个学时。

四、高级阶段的教学原则

高级阶段的教学除了像初、中级阶段一样要遵循一些共同原则(以学生为中心,教师为主导;教学活动注重实践性;追求教学手段的多样化;尽量避免使用学生的母语或其他媒介语)之外,也有一些需要特别注意遵循的基本原则:继续贯彻以言语技能训练为核心;加大交际文化知识教学的力度;加强语段、语篇训练;增强教学材料和训练的真实性。

1. 继续贯彻以言语技能训练为核心

高级阶段学生的汉语水平已经基本能够应对一般的交际需要,但离灵活自如地运用汉语还有相当的距离。在阅读和视听方面,学生还会遇到大量陌生的词语(包括熟语)和语法现象(包括固定格式),对语段和篇章的理解还存在着相当的困难。在进行口语表达时,学生也常会遇到可以意会但不能言传的情况,这可能是因为学生的语言知识贫乏(如词汇量不够大),或者是因为学生不能将所学的语言知识转化为口语技能。还有的学生能连续说出一大段话,或写出一大段文字或一篇作文,但在词语和语法结构的使用、句式选择、衔接手段的运用、话语条理层次的安排等方面显得十分混乱,甚至语无伦次。这些情况都表明在汉语二语教学的高级阶段,仍然必须有针对性地、有计划地安排听、说、读、写、译基本技能的训练。认为高级阶段学生的言语技能已经达到了相当的水平,言语技能训练可以放在相对次要的地位,盲目加大文学欣赏、文化知识介绍之类课程教学的力度,这种观点和做法是值得商榷的。大部分学生经过高级阶段的汉语学习,他所接受的正规汉语教育就将告一段落,如果在高级阶段学习期间,他的汉语综合技能没有得到进一步提高和完善,而是带着许多缺陷,将来是很难弥补的。因此,在汉语二语教学的高级阶段,不但不应放松言语技能的训练,反而应该加强。

2. 加大交际文化知识教学的力度

随着学生接触汉语的广度不断拓展,对汉语的理解日益加深,势必会越来越需要相关的语言文化背景知识。汉语二语教学需要向学生传授哪些文化知识,还没有定说,一般认为应该让学生了解与交际活动相关的文化知识,即交际文化知识,它包括语言背景文化、习俗文化、制度文化、观念与心理文化等。如果学生缺乏这方面的知识,就可能造成与人交际或理解语句方面的障碍,甚至形成误解。比如,禁忌、习俗、服装等在不同的文化背景下会呈现出很大的差异。一位学生得知她的中国朋友在"五一"节结婚,她想送点礼物,那几天总是下雨,她琢磨来琢磨去,挑了两把很别致的雨伞,幸亏在准备送出的时候,有朋友告诉她不能用"伞(散)"来庆贺新婚的禁忌。因为教学时间十分有限,所以在教学中进行文化知识传授只能结合语言点的学习来进行,比如汉语中常用的成语、四字格、谚语、俗语、惯用语、委婉语、禁忌语等涉及的文化背景知识是学生需要了解的。这些交际文化知识就好似保证交际活动顺利进行的润滑剂,缺少了它们,交际活动有时就难免会变得干涩甚至无法进行。

3. 加强语段、语篇训练

在高级阶段继续进行词语、汉字、语法等方面知识和运用能力的训练不能放松,同时还需要加强语段、语篇理解和表达的训练。理解汉语不仅要理解一个个词语、一句句话,而且要理解句与句、段与段之间的衔接与联系,得理解段落、语篇的层次与条理、要点与主题,得理解内容的重要与否。从表达方面来说,无论是口语还是写作,仅是说对了或是写对了一句句话是远远不够的,要叙述一个较复杂的事件、说明一个较复杂的事物、表达一个较复杂的观点,都必须用一段话或几段话甚至一篇文章才能表述清楚。高级阶段的教学目标对口语和写作训练的要求都不只是要求单个的句子使用正确,而是要求关联词语使用正确,句式有一定的变化、不单调,语段、语篇衔接合理,层次条理清楚。语段训练应注意虚词、关联成分、语序、句型、格式等语言点的使用和篇章结构的安排。要使听、说、读、写、译几方面达到高级阶段所要求的目标,就必须在这几方面的单项技能课上加强语段、语篇训练,使学生养成语篇意识,从而使学生的汉语水平提高到一个更高的台阶。

4. 增强教学材料和训练的真实性

为了让学生能够自由而自然地参与各种场合的汉语交际活动,在教学活动中应该为学生创造更多的接触真实汉语材料或进行真实汉语交际的机会。如果说初、中级阶段学生参与这样的活动还有许多知识或能力上的障碍,到了高级阶段,在学生的汉语知识和能力水平都到了一定的高度之后,教学活动就有可能也有必要使学生更多地参与这种活动,以便使学生尽早地适应各种真实的交际活动。让学生接触真实交际活动的渠道是多方面的,其中使用取自原著的教材和安排真实的交际活动是两条重要的途径。取自原著的教材不仅仅指综合课、阅读课上使用的教材,也包括视听课和口语课上使用的教材。高级阶段综合课和阅读课的课文应该是选自现当代的、题材广泛的各类原文,视听课也应当选择与高级阶段汉语水平相当的汉语原版音像材料,口语课的课文也应该多选择一些真实的谈话、讨论、辩论、演讲等方面的材料。高级阶段各门课的课文范围都应该广泛一些,宜选百科型的,可以选取报刊政论、科普文章、生活口语等方面的材料,时限上以选取反映当代中国社会的现实生活作品为主,尽量多角度、多层次,不宜局限于文学作品。在选择真实的教学材料时有一点需要注意,那就是要控制和掌握语言材料的语言点难度,不能太难,也不宜过于简单。此外,安排真实的交际活动是训练学生适应真实交际的重要手段。经常安排的交际活动包括辩论、访问、实地考察、调查、实习等。安排这种交际活动也应该是有计划的,对活动的目的、要求等都应该向学生提出跟高级阶段汉语水平相应的目标,并对活动的过程给予必要的指导,与学生一道对活动的结果进行适当的小结,让学生积累经验,吸取教训。

第五节 速成教学

一、速成教学的特点

连续教学时间最长为一个学期(正常上课时间大致为18周,共360个学时左右),或者教学时间更短(有时甚至只有一两个星期或者几天)的汉语教学形式,都可以称为汉语速成教学①。有些学生学习汉语的经历断断续续,加起来的时间可能较长,但每次参加汉语教学班连续学习的时间都不长,这样的学生如果参加为期一个月或三个月的汉语教学班,也还是速成的性质。

速成教学形式具有以下三个主要特点。

1. 教学时间总体较短又参差不齐

虽然总体上说速成教学的时间一般都在一个学期之内,但其中又有长短之分。教学时间长的有一学期,也有两个月的,还有一个月甚至更短的,有的只有几天的教学时间。一些在华工作或生活的外籍人士为了解决工作或生活上的基本交际问题,常会集中学习一个学期或两三个月,以解燃眉之急。在学校的寒、暑假期间,国外许多大学或一些中学常组织一些汉语专修班,或者有些学生自己参加某个团体,来中国短期留学。他们在各教学单位的速成汉语教学班里占有相当的比例。他们的学习时间往往在两个星期到一个月(长的也有一个半月到两个月)之间。有些其他社会团体组织一些社会人士参加的来华修学旅游活动,

① 也有人把教学时间为一学期以上甚至一年的汉语二语教学看成速成教学。

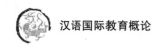

他们学习汉语的时间普遍较短。

2. 速成班的生源复杂

速成班的教学时间不论长短，学生的构成都很复杂，有学生、职员、教师、公务员、商人、自由职业者、家庭妇女，甚至还有退休人员，这些人学习汉语的背景也很不同，有的没学过汉语，有的已学过一两个月，有的学过1年或多年甚至10年以上，还有的是华裔（他们已具备基本的听说能力，需要迅速培养和提高读写能力），汉语水平参差不齐。对这么复杂的教学对象进行编班教学时，要考虑两个基本的方面：一是尽量将汉语水平相当的学生安排在一个班上，这样便于统一实施教学。如果一个班上的学生汉语水平高低差别太大，教学活动如果两边将就，就会限于两难的境地，水平高的学生会感到学习内容太简单，而水平较低的学生又会觉得太难，这样下去教学效果是可想而知的。二是尽量将学习时间长短相当的学生安排在一个班上，这样便于在水平相当的基础上在相同的教学时间里安排大致相当的教学内容。如果一个班上有的学生学习时间相对较长，有的又太短，这样就很难设计有针对性的教学计划。

3. 教学目标多样

汉语速成班上的生源复杂，学生学习汉语的目的也多种多样。有些是在校学生，其中又有些是拿汉语当一门普通外语的，也有些是学汉语专业的，他们来华短期学习汉语的目的和要求自然不同。对非汉语专业的学生来说，重要的是培养和提高汉语交际能力，对汉语知识的教学一般不作为重点；对汉语言专业的学生来说，就不仅要培养和提高汉语交际能力，同时也得注重汉语知识的教学，只是有时会根据学生的情况在交际能力培养和汉语知识教学之间有所偏向和侧重。除了在校学生之外，速成班上还有教师、职员、公务员、商人、自由职业者、家庭妇女甚至退休人员等，他们的学习目的就更是复杂多样。比如，职员、公务员与家庭妇女学习汉语的目的一般会有很大的差异，教师与商人学习汉语的目的也会很不相同，青年学生和退休人员学习汉语的目的更有区别。其中，有的是为了一般地提高运用汉语的言语能力或者进修汉语，有的是为了解决日常生活中用汉语进行交际的基本需要问题，有的是为了解决工作中对汉语的需要问题，有的是为了满足在华旅行的需要，有的则仅仅是作为一种个人爱好。面对这么复杂多样的教学对象，在编班时除了考虑学生的汉语水平和本期的学习时间之外，还应考虑学生学习汉语的目的，将那些学习汉语目的相近的学生安排在一个班上，这样便于针对不同的学习目的确定相应的教学目标，从而制定相应的教学计划。比如，有些学生进速成班是为了解决在中国旅行过程中可能遇到的交际问题，有些学生在中国生活（如一些家庭妇女）是想解决日常生活中遇到的交际问题,编班时就尽量把这两种学生分开,让他们在两个不同的班上学习,这样各个班上的教学目标就相对单一一些,便于安排教学活动。如果由于教学条件或学生人数的限制,不能按照学生不同的学习目的将学生分在不同的班上,在教学活动中就应该尽可能地求取不同学生共同关心的问题,解决他们面临的共同的交际问题。在这种"混合班"上,很容易出现教学或者训练的内容总是偏向某些学生而忽视另外一些学生的现象,这是需要引起注意并加以克服的。

二、速成教学的内容

由于速成教学具有很强的实用性和针对性,教学内容自然也必须是实用的、有针对性的。要达到这样的要求,就必须明确学生的学习目的,根据一定的目的来确定某些交际任务,再围绕这些交际任务来选定具体的教学内容并设计教学方案。所以,速成班的教学内容是根据一定的交际任务来确定的,从某种意义上说,交际任务就是速成班的教学内容。

《高等学校外国留学生汉语教学大纲(短期强化)》(以下简称《大纲》)通过对许多参加速成班学习的学生的调查了解,根据他们的学习目的,得出了一些交际任务大类或范围,又对这些大类或范围进行分析,细化出了一些更为具体的交际任务项目。由于参加速成班的学生汉语水平有高有低,《大纲》又把那些交际任务大类、范围和具体的交际任务项目分为初级、中级和高级三个等级。下边对该《大纲》略作介绍。

初级汉语速成班的交际任务大类和各类的交际任务范围如表4-1所示。

表4-1 初级汉语速成班的交际任务大类和各类的交际任务范围

交际任务类	交际任务范围	交际任务类	交际任务范围
基本交际	社会交往	个人信息	个人情况
生存类	换钱取钱		家庭情况
	问价购物		学习情况
	点菜吃饭		爱好和擅长
	寻医问药		看法和态度
	生活服务		打算和愿望
	寻求帮助		原因和目的
	旅行交通		

续 表

交际任务类	交际任务范围	交际任务类	交际任务范围
社会活动	邮电通讯	综合信息	天气情况
	参观访问		时间和日期
	观看演出		方位和处所
	获取信息		数字和数量
			性状和质量
			距离
			范围

中级汉语速成班的交际任务大类和各类的交际任务范围如表4-2所示。

表4-2　中级汉语速成班的交际任务大类和各类的交际任务范围

交际任务类	交际任务范围	交际任务类	交际任务范围
基本交际	社会交往	个人信息	个人情况
生存类	生活服务		学习情况
	寻求帮助		职业工作
	饮食		婚姻家庭
	购物		
	寻医问药		
社会活动	交通情况	综合信息	文学艺术
	娱乐休闲		新闻书刊
	参观旅行		历史地理
	体育运动		经济贸易
			科普
			行政外交

初级和中级水平速成班的交际任务都有基本交际、生存、社会活动、个人信息、综合信息五大类，在每个大类里分出的多少不等的交际任务范围有所不同。初、中级的交际任务范围里包括一些共同的项目，如社会交往、生活服务、旅行、交通、个人情况、学习情况等，但在不同阶段的每个共同项目里所包含的具体内

容不同。拿"个人情况"这个项目来说，在初级阶段，这个项目包含了解或说明某人的姓名、某人的国籍或籍贯、某人的年龄、某人的住址、某人的职业以及向别人作自我介绍；在中级阶段，这个项目则包含描述某人的相貌、体态和穿着打扮，说明某人的性格、兴趣和爱好，叙述某人的生活经历。

高级汉语速成班的交际任务有基本交际、社会信息、文化信息和媒体信息四大类，在每个大类里也分出了多少不等的交际任务范围，如表4-3所示。

表4-3 高级汉语速成班的交际任务大类和各类的交际任务范围

交际任务类	交际任务范围	交际任务类	交际任务范围
基本交际	社会交往	文化信息	文学
	交际技巧		艺术
社会信息	婚姻家庭		哲学宗教
	历史地理		风俗文化
	环境自然		饮食文化
	经济贸易		文化差异
	国际政治	媒体信息	媒体广告
	教育		语体程式
	体育		
	法律道德		
	科普		
	医药卫生		

高级阶段的交际任务范围里也有与初、中级阶段相同的项目，如社会交往、家庭等，但其中的具体内容是有难易繁简之分的。

交际任务式大纲是以交际任务为基本组织单位的，根据言语交际活动的特点对任务进行分类，通过对学生学习目的的分析，再把不同类型的任务分解成更为具体的任务目的，课堂活动主要围绕这些任务目标而展开，教学内容和任务活动相互统一，它将大纲的重点转移到学习任务和教学过程上来，课堂上着重围绕选定的任务活动进行操练，直接培养言语交际能力。作为教学内容的交际任务具有真实性、典型性、语篇性，教学活动体现多等级、多类型和趣味性。一项交际任务既是在课堂上要组织学生参加的任务和活动，又是在交际活动中可以实际运用的交际内容，具有独立性和完整性。交际任务式大纲是菜单式的，大纲所包

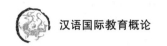

含的各项交际任务可以根据具体的需要加以选择,也可以根据需要对某项交际任务再进行细化。

三、速成教学的基本原则

对外汉语速成教学在生源、教学目标、教学内容及课程设置等方面都很难做到整齐划一,但在教学活动中,各种不同的速成教学班都应该遵循两个基本的教学原则:选定适合学生需求的交际任务;围绕交际任务,强化训练交际能力。

1. 选定适合学生需求的交际任务

在组织速成班教学的初期,教师必须明确教学对象的学习需求或学习目的。如果学生的汉语水平是初级的,其学习目的之一是为了适应在中国的基本生活,那么他的交际范围往往会涉及换钱取钱、问价购物、点菜吃饭、寻医问药、寻求帮助、生活服务等项目。在每一个大的项目下面又包含一些更加具体的交际任务项目,比如,在寻医问药这个项目下边,包含这样一些具体的交际任务项目:了解或说明人体主要部位的名称;了解或说明常见症状;了解或说明某药品的主要功能和使用方法;了解或说明医院各科室的分类及其名称,学会挂号就医。如果学生的汉语水平是中级的,其学习目的之一也是为了适应在中国的生活,那么他的交际范围往往会涉及生活服务、寻求帮助、饮食、购物和寻医问药等项目。在每一个大项目下面同样包含一些更加具体的交际任务项目,比如,在寻医问药这个项目下面,除了包括初级阶段的一些具体的交际任务项目之外,主要应围绕中级阶段相应的交际任务来展开训练:具体描述某人的症状和病因;叙述体检或看病的经历或过程;具体说明某药品或保健品的功效和使用方法;具体说明医院主要部门的服务内容。选定合适的交际任务项目往往受到两个因素的影响,即速成班上学生的汉语水平和学生的学习目的。一个班上学生的汉语水平如果差别太大,比如,有些学生刚入门,有些学生已经达到中级水平,那就很难选择难度同时适合这两类学生的教学材料,自然也很难选择同时适合这两类学生的具体的交际任务项目。学生的学习目的也是影响交际任务选定的一个极为重要的因素。一个班上学生的学习目的如果差别太大,同样很难选择适合所有学生的具体的交际任务项目。比如,在中级汉语水平的速成班上,一些学生的学习目的是为了满足日常生活中的交际需要,而另一些学生是为了适应经济贸易的需要。对前者而言,选择这样一些交际项目是合适的:了解并掌握交往中常用文体的格式和内容,了解某些社会交往的基本礼节,叙述到朋友家做客的经历,说明主要服务行业的服务内容,简单评价服务质量和服务态度,简单说明某道菜的制作方法和过程等;对后者而言,选择这样一些交际项目是合适的:掌握商务信函的书写格式和内容要求,了解并简单说明合同书的格式和内容要求,简单说明某企业的经营范围,简单说明商贸合作和投资的主要方式等。如果把这两类学生放在一个速成班里进行教学,就很难选择对两者都合适的交际任务项目,教学活动自然难以顺利进行。

2. 围绕交际任务,强化训练交际能力

选定了具体的交际任务项目,经过科学设计,集中在较短的时间里进行密集的强化训练,追求在较短的时间里取得尽可能高的效率,实现最优化教学,使学生在经过较短时间的训练之后掌握的言语技能能够适应与预定难度相当的真实的交际活动。具体交际任务项目数量的多少和水平的高低,与学生在速成班上的学习时间和汉语水平直接相关。比如,同是为了在华旅行目的的汉语速成班,在初级班和中级班都会涉及旅行参观这个交际项目,但在两个不同水平的班上确定的交际任务项目有所不同:在初级班上往往要求学会预订房间、办理入住手续、预订车票或机票、办理海关或登机手续、乘车换车等,能了解或说明某地的主要景点及景点的主要特点;在中级班上往往要求在熟悉初级班上涉及的交际任务项目之外,还要求能够叙述参观或旅行的经历、描述某地的景物、说明某游览地的特点、描述参观旅行活动的感受等。在这种为了在华旅行目的的汉语速成班上,如果教学时间稍长,还可以在完成基本交际任务项目训练的前提下,再适当增加一些相关的交际任务项目,比如就风俗人情、饮食文化、历史地理、娱乐休闲等方面设计练习。在各种目的的速成班上进行的所有训练,都必须紧紧围绕完成某个具体的交际任务来安排,突出实用性和针对性,重在培养学生的实际言语交际能力,各项具体的交际任务训练具有相对的独立性,教材里的学习内容具有可选择性,在教学的整个过程中不追求语言知识的系统性。

总之,各类速成班的汉语教学,都要以交际功能大纲为基础,从汉语交际的实际需要出发,把交际内容分析归纳为一系列的语言交际任务项目,并按学习内容的难易和繁简程度分级,采用任务教学法,让学生在较短的时间内通过大量的、密集的交际性操练掌握相应层级和数量的交际任务项目,培养和提高学生的汉语交际能力。

参考文献

陈田顺主编:《对外汉语教学中高级阶段课程规范》,北京语言文化大学出版社,1999年。

李杨主编:《对外汉语教学课程研究》,北京语言文化大学出版社,1997年。

刘珣主编:《对外汉语教学概论》,北京语言文化大学出版社,1997年。
刘珣:《对外汉语教育学引论》,北京语言文化大学出版社,2000年。
吕必松:《对外汉语教学探索》,华语教学出版社,1987年。
吕必松:《对外汉语教学发展概要》,北京语言学院出版社,1990年。
[加]W. F. 麦基:《语言教学分析》,王得杏等译,北京语言学院出版社,1990年。
齐沪扬、陈昌来主编:《应用语言学纲要》(第二版),复旦大学出版社,2009年。
盛炎:《语言教学原理》,重庆出版社,1990年。
王建勤主编:《汉语作为第二语言的习得研究》,北京语言文化大学出版社,1997年。
王钟华主编:《对外汉语教学初级阶段课程规范》,北京语言文化大学出版社,1999年。
赵金铭主编:《对外汉语教学概论》,商务印书馆,2019年。
赵贤州、陆有仪主编:《对外汉语教学通论》,上海外语教育出版社,1996年。
周小兵、李海鸥主编:《对外汉语教学入门》,中山大学出版社,2004年。

思考与练习

1. 简述在不同的教学阶段,教学内容和教学手段有何不同。
2. 举例说明教学大纲对划分不同教学阶段的指导意义。
3. 初级教学阶段的课程设置是怎样的?各门课之间有何联系?
4. 各教学阶段组织教学应该共同遵循哪些基本原则?初级教学阶段要遵循哪些特别的原则?
5. 在听、说、读、写能力训练方面,中级阶段和初级阶段的侧重点有何不同?为什么?
6. 中级教学阶段在汉语知识方面的教学目标是什么?
7. 简述"高级汉语综合"课的教学内容及目标。
8. 有人认为到了高级阶段,教学重点应该是向学生讲授中国的社会、历史、文化、文学等方面的知识。请谈谈你对这种认识的看法。
9. 在初、中、高三个阶段,口语能力训练的目标有何区别?
10. 谈谈速成教学的特点和教学原则。

第五章 汉语二语教学课型论

汉语二语教学的根本目的是培养学习者运用汉语进行交际的能力,即汉语交际能力。要培养汉语交际能力,就必须掌握汉语的基础知识(语音、词汇、语法、汉字)和基本技能(听、说、读、写、译,翻译分口译和笔译,是前四种技能的综合运用,因其自身的特殊性,可视为一种需要进行专门训练的技能),以及相关的语用规则和社会文化知识。课程设置和课型安排都是为实现这个总目标服务的。

设置什么样的课型与不同的教学目的(教的目的和教学对象的学习目的)、教学内容、教学对象(如汉字圈的学生与非汉字圈的学生)、教学对象的语言水平以及不同的教学手段有关;并且要符合语言教学和语言学习的客观规律,要根据不同的教学对象和教学阶段有所侧重。

现代第二语言教学或外语教学尤其注重语言技能的培养,语言知识的讲授是为培养语言技能服务的,因此,语言技能课处在课程体系的核心地位。我国汉语二语教学体现这一思想的,就是采用综合课和分技能课(或叫专项技能课)相结合的教学路子。

综合课(又称精读课)是主干课型,它结合语言要素、语言知识的传授以及语用规则、社会文化知识的教学对学习者进行全面地、综合地语言技能训练(包括听、说、读、写等)。综合课通常冠以"初级汉语""中级汉语""高级汉语"等课名。专项技能课是为专门强化训练某项语言技能而设置的课型,它可以是单项技能课,如听力课、口语课、阅读课(包括泛读)、写作课等;也可以是几项技能结合起来专门训练的课,如听说课、读写课、视听说课等。在综合课和专项技能课的基础上,为了某些专门的教学目标或专业内容的需要,还可以设置专门目标的课型,如报刊阅读、新闻听力、外贸口语、文学阅读、应用文写作、经贸汉语、商务汉语、旅游汉语、科技汉语等。这些课有的属于专项技能课,有的则可以开设成综合课,如商务汉语、旅游汉语、科技汉语等。

课程设置时,要考虑到课与课之间纵向与横向的关系。纵向关系指的是教学的阶段性,如"初级汉语""中级汉语""高级汉语"是不同教学阶段的综合课,它不仅应该体现出教学内容的递进和教学阶段的连贯,还应该体现出该课共同的课型特点。横向关系指的是同一教学阶段各课之间的配合,包括与汉语课相配的国情课、文化课等。比如,在某个教学阶段,围绕主干课,根据教学大纲的要求或针对教学对象的特点,应该开设哪些专项技能课等。另一个与课型有关的问题是教材,教材的编写或选用应该反映出课型的特点,且各课教材之间既要有分工,又要有合作。教材编写是一个立体化的系统工程,教材编写者通常都会考虑到教材与课型的配套问题。作为教材的使用者在选用教材时,同样要有全局观念,要考虑到上述的纵横关系。1981 年 3 月,著名的第二语言教学专家亚历山大在北京语言学院开设讲座及座谈。他在谈到中国的英语教学时说:"我发现在中国存在这样一个问题:你们往往选择一套教材,而使用的目的是单一的。也就是说只用它教阅读。然后再选一套教材教会话,另一套教材教写作,等等。有时,你们用一套教材的第一册,用另一套教材的第二册、三册、四册也是如此。这不是造成了极大的混乱吗?这种做法会给英语教学和学习带来许多困难。"亚历山大提出的问题同样应该引起我们汉语二语教学的注意。

尽管综合课和各种分技能课的课型不同,但培养的语言技能不外乎听、说、读、写。因此,在这一章我们将着重讨论听、说、读、写四种技能的教学。

第一节　听　力　教　学

一、听力教学的理论依据

（一）听力理解的本质

听是一种活动,听力理解则是一个过程。听力理解是听觉器官接受以声波形式输入的言语信息,由大脑使用已有的语言知识对其进行处理加工,同时与大脑中的已有认知结构相匹配（相互作用）,建构意义,对输入的信息作出解释。这一所谓的"解码"过程不是消极被动的,而是一个极其复杂的主动过程。如果只理解成一个简单的解码过程（decode）,我们就很难对"有不同理解"作出合理的解释。

当言语信息被接收后,听者首先要对声音进行识别（如切分音节,语流段等),根据已有的语言知识将其加工成有意义的语言单位,再在语言单位与储存在长期记忆中的各种已知信息、图式之间建立起联系,对它们进行匹配、核对、比较、推理等一系列认知活动,同时处理超音段特征,如重音、语调等,领会其含义,理解或者说解出说话者的意思,并把获得的经过筛选的新信息贮存在长期记忆里以备后用。外国学生在理解汉语时,尤其在初级阶段,由于不能直接在目的语与自己长期记忆中的各种信息之间建立起联系,只能把经过识别后的目的语的语言单位转换成母语的语言单位,再与长期记忆中的各种信息发生联系进行理解。

在听力理解的过程中,听者主动性"外显"的例子很多,例如,操母语的人在听一段东西时,若某句话中缺少几个词,一般不会影响他对整个意思的理解,他可以主动地大致估摸补出"缺省"的意义,甚至准确地补出缺少的词语。又如,有时有人找你有事,可他的话(意图、上文)尚未说完,你已经推测出他的来意(目的、下文)。我们这种猜测、预判、推理的能力,是建立在我们的语言知识、储存在大脑长期记忆中的旧知识信息、以往的情景和经验基础上的。当它们被"现实"激活时,就会产生上面说的现象。常有留学生问,为什么在街上跟一般中国人说话他们听不懂,而跟老师一说就懂(哪怕是几个孤零零不成句的词)。有经验的汉语教师这种"你一张嘴我就知道你要说什么"的本领,这种理解能力是在反复经验、不断地主动猜测推理的基础上形成的,可以说是一种特殊的理解机制。

(二)对听力理解过程的认识

1. 听力理解过程是"还原"还是"重组"

从纯粹技术的角度而言,CD唱机追求的就是对声音的还原,它希望达到的理想状态是:原有声音信号既没有增加也没有减少。有些教师在听力课上也期待学生的听力理解过程能作出这样一种还原,因为在他们看来,信息的解码过程就是一个还原过程,外界输入了多少信息,大脑就该还原多少。这种认识在实践中的表现是:老师上课用录音机反复放一个句子,然后让学生重复说出这个句子,重复的过程精确到每一个词,直到每个词都被精确还原出来为止。听段落的时候也使用同样的方法。他们的假设是,能够完全重复说出听到的句子,就说明学生听懂了。但是,重复并不意味着理解。听力理解过程并不是一个"还原"的过程,而是一个"重组"的过程。

当大脑对输入的信息进行加工时,不是简单地还原意义,而是重组性地建构意义。听者即使在没有任何其他因素造成听力理解障碍的情况下,也会对相同的语言材料作出不同的理解,产生"信息差"。例如,在股票、房产等投资领域,听一个关于"利多"和"利空"因素同时存在的报告时,就常会让"利多"的人认为说者在支持"利多",让"利空"者认为说者在支持"利空"。这种理解上的"偏离"是由"重组"造成的。"重组"的认识对第二语言的听力教学尤其是教学法的改进,具有十分重要的意义。

2. 听力理解过程中的两种知觉加工方式

现代认知心理学认为,人在理解话语时有两种知觉加工方式,朝两个方向处理信息材料,一种是"底朝上"(bottom-up)或者叫"材料驱动加工"(data-driven processing),另一种是"顶向下"(top-down)或者叫"概念驱动加工"(concept-driven processing)。前者的理解过程是从小单元开始一步步组合起来,形成对大单元的理解,这种方式适用于对句子以下层面的理解,主要依靠或者利用我们的语言知识对所听到的材料进行语言分析进而理解;后者的理解过程是反向的,主要是利用背景知识(各种旧信息、一般知识经验等)或者图式[schema,也有人解释为知识结构(knowledge structure)或架构],结合语言知识对所听材料进行通篇理解。例如,当我们听了一个故事后进行复述,我们可以说出故事中的人物、故事发生的过程和结果,可是我们所使用的语句可能已经面目全非,不是原来的了(忘记了原来的词语,只留下了意义)。这种"顶向下"的理解会弃很多句子表层的语法特征而不顾。

图式论认为,人以往获得的知识以图式的方式分门别类地贮存于大脑的长期记忆中。图式是有层级的,它不仅包括知识,还包括知识之间的关系,形成一个网络系统,因此,图式也可以被看作人脑中的知识架构,好像一个信息资料库。当语言材料输入时,会激活已有图式,我们依靠这些背景知识和输入信息的互动对语言材料作出理解。这是一种"顶向下"的整体认知。例如,上听力课时,如果我们在开始以前就告诉学生,今天我们听的内容是大熊猫,这跟不告诉他们直接听是不同的。学生们会根据自己的生活经验,先在大脑里建立起一个事件图式(结构),对听的内容有一种预期。如果让学生再讨论一下,我们会发现每个人对事件发展的预期和猜测可能会不一样,听时学生会去"印证"。背景知识提供了理解现实的支持,有助于他们理解所听的材料。

应该认识到,"底朝上"和"顶向下"这两种方式在听力理解过程中是并存的、互动的,可是以往的听力训练几乎都是"底朝上"式的。如果以这种方式去训练语段、语篇的听力,是不合适的,因为这不符合人的认知规律。目前的第二语言教学比较强调在理解篇章话语时要采用从整体到局部(whole-to-parts)的教学方法,这是"顶向下"的,是图式的。我们认为,对外汉语的听力教学应建立一个新的"底朝上"和"顶向下"相结合的训练模式,并尝试着用"顶向下"的模式来影响和改进学生第二语言的听力理解策略。

二、听力教学的过程、方式和课堂练习

(一) 听力教学的过程

听力教学的过程一般分为三个阶段：①听前准备；②听，边听边做；③听后练习。

1. 听前准备

根据上面提到的理论原则，听前准备工作不是可有可无的。这个过程是充分调用学生已有的知识，并让他们对所听的材料有一个预测、推断的过程。例如，在听关于大熊猫的听力材料前，可以先告诉学生听的主题是关于大熊猫的。若材料中有较多学生未知的内容，会构成"听懂"的较大障碍，那就有必要再做另外一些铺垫。比如，再讨论一下大熊猫的生活习性、体形、食物结构、技能等。这样做的原则是：听力输入是一种可懂、可理解的输入，未知成分的数量必须合理，不构成对理解的太大障碍。一段听力材料，如果学生完全或几乎听不懂，则失去了听的意义，只能说明所选材料不符合学生的听力水平。若听力材料中未知的词汇、语法点较多，听力的要求就要相应降低，比如，只要求学生听懂教师要求听懂的重点内容即可。

所谓听前准备，通常有两种方式：一种是关于内容的准备，比如给学生介绍："今天我们听的内容是关于……"。这种准备是给学生设置某种情景，提供某种背景知识。因为没有真实的交际环境，这种准备是必要的，可以使学生避免听时一下子摸不着头脑的情况。准备工作还应包括介绍完后提一两个关于材料主要内容的问题，让学生带着问题听，这可以使他们的注意力更为集中。另一种是所谓先扫清语言障碍，即教师先把生词（或语法结构）拉出来讲解，然后再听。这种方法是很多教师采用的，但也是有争议的。亚历山大曾举过一个例子：假如我是个英国人，正在学习汉语，在街上遇到一个中国人，我用结结巴巴的汉语问路："请问到××怎么走？"那个人说："啊，看来你是个外国人。让我先给你解释几个生词，再告诉你怎么到××地方吧。"事实并非如此，现实生活可不是这样的。亚历山大不主张采用这样的方法，他认为先把难点写在黑板上的办法影响了学生理解能力的提高。他主张让学生先接触难点，促使他们动脑筋，教师的讲解应放在后面进行[①]。

2. 听，边听边做

真正实施听的时候，可以有三种方式：面听（如教师念，学生听）、机听（如听

---

① [英]L. G. 亚历山大：《语言教学法十讲》，张道一等编译，科学技术文献出版社，1982年，第23页。

录音或广播等音频)、视听(如看录像听),一般以放录音为多,听的次数与听的材料有关。在汉语水平考试(HSK)中,单句、对话、段落和篇章都只能听一遍,这是测试本身的特点决定的。这是测试,不是训练听力,不是听力教学("检查""考试"和"学习""提高"是两种目的,不能本末倒置)。在具体教学过程中,根据材料的难易、篇幅的长短,听的次数可以有所调整。但一般认为三遍左右较为适度。第一遍听后要求学生初步理解材料的内容大意,对句子、段落、篇章有一个全貌性的了解。第二遍听后要求学生以听力任务为导向,搜寻相关的重要信息并完成任务(也可在听第三遍后完成任务)。第三遍可以作为对任务正确性的检查、印证来使用。

3. 听后练习

边听边做已经是在完成听力理解的任务,或者说在做理解练习。理解练习也可以在听后做,比如听后根据内容回答问题等。在中高级阶段的听力课上还常使用另一种听后练习,这种练习的重点其实已不再是听的活动本身,而是转移到说或写的活动上来了。在这个过程中,可让学生比较自己的预想、猜测与实际材料信息之间的不同,也可让学生对所听的信息发表评论和看法。

听力过程实例:

听一段录音,有三个年轻人小张、小李、小王在谈论他们个人关于未来的构想,希望在30岁时达到各自不同的人生目标。

步骤是:

(1) 先告诉学生上述内容,也可让学生谈一谈自己的未来构想;谈一谈30岁时想达到什么样的目标。或以小组的形式(比如三人一组),写下各自的想法并交流。接着听第一遍。

(2) 听完第一遍,再交代任务:让学生听完第二遍后填写下面的表格。

	小张	小李	小王
未来构想			
30岁的目标			

开始听第二遍。

(3) 听完第二遍,完成填表任务。

(4) 接着听第三遍,同时完善任务,或者再印证一下填写的内容是否正确。

(5) 听完第三遍,全班自由发言或以小组代表发言的形式讨论或者评价一下小张、小李、小王的价值观,也可跟自己的价值观作一个比较。

（二）听力训练的内容

帮助学生提高汉语听力水平和理解能力,仅仅依靠学生扩大词汇量和对汉语语法结构的了解是不行的,不少中国人学了十几年英语,到了说英语的国家还是"聋子"(听不懂)、"哑巴"(不会说)的例子比比皆是;但仅靠一遍遍地"傻"听也是不行的。听力理解不是一个消极被动的过程,而是一个积极主动的过程。听的时候,人们会采用许多认知技巧和具体的技能以帮助自己理解,听的能力或者说理解能力就是由这许多技巧、技能组成的。这些技巧、技能被称为听力的微技能。

章兼中从认知的角度把听的微技能归结为:

(1) 预估,即对语句成分的预料和对内容情节的期盼和估计;

(2) 猜测,即根据上下文对不熟悉或没听清的成分进行猜测;

(3) 抓主题大意,即通过注意听句首、听关键词、注意重音语调等手段抓住内容大意;

(4) 抓特定细节,即忽略无关情节,注意跟踪线索,获取所需信息;

(5) 辨认语段标记,即根据一些特殊标记判断上下文关系和话题的延续或转折;

(6) 推断说话人态度,即从说话人的遣词用句、音调变化以及表情举止中听出言外之意[①]。

杨惠元将听力微技能归纳为八个板块的能力:

(1) 辨别分析能力;

(2) 记忆储存能力;

(3) 联想猜测能力;

(4) 快速反应能力;

(5) 边听边记能力;

(6) 听后模仿能力;

(7) 检索监听能力;

(8) 概括总结能力[②]。

听力教学就是要通过对这些微技能进行有目的的、有针对性的、专门的训练来提高学生的听力水平和理解能力。其实,所有的听力训练方式都是围绕着这些技能进行的。下面围绕杨惠元所归纳的听力微技能的八种能力,就我们的理

---

① 章兼中主编:《外语教育学》,浙江教育出版社,1993年,第292页。
② 杨惠元:《汉语听力说话教学法》,北京语言学院出版社,1996年,第28页。

解作些说明。

1. 辨别分析能力的训练

比如,在初级阶段可以进行听辨音素、声调、音节以及辨重音、语调等超音段因素的训练。在更高层面上,可以从背景杂音和各种干扰中将非言语因素滤去,辨出真正需要接收的言语信息。也要训练从带有方音的普通话中滤去干扰理解的因素。在听力教学中对语音感知的训练主要是为理解意义服务的,而不是为练习发音服务的,尽管这两者是有关联的。我们要特别注意训练学生能辨认或者切分出连续话语中的词界(lexical boundaries in connected speech),因为这对理解意义是十分重要的。

2. 记忆储存能力的训练

比如,可以通过重复练习等手段来增强学生的长期记忆储备(如汉语及文化背景知识储备等)和需要时迅速调用的能力。但这种能力最终还是受制于成人学生原有的智力结构和记忆技巧。汉语二语教学也许可以有限地增强这项能力,却很难从根本性上去改善大部分学生的现有记忆状况。尽管如此,训练用第二语言记忆仍然是必要的。

3. 联想猜测能力的训练

对于解码过程而言,这是一项极其重要的能力。对汉语和中国文化的了解决定了学生对中国人的行为模式、思维方式、价值观(价值评价)以及某个事件的发展趋向等的预判力和联想力。在这类训练中,需要教师通过一定的手段和方式启发诱导学生,使他们对听力材料产生意义之间的联想,让学生的认知方式发生各种"正迁移",以提高学生根据上下文跳越生词和语法障碍的能力。经常做听前预测,并将听的实际材料与预测作出比较,另外,通过词义猜测等练习(如词内语素联想、上下文同义词语联想判断等)可以帮助学生掌握从上下文推测意义、听后猜测言外之意的技巧。

4. 快速反应能力的训练

多听采用正常语速的听力材料,并要求学生对听力材料作出快速反应,时间方面的限制可以加速学生信息加工自动化方式的形成,使他们尽早地摆脱以母语为转换理解媒介的习惯。快速判断正误、快速回答问题、听命令完成动作等是常用的方法。

5. 边听边记能力的训练

在中国实际生活的需要,也包括学习(记课堂笔记、讲座等)和考试的要求,使得这项能力的提高已受到大多数学生的重视。要培养学生在听完一段材料后,能记下人名、地名、时间、主题、事况、观点和数字等,尤其是要养成记重点、要点的习惯。从练习的角度讲,听写、听后完成句子、听后填图表、听后写大体内容等都是具体可行的方式。

6. 听后模仿能力的训练

模仿练习是从较为简单的言语单位向较为复杂的言语单位延伸的,这是一种相对较为机械的训练,但也有助于听、说能力的提高。除了准确模仿发音(声、韵、调)外,还要模仿重音、停顿、语气、语调等超音段成分。提高听后模仿能力似乎主要是为了练习说,但实际上对提高听力水平也是很有作用的。我们在实际教学中常发现这样的情况,有的学生发不准某些近似的音,听的时候也分辨不出来这些音。听能帮助模仿,模仿也能促进听力水平的提高。但在进行听后模仿训练时,我们要注意学生单纯地"鹦鹉学舌",不顾意义内容的情况。

7. 检索监听能力的训练

这种训练是要让学生时时意识到自己的听的行为、听的过程,认识到自己在采用什么策略听,集中注意力解决听的任务,并根据听的任务不同,及时调整自己听的策略和方法。要训练学生如何抓住关键信息,排除干扰信息,把握听力的方向,不要把注意力纠缠在一些枝节末梢上。一旦发现自己出了错,要能及时检索出错误所在并加以纠正。对学生进行适当的听力策略培训,告诉他们如何把握听力方向(如根据某些关联词语或主题的线索),捕捉关键信息,应该把注意力集中在什么地方,可以帮助学生提高这方面的意识。另外,设计一些以目标为中心,以听力任务为导向,但在听力材料上施加一些离散的干扰因素的练习,让学生带着任务和问题听,尝试剔除干扰因素,并将实际听的结果与听前预测对比,经常反思自己听的过程和结果,可以提高学生这方面的能力。

8. 概括能力的训练

由于听力理解不是简单的还原过程,而是复杂得多的重组过程,因此,要训练学生依靠认知图式、旧有的知识来构建意义,对所听材料作出理解,这就涉及对整体意义的把握问题。这种训练的目的就是培养学生抓要点的能力。与之相匹配的练习方式有:听后转述、概述大意,听后写大体内容,听后对语料中的事物分类,听后填写图表,听后判断言外之意,等等。

(三)听力教学的方式与课堂练习

选择合适的听力材料是进行听力教学的前提条件,是我们进行听力教学首先要注意的问题。选择的标准是什么呢?章兼中提出三个标准:真实性、可理解性和多样性[1]。后两个标准比较容易理解,第一个标准则不太容易把握。

---

[1] 章兼中主编:《外语教育学》,第 294—295 页。

可理解性主要是指输入的听力材料的难度(包括语速)要适合学生的语言水平,材料要是可懂的、可理解的。如果输入的材料难度太大,学生完全或几乎听不懂,那就是无效的输入。听力教学应贯彻循序渐进的原则,听力材料应该有一定的难度(包括词语、句子结构等),但要以学生能听懂基本内容为前提。

多样性是指听的语言材料的题材(如日常生活、科技、政治、环保等)和体裁(如对话、广播、讨论、报告等)的多样性以及听的方式的多样性,是面听、机听还是视听等。通常认为多样性的听力材料不仅有助于提高学生的听力水平,也符合社会交际多样化的要求。

对真实性的标准争议较多,涉及几个方面,比如语料是不是一定要"原始"(采录)的,经过加工或编造的语料算不算具有真实性?语料是不是一定要中国人说的,外国人说的汉语能不能入选?(比较一下阅读和写作,现在有些教材把外国学生写的东西也收进来了。)把书面语的东西(如报纸上的文章)简单地"转换"成听力材料行不行,或是一定要真实的口语材料?总之,对真实性的理解是不尽相同的。

选择听力材料还有一些其他标准,如趣味性等,但什么是趣味性则是仁者见仁了。尤其是对成年人来说,趣味性常常是跟需求联系在一起的。

我们认为,在言语活动中,听、说、读、写四项技能不是孤立的,而是综合运用的。听力教学也不光是听。大脑是一个"暗箱",语言材料输入后,我们并不知道听者是否听懂,是否理解了,必须通过听者的其他活动(如说、写等)才能"检查"出来,交际是如此,教学也是如此。所以,听力教学、听力练习是和其他技能分不开的。我们在进行听力教学时,不要单纯地一遍又一遍地听,而要把听和做练习结合在一起,形成"听-做练习"模式。从这个角度说,听力教学大致有以下五种方式。

1. 听、说结合

可以是先说后听,也可以是先听后说。前面我们讲到听力教学过程时曾讨论过听前准备阶段,在这个阶段,教师可以通过提问等方式让学生熟悉听的主题和任务,学生则通过"说"(回答)调用出大脑长期记忆贮存的各种知识,为"听"做准备,"说"是"听"的"热身运动"。通过"说",学生熟悉了"听"的内容,通过教师的引导,听力材料中的语言结构和生词也可以"埋伏"在"说"中得到操练。但不要忘记"说"是为"听"做准备的,如果信马由缰地"说",或者"说"的时间大大超过了"听"的时间,就离谱了。

先听后说主要是指听完后学生根据听的内容和教师布置的听的任务进行"说",如回答问题、复述情节和大意、发表看法和评论等。这里说话是检查听力理解的手段和方法，主要看学生是否听懂、理解了意思，练习"说"则是次要的目的，千万不要本末倒置。

2. 听、写结合

可以是听写，可以是边听边记，也可以是听后书面完成任务，如回答问题、写出大意等。现代第二语言教学理论认为，听写是全面检查学生语言能力的有效手段，听写不仅仅是写汉字，还有理解的问题，如词界的切分就与理解有关。句子和段落应该是听写的重点，听的方式（教师念还是放录音）和语速则需循序渐进。边听边记主要是记粗的东西，如大致情节、主要意思、要点等，"记"的前提是理解，只有理解了，才能抓住要害。这种练习对学生日后高层次专业的学习和工作是很有帮助的。

3. 听、阅读结合

感觉上阅读似乎离听比较远，其实我们在做听后判断正误或听后多项选择时就已经是在"读"了，通过读后的练习（打钩、划叉、画圈等）来检查听力理解。需要注意的是，现在有些人把听后打钩、画圈等看成是听力训练的唯一方式和手段，这是错误的。有的老师采用边听边看材料的方法，或听后再发给学生材料阅读的方法进行教学（利用视觉），也可以对听力理解有一定的帮助。

听力课的性质决定了其他技能（说、读、写）在这里是为"听"这个总目标服务的，是"检查"听力理解的手段和方法。教师要防止出现听力课"喧宾夺主"的情况。

4. 听、做结合

这是以完成另类任务的方式来检查听力理解。比如，边听边要求学生画一张路线简图，边听边让学生在黑板或图纸上指出听到的东西，要求学生按照听的指令或要求进行表演等，都属于这类练习。用这种方式教学对听力材料的要求比较高，但学生听的注意力容易集中在听力材料的内容上。

随着对听力理解过程的了解逐步深入，人们认识到，听者对输入的语言材料的理解不是被动的而是主动的，采取有效的听力策略和方法能促进听力水平的提高，因此，教师不但要让学生听，而且要告诉他们如何听，如何根据自己的特点采用何种听力策略来提高听的效率和能力。把听力策略培训也纳入听力教学的范畴是现代第二语言听力教学的趋势，尽管在实践中还有许多问题要解决。

5. 听和听力策略培训结合

研究表明，影响听力的因素包括认知策略和元认知策略，认知策略是直接与听力的认知过程联系在一起的，比如如何利用大脑的已有知识去帮助理解听力材料,如何猜测意义,如何跨越听力障碍,如何捕捉关键词语,等等。元认知策略包括如何计划、调整、组织、安排自己的听力活动,监控和评估自己的听力理解过程等。听力策略培训就是要让学生明确意识到自己是如何去听的,如果自己使用的听力策略和方法不合适,就要进行调整。

目前,听力策略培训或教学主要有两种方式:一种是结合实际的听力材料和听的活动进行,比如在听前告诉学生某种类型的听力材料采用什么方法听比较有效,或者在听后跟学生一起讨论为什么有的学生理解得又快又好,而有的学生则不行,他们各自采用了什么策略,为什么同样的策略对有的学生有效,而对另一些学生却无效等;另一种是开设专门的听力策略培训课或辅导讲座,从理论和实践两个方面帮助学生提高对策略的认识,从而在听力实践中有意识地运用这些策略。

听力课的课堂练习形式有很多,教师应根据学生的情况和教学的实际需要选用。这里提供一些作为教学参考:①辨音、辨调、辨别音节和重音的练习,②听后模仿练习,③猜测词义练习,④听写,⑤听后回答问题(口头、书面),⑥听后判断正误,⑦听后选择正确答案,⑧听后完成句子,⑨听后填空,⑩听后转述、概述大概意思,⑪根据听到的命令完成行动,⑫听后画图,⑬听后写大体内容,⑭听后对语料中的事物进行分类,⑮听后填写图表,⑯听后判断言外之意,⑰听后解释相关词语或句子,⑱听后归纳要点,⑲听前的预测与听后实际结果的对比,⑳听记数字,㉑听后讨论、评论。

三、影响听力理解的主要因素

随着人们对听力理解过程的了解逐步深入,在听力教学和训练活动中,如何避免或减弱影响听力理解的因素成了人们关注的问题。只有了解了影响听力理解的因素,才能更好地培养学生使用听力理解的策略,并对学生进行有针对性的训练。影响听力理解的因素可以从以下几个方面来了解。

(一)听力环境

这里指的听力环境,除了听的地点(如在语言实验室、一般课堂、自己住所等地听)、环境干扰(如有无噪声等)等以外,更主要的是指听的方式。一般说来,听的方式主要有面听、机听、视听。

面听是面对面的方式,说话者就在听话者的面前,在这种环境下,说话者的面部表情、身体姿态、手势等都会有助于听话者对谈话内容的理解(暂且不涉及听的材料本身)。另外,如果是面对面的交际,听话者要参与,注意力会更容易自觉地集中。老师说(朗读、讲故事、说事等)、演讲、报告、参观介绍等通常都是面听的。

机听是指采用录音机、广播等形式听。跟面听相比,机听少了"真实环境",这对听力理解带来很大的影响,没有了对"真实环境"的依靠,听者就不得不把全部注意力集中在听力材料的语言形式和内容本身上。与其他两种听力相比,机听的难度要高。

视听(看电视、电影、多媒体、幻灯图片、视频等时边看边听)和面听的主要区别在于交际的参与,面听时,听者的角色常常会转变,成为真实交际中的说者(参与者)。有研究表明,视觉支持能提高听力理解,通过视觉辅助训练听力的学生比没有视觉辅助的学生进步更快。现代第二语言教学中更加提倡用"视听"的方式来训练听力。

(二) 听力材料与说话者

属于材料本身的有生词量、句子结构、题材内容、语体、社会文化背景知识等因素,与材料有关的包括说话人的语音特点(如有无方言口音、说话的清晰度)、速度(如语速快慢、停顿、重复)等因素。生词量大,句子结构复杂,题材内容不熟悉,语体不是一般的日常口语而是电台的时事新闻,材料中涉及许多不熟悉的目的语的社会文化背景,语速太快,吐词不清楚,这些都会使听力材料的难度提高,从而直接影响到听力理解。留学生学习汉语时,因为听力材料中出现了一两个生词,就卡在那里听不下去的情况是时常发生的。

《汉语水平等级标准和等级大纲[试行]》(1988)对听力等级划分的语速要求是:一级,语速不低于 160 字/分(普通话);二级,语速不低于 180 字/分(略带方音的普通话);三级,180—220 字/分(正常语速)。

(三) 听力过程与听话者

听者的目的语水平和对目的语社会文化知识了解的程度、记忆能力、感知能力(语感等),听者在听力过程中的情感状态(动机、自信心、对内容和对听力活动本身的兴趣、焦虑程度、意志力等),由听力过程所持续的时间带来的疲劳因素等,都可能对听力理解造成影响。听力和阅读不同,它要求听者在瞬间对听力材料作出反应和处理,这一极快的心理过程对听者是一个考验(如记忆力等)。读可以回视,或停下来反复思考,而听则不同,对材料处理的控制权不在听者手里(如语速、用词等),听懂了固然没问题,一旦听不懂,就会产生紧张和焦虑感,干扰听的过程,使注意力分散,兴趣消失,甚至丧失信心。听的时间过长,通常认为超过 30 分钟,就会使听者产生疲劳感,注意力无法集中,影响听力理解。在听力教学中教师应特别注意学生的情感因素。

在听的过程中,听者采用什么策略去听,对理解听的内容和意义的作用是不同的。比如是采用"底朝上"还是采用"顶向下"的方式,或是两者相结合的方式去听。

第二节 阅 读 教 学

一、阅读教学的理论依据

(一)阅读理解的本质

阅读理解与听力理解的共同之处是:它们均是一个信息解码的过程。但阅读理解的解码对象是书面的文字符号,传递信息的通道是视觉。所以,阅读理解是一个人通过视觉感知言语信息,再经大脑加工处理,进而理解信息意义的心理过程。

束定芳等认为,目前比较能为大多数人所接受的有关阅读行为的观点是:阅读活动是一个多种因素、多向交流与反应的复杂解码过程。解码依据来自文字、语言、语用、世界等方面的知识[①]。语言知识具体为语音、语法、语义等知识。世界知识中包括一般知识和专业知识。语用知识涉及人际交往修辞规则和语篇修辞原则等。所有影响阅读过程的因素都处在不同的层面上,任何一个都可能与另一个发生互动关系,影响对阅读材料快而准确的理解。

格拉比(W. Grabe)指出,外语阅读应包括六个方面的因素:①自动认字技能,②词汇与语言结构知识,③语篇结构知识,④社会与文化背景知识,⑤分析、综合与评价技能与策略,⑥监控阅读的元认知知识与技能[②]。要注意的是,格拉比不仅指出了阅读理解所需的知识,还包括解码所需的技能和策略,后两方面正是进行汉语阅读训练的重点之一。采用不同的阅读技能和策略恰恰体现了阅读者对书面文字作出理解和解释的主动性。和听力理解一样,阅读不是一个简单的、被动的接受信息的过程。

从社会语言学的角度看,阅读不仅仅是个人的行为,也是一种社会行为,是人与人之间的交际与交流。阅读不仅是读者与文本在心理上的互动,也是读者

---

① 束定芳、庄智象:《现代外语教学——理论、实践与方法》,上海外语教育出版社,1996年,第130页。

② W. Grabe, "Current developments in second language reading research", *TESOL Quarterly* 25(3),1991.

与作者之间的沟通与交流;读者与作者在语言、文化、社会等方面的差异会影响到阅读理解(对文本的理解)。这提醒我们在对外汉语的阅读教学过程中,不仅要进行阅读技能和阅读策略的培训,还要注意培养学生的跨文化意识,加深学生对中国文化、历史和社会的了解,这有利于学生对文本内容、背景和作者意图的理解。阅读所理解的不仅是文本和文字材料,还有其背后的人及其社会、文化。

(二) 对阅读理解过程的认识

认知心理学家把整个阅读过程分解为解码(这里是指对某个字词的解读)、字面性理解、推论性理解和理解监控四个子过程。各子过程既可能交替出现,也可能处在交互影响的动态之中[①]。熟练的阅读是一种相当复杂的能力,在阅读过程中,可能需要同时调用几个方面的知识与技能,当某一方面的知识与技能不足或薄弱时,其他方面的知识与技能会参与进来并设法弥补。比如,外国学生在阅读汉语材料时,对某个句子结构不熟悉,他会根据该句子的词语和上下文的关系对句子意义作出联想和推测(使用其他知识和策略进行弥补);如果对某个词语的意义不理解,则会利用词中的字(双音节词)或上下文的同义词语等提供的线索进行猜测,甚至越过"障碍"。下面结合汉语阅读的例子来简述一下这几个阅读的子过程。

1. 解码过程

解码是指阅读者解开书面文字代码、了解其意义的过程。这个过程体现为阅读者将书面文字提供给视觉的信息(如字词)与个体已知的,或者说已经贮存在大脑中的该字词视(文字的心理印象)听(发音,声音的心理印象)形象相匹配(matching),从而激活已贮存在个体长时记忆中的该字词的意义。如果大脑没有相关的匹配内容,即是生字、生词,则需要调用其他知识和手段(策略和技能)帮助进行解码。

2. 字面理解过程

字面理解是指了解/理解某字词在当前语境中的确切意义或含义。这一过程需要进行字词意义提取和语法分析。字词意义提取是通过所谓"心理词典"(mental dictionary)把激活的关于某个字词的所有意义从记忆中提取出来,并挑选出特别适宜于当前上下文的意义,确认某字词在当前语境中的含义。就第二语言的习得来说,"心理词典"的词义贮存量跟学习有关,例如,一个外国学生只掌握了某个多义词的一个义项,尽管他在上面讲的解码过程中获得了匹配,但仍

[①] 吴庆麟等编著:《认知教学心理学》,上海科学技术出版社,2000年,第235页。

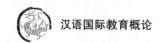

然无法对当前语境中的其他意义/义项作出字面理解。"心理词典"的丰富与贫乏跟学习有关(贮存量),会直接影响到阅读理解。语法分析的过程是指阅读者根据语法规则把个别的词义组合起来,以便把握词组(短语)乃至整个句子意义的过程。

字词意义提取和语法分析是两个不同的过程,前者使阅读者获得了对个别词义的确切理解;后者则使阅读者获得了为理解句子所需的字词之间关系的信息。如果前者发生问题,阅读者仍可按语法规则对句子作出分析,但获得的理解是不完整的;如果不能对句子进行语法分析,尽管提取了字词义,理解也是不完整的。所以,这两个过程是互动的,是相互作用的。

3. 推论性理解

倘若阅读任务只是一个通知、一份节目单或一张课程表,只要达到字面性理解就可以了;但阅读的任务或目的有时不限于此,要超出字面理解,获得对阅读材料的内容、信息和含义更广泛、更深层次的理解和领会,这就需要进行推论性理解。整合/综合(integration)、概括(summarization)、详尽/精致(elaboration)是推论性理解的主要方式。

整合/综合是把两个甚至更多的观念、意义联系在一起,这种整合/综合可能出现在句子与句子之间,也可能出现在语段之间。例如,"熊从山上下来了,张三看见熊,就躺在地上一动也不动。"熟练的阅读者会把这三个句子联系起来。他根据上下文和已有的语法知识推断出第三个句子缺省的主语是"张三",并根据以往的经验、知识或图式,推论出张三之所以躺在地上一动也不动,不仅是因为害怕,而是因为知道熊是不吃死物的。而缺乏对后者了解的人就可能只推论出张三是怕得躺在地上一动也不动了。阅读者通过整合/综合把这几个句子的意义联系起来,形成因果联系。

概括是阅读者通过一系列有层次组织的命题来捕捉文中的主要观点。例如,"中国1997年婴儿和5岁以下儿童死亡率已比1991年下降了1/3;中国3至6岁幼儿入园率为42.7%;农村学前一年幼儿入园率超过6成。"这段话的主要意思是"中国儿童发展状况不断改善",但并未在文中直接表述出来。由于段落、文章所表达的主要思想,往往在文中不会被明确指出,这就需要以推论性理解来完成。要作出推论性概括,阅读者除了要具备与阅读材料内容相关的知识以外,还必须具备有关句子结构、语篇结构的知识,否则就不能很好地理解材料中的各种隐含关系。许多语段和篇章标记,如"总之一句话""因此""由此可见"等也能帮助阅读者作出概括,或提供概括的线索。

如果说整合/综合与概括是为了让阅读者建立起对文章意义的连贯的整体

表征,详尽/精致则是通过阅读者的旧知与所要理解的内容的互动,对当前的意义表征有所增补或引申。例如,阅读者在理解过程中自己阅读材料举例、补充材料的细节,延续材料中提及的内容,提出与材料中相似的对象、情境和情形等。此时,阅读者的理解已超越了文本的表述,打个不恰当的比方说,是"融化在血液里"了。

4. 理解监控过程

对自己的阅读过程进行监控,是阅读者采用各种手段来调控自己的认知策略和认知过程以保证阅读目标的实现。理解监控过程包括:设定理解的目标、选择或采取相应的策略、检验目标和作出补救。

在阅读之初,阅读者通常都会为自己设置一些特定的阅读理解目标,即所谓带着任务读,并为此而采取一些相应的策略,以解决怎样才能完成目标/任务的问题。如果阅读者是要了解一下今天发生的国内外时事要闻,他就会以浏览的方式快速"扫描"报纸头版的各篇文章的标题。如果阅读者的目标是了解与求职有关的信息,他就会在招聘广告上搜索与此有关的关键词,如单位、职务/工种、学历或经验要求、薪水/待遇、工作地点等。

作为第二语言学习者,正常的阅读过程有时会因为碰到不认识的生词或多义的词语或不知道的句子结构而中断,阅读者会根据已有的各种知识和上下文对词义作出猜测和提取,并对句子意义作出整合推断等,回读就是为了检验自己的猜测和推断;为了检查自己对全文的理解或概括是否正确,整段或全文的重读也是常有的事。伴随着整个阅读过程,阅读者不断地自问既定目标是否已达到,理解是否准确无误。一旦发现自己的理解出了问题或偏离了目标,就会及时采取相应的补救措施。优秀的阅读者总是表现出良好的理解监控能力。

二、阅读教学的过程、方式和课堂练习

(一) 阅读的类型和要求

有人把阅读分为略读(skimming)、跳读(scanning)、泛读(extensive reading)和精读(intensive reading)。我们认为,从略读和跳读的特点来看,应当将二者归入泛读的范畴。

1. 精读

精读就是逐字逐句地细读,也有人称之为分析性阅读。精读时要求阅读者掌握文本的全部内容,包括细节的理解(这里的精读不是指传统的听说读写全面训练的"精读课")。正因为如此,语言形式的分析(如语法结构等)就自然成了精

读教学的主要内容之一,掌握形式是理解意义的基础。精读强调的主要是阅读质量。

2. 泛读

泛读也称粗读,即粗略地阅读文本,为的是掌握文本的主要内容或大意梗概等。阅读量大,速度快是其主要特点("速读"即快速阅读应属泛读类),因其理解是综合性的,也有人称之为综合性阅读。泛读的注意力主要是在阅读材料的内容上,因此更注重阅读理解的技巧。根据目的要求的不同,泛读可分为:

(1)略读。也称浏览或扫读,是一种快速阅读。其目的是了解文本主旨或文章大意;它也可用于"侦察",为决定是否要精读"打前站"。读专业类书籍或报纸杂志等,常常先采用略读的办法。进行略读训练,可以培养学生整体理解的能力。由于阅读量大,又有时间限制,学生必须学会对文章的次要段落一掠而过,而把注意力集中在关乎主旨大意的段落上。

(2)跳读。是一种快速查阅式的阅读,采用的是点式阅读方式。运用这种方式阅读,目的是为了在文本中查找自己所需的信息。跳读常常是带着任务读,要主动跳越无关内容,抓到所需信息就算完成任务,因此,这是一种专为寻求特定细节(一点或几点)而进行的阅读。跳读训练对学生日后的工作、学习、研究都很有帮助。

(3)消遣性阅读。跟跳读不同,这种阅读没有什么特定的目的,只是为了消遣娱乐。阅读量虽大,但选择的内容有趣,阅读过程轻松。这种阅读对培养学生的阅读兴趣很有益。消遣性阅读也可以采用精读的方式,但多数人似乎是采用泛读的方式。

所谓培养阅读能力,主要就是指精读和泛读的能力,前者培养阅读的准确性,后者宽泛地说是培养阅读理解的流利程度。迄今为止,泛读教学仍然是对外汉语阅读教学的"软肋",阅读量小、阅读速度慢是外国学生学习汉语时普遍存在的问题;重精读、轻泛读也是许多教师的"通病"。从教学的角度讲,对留学生的阅读教学应该形成一个精读、泛读相结合的模式,尤其是泛读要纳入课程体系,使之课程化,并得到大大的加强。

3. 要求

《汉语水平等级标准和等级大纲[试行]》(1988)对阅读的要求是:一级,能够认读最基本的日常生活、简单社交和有限学习需要范围内的甲级词(1011个)及其所涉及的全部汉字。能够阅读简单的记叙文……阅读速度不低于100字/分钟,理解准确率为90%以上(即理解主要内容和细节);在阅读含1%生词、无关键性新语法点的同类短文时,阅读速度不低于80字/分钟,理解准确率为

80%以上。能够基本看懂一般的便条、通知、简单的表格和常见的时间表等。二级,能够认读基本的日常生活、社交和一定学习需要范围内的甲、乙两级词(3028个)及其所涉及的全部汉字。能够较顺利地阅读经过简写、不含生词和新语法点、题材熟悉的短文。阅读速度不低于120字/分钟,理解准确率为90%以上。能够阅读一般性便条、通知、普通书信和海报等,并能基本理解其大意。在阅读生词不超过2%、无关键性新语法点、内容熟悉的浅显文章时,阅读速度不低于100字/分钟,理解准确率为80%以上。在阅读稍有难度的文章时,有初步的猜测词义、跳越障碍、查寻所需信息、理解大意的能力。三级,能够认读一般性日常生活、社交、学习和一定工作需要范围内的甲、乙、丙三级词(5168个)及其所涉及的全部汉字。能够顺利地阅读略加改动、无关键性生词和新语法点……的一般性文章,其阅读速度不低于150字/分钟,理解准确率为90%以上(即理解主要内容和基本细节)。在阅读生词不超过3%、无关键性新语法点的一般性文章和较为复杂的应用文时,其阅读速度不低于120字/分钟,理解准确率为80%以上(即理解其主要内容)。能够基本读懂一定业务范围内的工作文件(包括来往信函、契约、合同等)。有相当的跳越障碍、查寻所需信息、了解内容梗概的能力。并能通过大量的泛读,自然地吸收一定数量的新词语(多由已学过的语素组成)及其新用法。

(二)阅读教学的过程

1. 阅读教学的目的

阅读教学的目的是培养学生的阅读能力,包括精读和泛读的能力,前者主要是培养阅读理解的准确性,后者则着重培养阅读理解的流利程度(具体是通过阅读量和阅读速度来体现)。阅读理解能力是指能理解所读文本材料的能力,包括对字、词、句、语段、篇章的理解能力。要能读懂阅读的材料,就必须具备一定的汉字、词汇、语法(包括篇章)和社会文化背景等知识。从教学的角度来说,这些方面的知识传授是必不可少的。除此而外,要达到和保证阅读理解的准确性和一定的流利程度,还需要具备一定的阅读技能、技巧和阅读策略。有人认为,技巧和策略是一回事,但也有人认为,技巧是习得的,是每个阅读者在实际阅读过程中无意识地使用的种种方法;策略则是阅读者为了解决某一个具体的问题有意识采用的某种手段或方法。从这个角度讲,略读、跳读都属于"阅读策略"①。在第二语言教学的发展过程中,曾经有人片面地把阅读速度的培养作为阅读教学的主要目标,目前更为主流的看法是把阅读技巧和阅读策略的培养作为主要

---

① 参见束定芳、庄智象:《现代外语教学——理论、实践与方法》,第136页。

目标之一。

2. 阅读技巧

阅读技巧到底有哪些,如何分类,目前尚无定论。有人认为阅读技巧主要有5种:①理解字面意义,②能对材料要旨进行重新组织,③推理能力,④评价,⑤欣赏。也有人提出4种:①识别词义,②推理,③识别作者的写作技巧、写作意图和风格,④寻找有关答案①。

约翰·孟毕(John Munby)把阅读的微技巧分为19种:①辨认手写或印刷话语的形式,②推断不熟悉词语的意思,③理解陈述的字面意思,④理解陈述的隐含意思,⑤理解概念的意义,⑥理解句子的交际含义,⑦理解句子的内部关系,⑧通过词汇连接手段来理解文章各部分之间的关系,⑨通过语法手段来理解文章各部分之间的关系,⑩用文章之外的东西来解释文章,⑪辨认文章中的指示语,⑫找出语段或文章的主题,⑬区别主题与细节,⑭提取要点进行概括,⑮从文章中选出有关的论点,⑯基本参考技巧(包括利用读物中的提示,如标题、黑体字、着重号、图表等和利用读物以外的资源,如词典、参考资料等),⑰略读(概括大意),⑱寻读(查找所需信息),⑲用图表表示文字的信息①。

陈贤纯把约翰·孟毕的19种微技巧归为三方面的内容:第一,阅读理解应该达到的要求,包括①、③、④、⑤、⑥、⑫、⑬、⑭、⑮项;第二,可以借助下列手段达到理解,包括②、⑦、⑧、⑨、⑩、⑪、⑯项;第三,阅读的策略,包括⑰、⑱项。他认为,最后一条"用图表表示文字的信息"是读者重建作者信息的一种表达手段,跟理解与理解的策略都没有关系。第三部分的"略读""寻读"是阅读的宏观策略,并不是微技巧。只有第二部分的7种可以称为微技巧②。

通常人们在阅读时,会采用出声读、唇读、默读、指读(用手指或笔等其他工具在阅读材料上随着阅读移动)、回读(回跳)等方式帮助阅读。其中的有些方式被认为会影响阅读速度,因而是不好的习惯。其实采用出声读、指读、回读等方式是因为阅读者在阅读时遇到了困难。这是他们为克服理解困难而主动采取的某种技巧和策略,因而有其积极的一面。它们也许会影响到阅读的速度,但对准确理解阅读材料有时又是必需的。从教学的角度讲,如果我们是训练快速阅读,这里的有些方式不可取;但如果是为了训练理解的准确程度,它们则是积极的手段。例如,跳读是为了快速查阅和获得某种信息而采取的阅读方式;但在查找或确认某些信息时,有时回读是必须的,它是阅读者有意采用的策略。

---

① 参见束定芳、庄智象:《现代外语教学——理论、实践与方法》,第135页。
② 陈贤纯:《外语阅读教学与心理学》,第349—351页。

3. 阅读教学的过程

从具体的课堂教学过程看,精读与泛读的教学过程是不同的。这里不着眼于某种类型阅读的具体的教学过程,而是从认知的角度,把阅读教学的过程分为五个不同的阶段:①读前准备,②任务布置,③实际阅读,④阅读目标监控,⑤相关实践。

(1) 读前准备。这一过程是为了引入阅读主题,为主题进行铺垫,使学生大脑的"知识库"为理解阅读材料做好各方面的准备。如果阅读主题涉及宏观的中国文化背景,那就有必要给学生介绍一些相应的文化背景知识。如果阅读主题对许多学生而言是十分陌生的,那就应该介绍一些与这一主题相关的背景知识,否则,学生面对陌生的阅读材料会一下子束手无策。例如,京剧对许多年轻的中国人来说已不十分熟悉,对外国学生而言则更加陌生。让他们阅读一篇关于"京剧的衰落与振兴"的文章时,不介绍相关文化背景就很难让阅读者的已有知识和阅读主题相关联。这时,宏观背景的介绍是必要的。

另外,阅读之前,让学生对文体以及文体与社会语境的互动关系有所认识,也可帮助学生对阅读材料的理解。例如,阅读"文化大革命"年代的文章时,可讲解一些社会语境对篇章的制约关系,以及语境怎样决定着某些特定词语的使用。

(2) 任务布置。教学阅读和日常生活中享受乐趣的休闲阅读的区别就在于前者通常有明确的任务和目的。从这个意义上说,好的任务目标的设定是对理解的一种导向。例如,阅读理解中常见的问题:"本文的主要观点是什么?"事实上也是对阅读策略的一种引导,有经验的阅读者会根据阅读任务、练习要求选择不同的阅读策略。下达阅读任务时,可让学生对所读的文章内容先作一些预测。这种预测可以根据文章的标题,或根据汉语篇章的结构方式、连贯方式去做,也可以根据学生对情节、情境的逻辑认识、逻辑关系去做。例如,文章的首句是"现代舞的流行不是偶然的",下文必然是要解释原因的。又如,看到"首先……",必然会有"其次……"。

(3) 实际阅读。这是学生实际阅读文本,设法理解阅读材料,捕捉具体信息,完成相关任务,达到理解目标的过程。在具体的阅读过程中,任务和目标的压力始终伴随着阅读者。各种阅读技巧和策略的运用也体现在这一过程中。训练学生如何阅读是汉语二语教学的重点之一。

(4) 阅读目标监控。监控伴随着实际阅读过程的始终。以往的阅读教学对这个方面注意不够。好的阅读者在阅读过程中会意识到自己的理解是否有误、自己的方法是否有效等;一旦发现问题,会设法找出问题的症结所在,并及时调整自己的阅读方式以便有效地达到阅读目的。差的阅读者则不然,无法有效地

(或根本意识不到应该)监控自己的阅读过程,遇到困难时,只能发出无奈、无助的哀叹:"看不懂!看不懂!"告诉学生如何有意识地注意自己的阅读行为,提高他们的监控意识,也是现代阅读教学的任务之一。这样,一旦学生发现阅读结果存在欠缺,他们就会尝试变化阅读策略,重读相关语段,对缺失的部分作出补救,或者将阅读的结果与预测的结果作出比照等。

(5) 相关实践。阅读过程完成后,检查阅读理解情况的方式,是让学生做相关的练习或完成相关的任务(这个过程也可以边阅读边进行),读后说(如口头回答问题、说大意和中心思想、复述、讨论和评论等)、读后写(如笔头回答问题、写大意和中心思想、写读后感等)是经常进行的实践活动。相关实践是学生对阅读结果作出的反馈,也是教师进一步教学的依据。

在这个阶段也可以让学生对阅读文本的细节作一些前面讲过的精致性的工作,补充完善文本的一些观点和细节,以帮助记忆,加深理解。同时,还可让学生利用阅读材料来完成一些实践性的交际任务。例如:某画家雇用了一名保姆,他们在某些日常事务中发生了分歧。画家与保姆各自给朋友写信诉苦。让不同组的学生分别阅读两个文本的信,学生阅读的两个文本所叙述的视点是不同的,这样一来,两个组的学生不仅可以在读后交换不同的信息,甚至还可以结合自己的观点发表评论,进行辩论。

(三) 阅读技能训练的内容和方式

1. 利用汉字造字法猜测字、词的意义

汉字是外国学生阅读时首先会遇到的难点。作为记录汉语的书写符号体系,汉字基本上是一种表意文字。汉语中的一个音节在书面上往往就是一个汉字。一般说来,一个汉字就代表了一个语素,如果一个词是由一个语素构成的,这个汉字也就代表了一个词;如果一个语素是由两个以上音节构成的(如连绵词"窈窕""忐忑",口语词"尴尬",音译词"咖啡"等),一个汉字就不代表一个语素,只代表一个音节,不过,这种情况在汉字中只占极少数。

利用汉字本身的造字特点,可以训练学生猜测汉字的意思,尽管这种利用是非常有限的。这里主要以"六书"中的形声字和会意字为例。在现代汉字中,形声字已占绝大多数。形声字主要用形符或称形旁表示词的意义类属,也就是事物大致的类别,如"氵"表示与"水"有关的事物、现象、动作,像"河""湖""浓""淡""浇""洗"等;用声符或称声旁来提示词的大致读音。我们可以把形声字的这种造字方式介绍给学生,使他们可以利用形声字的这种表意性质在上下文中去猜测不熟悉的字、词的意义大致与什么有关。另外告诉学生会意字是用两个以上的字形组合起来表示字义,也会对他们猜测字义有帮助,像"日""月"为"明",

"小""土"是"尘","不""正"乃"歪","不""用"是"甭","二""人"是"仁"等。

2. 利用合成词构词法猜测词的意思

汉语合成词的构成主要有两种方式：一种是由词根和词缀或类词缀组合而成的,称为派生词；另一种是由词根和词根组合而成的,称为复合词。在教学中,如果我们有意识地使学生了解和掌握合成词的构成方式,不仅能扩大学生的词汇量,对学生在阅读时理解和猜测词义也是有帮助的,它可以培养学生猜测词义的能力。例如,现在许多刚拿驾照的新司机喜欢在车上贴个条子,写上类似"新手上路,请多关照"之类的话。在这个特定环境中,如果学生知道"手"是表示"人"的后缀,他就有可能猜到"新手"就是"新司机"的意思。又如近些年来出现的表示"风气"(多含贬义)的"X风"(吃喝风、抢购风、摊派风)、表示"热潮"的"X热"(出国热、汉语热、托福热、股票热)等类词缀,一旦学生了解了它们的意义和构词的方式,对他们阅读时理解新词新语的意思可以起到一定的作用。

如果学生阅读时遇到的是复合词,他只认识其中的一个字,那么构词法的知识就有可能帮助他进行词义的猜测和理解。例如"思想","思"就是"想"(联合式)；"选择","选"就是"择"。其他构词方式(如偏正式、述宾式、述补式、主谓式等)也有利用的价值。这种训练可以在阅读课上直接进行,也可以在与阅读相关的词汇或语法教学中进行。

另外,如果是缩略词语,可以利用语素扩展或还原的方式,也就是从已知的语素出发来"推导"出整个缩略词语的意思。例如,彩电——彩色电视机,简介——简单介绍,联营——联合经营,三好(学生)——身体好、学习好、工作好(数字还原),四化——工业现代化、农业现代化、国防现代化、科学技术现代化。

通过构词法的教学,让学生掌握一些构词分析的方法,可以使他们解除阅读时的一部分词汇障碍。

3. 利用上下文同义、近义、反义词语互释来推测词语的意思

这是利用上下文提供的线索来推测词语的大概意思。例如,在"每次坐飞机,他总是提心吊胆的,害怕会出事儿"这个句子中,可以通过下文的"害怕",大致推测出"提心吊胆"的意思。又如,在"别人都喜欢微型收录机,可他却偏喜欢大的"这个句子中,通过"大(的)"和后半句的转折词语"可""却",可以推测出"微型"的意思是"大"的反义"小"。

另外,利用词语的搭配关系也可以推测不熟悉的词语的大致意思。例如,在"想知道上海有哪些好玩的地方,可以查阅《新民晚报》的娱乐版"这个句子中,学生只要知道《新民晚报》是报纸,就应该推测出"查阅"大致是"看"的意思,因为上下文语境限制了其他可能搭配的词语。

4. 分析句子的语法结构，抓句子主干，理解句子的意思

有时一个句子很长，修饰成分很多，且修饰成分里有许多不熟悉的词语，这很容易影响学生对全句主要意思的理解（有些学生甚至会"钻"在牛角尖里出不来）。教会学生压缩句中不重要的词语和句子成分，抓住句子主干，化繁为简，使句子的脉络和关系显得更清晰，有助于他们在阅读时理解句子的主要意思。传统的"中心词分析法"是可以利用的手段。另外，在不影响理解句子主要意义的情况下，从阅读理解的角度讲，压缩掉的"东西"主要是生僻词语、修饰成分、例子、无关要旨的引言和重复词语等。

5. 分析篇章的结构，理解段落的内容和意义

在阅读理解段落或篇章时，有许多规律可循，了解汉语篇章的结构，分析句与句之间的衔接和逻辑关系等，可以使学生跨越许多阅读障碍。这方面可以训练学生以下五种能力。

（1）如何通过上下文来确定代词的先行词。对学习汉语的学生来说，一段话有时不好懂，是因为搞不清楚句子中代词（指示代词、人称代词等）与先行词之间的指代关系。有针对性的训练可以提高学生对指代关系的理解。

（2）如何通过上下文补出缺省的成分。通常认为，一段话中，如果句子的必有成分（如主语、宾语等）缺省，就会造成理解上的困难。学生在阅读时就一定要从上下文中去寻找并追回缺省的信息。汉语语段或篇章中"承前省""蒙后省"的情况很普遍（甚至可以说是汉语话语结构的某种"特色"），一旦学生找回并补出缺省的信息，句子与句子之间也就衔接贯通起来了。例如，在下面这段话里："那个学生模样的年轻人从桌子上的辣油罐里又挖了厚厚的一勺辣子到面汤里，（年轻人）搅拌开（辣子），（年轻人）埋头吹了吹（面汤），（年轻人）喝了一大口，然后（年轻人）连忙张大嘴巴，（年轻人）拼命地哈气"[①]，学生只有从上文里找到缺省的词语（括号里为原文缺省的词语），才能正确理解这段话，尤其是"搅拌开，埋头吹了吹"两句。

（3）如何通过上下文确定词语之间的替代关系。有时在一个语段里，同一个指称对象在前后句子里使用了不同的词语来指称。我们要训练学生能熟练地在上下文中确认这种同指关系。例如："这座城市有座军队医院，很早就跟福利院结下了深厚的友谊，常常给福利院送医送药。当他们（'他们'指代'军队医院'）知道了刘娜的不幸经历以后，立刻决定把孩子（'孩子'同指'刘娜'）带到医院做手术，一切费用由医院负担。"

---

① 邵敬敏：《现代汉语通论》，上海教育出版社，2016年，第102页。

(4) 如何利用关联词语、标点符号等形式标志来理解句子。在语篇中,句子与句子之间的各种逻辑关系(如并列、连贯、递进、选择、因果、转折、条件、让步)常常通过关联词语表现出来,这给学生理解提供了线索。利用形式标志,抓住关联词语,识别影响全句意义的标点符号(如表示反问语气的"?"、表示特殊含义尤其是反义的""等),可以有效地提高学生的阅读理解能力。

(5) 如何进行事件的推论性理解。有时没有关联词语,但句子与句子之间的逻辑关系依然存在,这就需要我们帮助学生通过对事件的因果等关系的理解来提高预测和理解的能力,其中也包含了对文化背景、汉民族行为模式和思维方式的导入。推论性的理解还包括对言外之意作出理解。

6. 分析段落,找出主题(句)和要点,找出例证,理解主要观点

我们在阅读时,有的时候并不想了解某个段落或某篇文章的细节(每个句子、每个段落),而只想知道作者的主要观点。就一个段落来说,作者的主要观点通常不是在最开始(第一句),就是在最后(末句),其余的句子主要是用来说明主要观点或给出例证的。如果我们有针对性地训练学生找出主题句,抓主要观点,可以提高他们的阅读速度。例如,在一段话后,给出几个关于主要观点的选择项让学生选择,其中只有一个是对主题句的正确理解。也可以用问题直接提问,让学生找出主题句。阅读时,要告诉学生不要在生词处停留,找到主题句即可。

有的时候,我们不仅要了解作者的主要观点,还想知道作者是如何说明这些观点的。那么在快读一遍找出主题句后,还要让学生再读一次,找出说明主要观点的细节和例证。这可以使学生了解段落、文章的组织结构和说明或论证的方式。

7. 跳着读,带着任务查找所需信息

从阅读材料中寻找特定的资料和信息,如某个具体时间、地点、数字等,是我们日常生活和工作中常有的事。做这种阅读时,总是先有预定的任务,然后通过阅读去完成任务。跳跃性是其特点,不要的东西不读或一带而过。进行快速查阅,首先要记住任务,即要查找的材料,然后选择和决定查找的线索,如关键词、数字、年代的顺序等,同时快速移动视线进行查找,最后是阅读含有线索的部分,分析所查找的材料以确定是否是自己所需的信息。快速、准确是训练的目的。

跳读是一种快速阅读。提高阅读速度是我们阅读教学的目标之一,因为速度也是衡量阅读质量的一个重要标志。关于如何提高阅读速度,陈贤纯提出可以从四个方面着手:①缩短眼停时间,②扩大视幅,③减少或杜绝眼睛的回跳,④眼睛只作选择性停留(一个句子并不是每个词都读,只选择关键词;一个段落也不是每句都读,只选择关键性的句子;一篇文章也不是每一段都读,只选择关

键部分)①。我们认为,除了这些以外,还应强调"会义快"。要做到"会义快",除了语言能力本身,还取决于读者对阅读材料的预期(预想力)和推测能力,这又跟阅读者能否快速有效地调动大脑中的已有知识有关。

影响阅读速度和准确性的因素很多,主要涉及阅读时间、阅读量、阅读材料的难易度、阅读内容的熟悉度以及阅读策略等。应该根据学生的汉语水平和不同的阅读目的,进行有针对性的阅读技能训练。

(四)阅读教学的课堂练习

汉语阅读教学的课堂练习一般围绕着两个目标进行:一是提高阅读理解能力。对语言形式把握得越好(词汇、语法结构、篇章结构等),理解能力就越强;分析、猜测、推论、概括的水平越高,理解能力就越强;准确性是阅读理解重要的质量标准。二是提高阅读速度。一定时间内阅读量的大小是阅读速度的标志,但阅读数量要在保证一定的阅读质量的前提下提高;阅读策略与技巧的训练可以有效地提高阅读速度。不同的阅读阶段这两个目标可以有所侧重。围绕提高阅读理解能力和阅读速度,配合阅读技能训练的练习方式很多,这里介绍几种。在实践中要注意的是,同样的练习,训练的目的或侧重点可以不同。

1. 匹配练习

如利用形符/形旁的意义猜测汉字的意义:

① 怕　　① 用手掌打
② 疯　　② 担心
③ 拍　　③ 精神失常

这里主要是利用"扌"猜测字义与手的动作有关,"忄"猜测与心理感觉有关,"疒"与某种病有关。大量的练习会对学生掌握字义和词义产生有益的作用。

2. 判断正误

如给出一些与课文内容相关的推断,由学生判别正误。这些推断的陈述或与阅读文本的内容相符,或(部分)近似,或相悖,或对理解文本的陈述造成干扰。例如,阅读文本《小刘和老刘》②有如下判断题:

①房东跟小刘同姓,住在隔壁。
②老刘对小刘谈恋爱不满意。
③老刘希望小刘搬家,因为他乱扔垃圾。

这几个句子都与文章内容有关。第一个句子的前半句是符合原意的,但后

---

① 陈贤纯:《外语阅读教学与心理学》,第339—340页。
② 见陈绂宁主编:《基础汉语40课》,华东师范大学出版社,2003年。

半句不对。根据文本描述,老刘和小刘住在一起,但老刘住在楼下,小刘住在楼上,这就需要读者根据文本的描述作出推断。第二个句子中,"不满意"是符合老刘的态度的,"谈恋爱"也符合小刘的情况,但因果关系错了,老刘不是因为小刘谈恋爱而对他不满意的。第三个句子的前半句符合原文意思,后半句中"乱扔"也可以符合小刘的行为,但乱扔的物品不是垃圾而是鞋子。

3. 选择正确的答案

多项选择的答案通常是单项的,即只有一个是正确的,但也可以是多项的,如可能有两个答案是正确的(应告诉学生答题要求)。这种练习可以是针对某个字、词、短语或句子的意思的理解,也可以是针对段落等的内容的理解。例如:

"如果赚了钱只是为了存起来,我又为什么要赚它呢?"问这句话的意思是:

A. 我赚钱是想存钱。

B. 我存钱是因为赚了很多钱。

C. 我赚钱的目的不是为了存钱。

只有答案C是对这个复句的正确理解。

又如在"在防汛期间,要有人出人,有力出力"中,划线的字词表达什么含义?

①洪水　②小偷　③地震　④敌人

这个练习是要求学生对句子中划线的字词选择一个最恰当的解释,目的是通过形符/形旁来猜测字词的意义。

4. 问答练习

阅读后的理解性问答练习可以用笔头做,与写结合起来;也可以口头做,与说话结合起来。以《我记忆中的两个女孩》[①]为例(细读),第一步,可以先提出几个框架性的问题,主要是关于阅读材料中的人物、事件、发生的时间和地点等较为显性的问题,例如:①故事中有几个主要人物?②两个故事分别发生在什么时候?③故事中的男、女人物是什么身份?④两个故事的结局是怎么样的?接着限定学生的阅读时间,中级水平的学生可限定在600字/5分钟左右。学生阅读后回答上述问题。第二步,可以提出一些隐性的问题,例如:①"我"对第一个女孩的感觉如何?②"我"对第二个女孩的感觉如何?③经历了两个故事后,"我"的态度有什么变化?让学生在回答这些问题时重读有关语段。第三步,教师问一些关于语句理解和内容理解的细节问题。例如:①第一个女孩为什么"每当见到'我',总是低着头,静静地走过"?②"我"有没有跟第二位女孩直接表

---

① 见陈灼主编:《桥梁:实用汉语中级教程(上)》,北京语言文化大学出版社,1996年。

白爱情?为什么?③"心里那股酸劲儿就别提了"是一种什么样的心情?"酸劲儿"是什么意思?第四步,就篇章的整体理解和读者感受等提问,可以让学生在这个过程中根据自己的理解和感受补充文中未提到的原因、细节、事件的发展等。例如:①第一个女孩可能有什么样的心理活动过程?②"我"对待这两个女孩的态度恰当吗?③"我"经历了这样的事情之后,会用怎样的方式去寻找爱情?

5. 选词填空或填空

这是直接在阅读文本上进行的理解练习。选词填空或填空可以是综合性的练习,也可以是专项性的。严格的选词填空或填空练习,出题时只是根据学生的语言水平,以固定的长度,如每隔多少个词挖一个空。这样学生在填空时,所填的词语会是各种不同类的,因而是综合性的。如果为了专门的目的,如只训练对句子间逻辑关系的理解(通过关联词语),那么出题时就只挖关联词语。例如:

岩羊的视觉和听觉都很灵敏,行动 ① ,在高山岩壁行走,如履平地。群体生活,有个体在群体外站岗。一有 ② ,就 ③ 警报。羊群即迅速跳上峭壁或山顶。

① a. 敏捷   b. 敏感   c. 聪明   d. 着急
② a. 动作   b. 动静   c. 行动   d. 动人
③ a. 发动   b. 发生   c. 发现   d. 发出

又如:

在这样浓的海水中,＿＿＿＿不会游泳的人＿＿＿＿不会淹死,相对密度极大的海水会把你托浮到海面上。＿＿＿＿海水极咸,这里＿＿＿＿没有游鱼,＿＿＿＿没有小虾,连沿岸的树木青草都难以生长。

在上述段落中,请学生根据对整个段落意义的理解,填出关联词语。

6. 不提供答案线索的猜测练习

多项选择是一种提供答案线索的练习。如果不提供答案选择,让学生根据汉字分析、构词分析、相邻词语、句法结构、上下文语境等进行猜测推论,直接写出(说出)同义词语或解释说明,就是不提供答案线索的练习,难度比提供答案线索的练习高(比如学生不能用排除法来找出答案)。例如:在"老王不肯锻炼,又不注意饮食和休息,身体每况愈下,实在令人担心"这段话中,"每况愈下"是字面理解的障碍,但从上下文线索中可以得出"不肯锻炼""不注意饮食休息""令人担心"对身体来说,都不是好的情况的结论。这样一来,尽管学生不一定能准确地写出或说出"每况愈下"是"情况越来越坏"的意思,但得出"老王身体不好"这样的结论却非难事。

7. 概括阅读材料的练习

练习的形式很多，除了上面讲的多项选择、判断正误等练习外，还可以把阅读的内容概括成图表，用笔记方式概括出阅读材料的要点，变换人称进行概述等。

8. 跳越障碍，抓住关键信息练习

这是引导学生以需求的信息为导向，快速阅读查找，抓住关键信息的练习。例如，在下面这个语段中，字词障碍较多，但所需求的信息都未被字词障碍屏蔽起来，学生回答事先布置的三个问题（即任务）并不需要懂得所有生词。这种任务设计的目的就是让学生跳越障碍，形成快速阅读的习惯。

布置任务：根据阅读材料的内容，回答以下问题。

下面这段话重点谈论什么的好处？（运动、锻炼）

① 什么样的人适合参加运动？（无论什么人、全民族）

② 这段话的主题句是什么？（生命在于运动）

阅读要求：带着任务读，查找所需信息。

阅读文本：

生命在于运动。常运动、勤动脑有益于健康。运动能带来愉快、轻松的情绪。古今中外受益于自身锻炼的人和事不胜枚举。今天以及将来，群众性的健身锻炼将越来越普及，各种新型的运动器具会备受人们的青睐。无论是青年人、老年人、健康人或患有疾病者，都将愈来愈多地加入到各种项目的锻炼中去。健身活动将成为全民族的需要，也将具有医药所不能及的神奇作用。

第三节　口　语　教　学

一、口语教学的理论依据

（一）口语表达的本质

语言是交际的工具，也是进行思维、表达思想的工具。口语表达从个人的角度说，是一个心理过程；从社会的角度讲，则是一种交际行为。

口语表达是人脑对意义进行编码处理，并由发音器官来执行，最终将意义转换为声音（具有句法结构的语音序列）的过程。对于这个过程，心理学家和语言学家有各种解释，通常认为这个过程大致可以分为以下四个步骤。

1. 根据意图(目的),形成思想,大脑搜索,选取表达所需的合适概念

这些概念可以是大脑已储存的,也可以是来自外部环境的种种提示。换言之,就是个体把已经具备的储存在长期记忆中的关于社会、文化及语言知识跟个体对具体话语理解后储存在短期记忆中的知识关联起来,以确定表达所需的合适概念。这可以说是一个构思的阶段,即说话者在头脑中根据交际意图确定说什么的阶段。(个体的陈述性知识是完成这一步的主要知识。)

2. 使用各个层面的关于语言结构的知识和语用规则对相关的概念进行整合和排序

整合与排序的速度和精确度取决于个体对语言结构知识和语用规则的熟悉程度。越熟练,速度越快,准确度就越高。内化了的关于语言结构和语用规则的知识在这时起主要作用。将所要表达的思想转化成言语信息,对于说第一语言的人来说是一个自动化的过程,对于第二语言学习者来说,"不完全的内化"就可能产生"偏误"。

3. 将整合和排序结果与发音连接起来

这是将整合和排序结果形成语音形式(语音表征),为口语产生的输出做好准备。对于第二语言学习者来说,目的语的语音知识掌握得如何,在这里就显得十分重要了。发音准不准确,关系到听话人能不能理解说话人的思想。语音"化石化"现象的形成是我们要特别注意的问题。

4. 产生音义结合的口语表达

这一步骤可以说是上一步骤的继续,但它是另一种形式的"转换",即把言语代码转换成生理的运动代码,发出实际的声音,说出实际的话。如果说第一步骤是构思阶段,第二、第三步骤是把思想变成言语信息的编码转换阶段,那么第四步骤就是一个执行阶段。大脑把言语信息(语音表征)转换成一整套运动命令,并通过它指挥发音器官运动,发音器官执行后,发出实际的声音,产生口语表达。

在这几个步骤中,有另外一个过程是始终相伴随的:人脑始终在监控并纠正每一步的偏差。因为说话同时也是一种面向社会的行为,交际过程中的不同压力决定着个人监控的强度和水平。我们可以发现,许多日本学生在学习汉语的集体中口头表达愿望较差,常常是因为怕说错。这是个人对自我表达监控过度的一种表现。如何减压或调压,是我们在实际教学中要分析解决的问题。

口语的产生是出于社会交际的需要,因此是由社会驱动的,是一种社会活动。口头交际是面对面的交流(自言自语从某种意义上说是把自己作为交流的对象)。不同的交际对象,不同的时间、地点、场合,说话人所扮演的角色不同,使得说话人必须在即时即刻考虑不同的社会因素,说出恰当而又得体的话。即兴

使口语具有快慢、重复、停顿、迟疑甚至语无伦次等不同于书面语的特点。同时，个人的口语风格和特点又是其社会阶层某种标志的体现。

（二）对口语教学特点的认识

1. 口语教学应体现互动性

使用口语的人都有具体的交际对象。说话人与听话人之间随时交流，互相提示、增补、询问、质疑甚至反驳和抗辩。交际的过程或亲和或排斥，交际的结果或趋同或离散或无任何实质性的结果。但有一点是共同的：没有了交互对象，便没有了口语的使用场合。因此，口语教学也是老师与学生之间、学生与学生之间的一个互动过程。没有互动，就不能称之为口语教学。

口头交流不仅要追求语言形式的正确和语言运用的得体，作为互动的结果，更重要的是说话双方要能互相领悟交际的内容和意义，最终达到交际的目的。从这个意义上说，会话是"语言意义的谈判"，口语教学则是"意义谈判的互动"（interactive negotiation of meaning）。口语教学过程重视的也是语言意义（交际内容）的互相交流（这并不意味着放弃形式）。交际法提出"有缺陷的，但是是有效的交际"的口号，说的就是这个意思。

2. 口语教学应重视交际功能和语境，但也不能偏废语言结构

说话是一种言语行为，是为了做事，是为了通过传递一定的信息进而达到交际的目的或意图，如问候、介绍、邀请、感谢、道歉、告辞、请求、祝贺、赞美、建议、批评、劝说、抱怨等，这就是所谓言语行为的功能。功能-意念大纲的出现，使得口语教学在培养学习者交际能力方面发生了根本性的变化，向前迈进了一大步，也使它成为第二语言教学具有全球影响的口语教学纲要。尽管汉语二语教学的功能-意念大纲还处在进一步开发、研制阶段，但我们在对外汉语的口语教学中，要特别注意交际功能及汉语表达功能、意念的语言形式（各种格式），这一点是确定不疑的。

由于口头交际具有"即兴"的、临时（当场）的、多变的特点，大量的口语是无计划、无准备的（即使是事先准备好的，一旦进入交谈，也会发生变化），因为口头交际对特定语境的依赖性很强。在汉语口语教学中，学习者对词汇、语用规则的理解一般都要结合语境来进行，并且他们也是在语境中尝试运用他们的语言知识和加强记忆的。有的应用语言学家认为，所谓交际能力，实际上就是掌握了一大批部分装配好的结构（半成品）、公式性套语和一套规则，并能够根据不同语境进行必要的调整的能力。语境对言语的理解和产生具有制约性，例如，"我这人，嘴上没把门的"这句话，如果语境不足，就会给理解带来不确定性：这是一句表示歉意的话（"我这个人常常胡说八道，你不要在意"），还是一句带有威胁的话

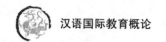

("你可小心点儿,我可保不住会把你的秘密说出来")。因此,语境的设置在口语教学中有较为特殊的地位。

从近些年的汉语教材的发展来看,口语教材的编写也较多地以交际功能为主线,以功能项目来编排课文内容,注重语境的设置。这是由口语教学重视交际能力培养的宏观目标所决定的。

但与此同时,在口头交际中,语言知识尤其是语法知识仍有着举足轻重的地位,我们不要忘记社会语言学家海姆斯提出的关于交际能力的四个参数,其中之一就是合乎语法的:某种说法是否(以及在什么程度上)在形式上是可能的。应用语言学家威多森指出,语言交际中最重要的是词汇与语境直接结合产生意义。如果语境不足,词汇意义不能自现,这就需要语法规则来对词汇进行调节。所以,汉语口语教学不能偏废语言结构。而且,口语的语言结构还有着许多自身的特殊性,例如,句子较短、少用关联词语、并列从句多、问答很多、感叹词语多;因为经常有重复、停顿、打断、增补、更正等现象出现,使得语句可能产生不连贯;省略、简化、代称等表达较为便利的语言形式使用频繁;许多口语中使用的惯用语和俗语、俚语带上了深深的汉文化烙印;不同社会背景和人文背景(如地区、行业、年龄等)的人在口头表达上也具有特质性。这一切都告诉我们,在汉语口语教学中,不仅不能偏废语言结构知识的教学,而且应该特别关注那些不同于书面语的语言结构的教学。

3. 口语教学应强调准确性和流利程度的结合

口头交际的成功,最重要的是取决于口语的质量,而口语的质量主要是通过口语的准确性体现出来的。口语的准确性应该包含两个层面的意义:它既是指语言内容的准确性(会话的"合作原则"可以帮助我们理解这一点),也是指语言知识运用的准确性。

关于口语的流利程度,不能仅仅理解为语速的快慢,尽管语速是衡量流利程度的一个指标。鉴别流利程度有以下四个标准:

(1) 连续谈话能力,就是在一段时间内的谈话应该没有显著的停顿;
(2) 谈话有连贯性、逻辑性,掌握表达语言意义的能力;
(3) 具备在各种场合说话时的应变能力;
(4) 谈话内容富有创造性和想象力。

其实,操第一语言的人在说话时也是有停顿的,但他们的停顿主要是出于对意义内容和说话方式(如应变、如何让对方接受等)的考虑,说第二语言的人的停顿则更多的是出于对语言形式的考虑(对表达意义的语言形式没有把握,要寻找词语、读音和结构等),因此是没有规律的、非正常的。我们发现,许多留学生在进行汉语口头表达时，结结巴巴，断断续续，该停顿的地方不停，不该停顿的地方却停了，大都是因为这个原因。操第一语言的人在用内化了的语言知识和规则把要表达的思想转换成言语信息时，这个过程是自动化的；而学习第二语言的人却不行，思想和形式的割裂就会对表达的流利程度产生很大的影响。我们进行对外汉语口语教学就是要加速完成"自动化"的过程。

汉语口语教学的过程始终是围绕着准确性和流利度这两个目标在运作，但我们应该清楚地认识到，准确性在口语教学中是第一位的，它是流利程度的基础。许多教师对那些学"马路语言"出身的学生感到头疼的原因就在于他们的汉语听"似"流利，可一说就错，无准确性可言。对于准确性和流利度，不同的课堂练习是可以有所侧重的。而且，在汉语二语教学的不同阶段，面对不同水平的学生，训练策略也应相应地进行调整。在初级阶段，准确性的提高是重点。随着学生语言能力的不断提高，流利程度与准确性就成为均衡发展的技能目标。需要注意的是：如果在任何学习阶段都只强调准确性，则会影响学生表达的流利程度的发展。教师要从整体上平衡协调这对矛盾，要让每项口头训练各有侧重点。

4. 口语教学应重视学生跨文化意识的培养

第一语言的交际能力对第二语言的交际能力必然是有影响的。由于人类的交际手段是在全人类共同发展的基础上形成的，具有相对的一致性，这就使得人们在学习第二语言时，交际能力的正迁移得以发生。但迄今为止在这方面（如对人类交际原则，交际模式的一致性、共性的研究）我们可以借鉴的东西似乎并不多。

尽管不同民族的人用语言进行交际有许多共通的东西，但语言毕竟是文化的载体，文化是多样性的，文化的不同不仅给语言的不同打上了"烙印"，也给操不同语言的人们之间的交际（交际原则、交际模式等）造成了差异。认识不到或不了解这种差异，即使学生学习了汉语，用汉语跟中国人交际也会出现问题，甚至影响交际双方的交流与沟通。例如，中国人称赞外国留学生穿的衣服漂亮、人长得好看等，许多留学生会本能地用汉语说"谢谢"，尽管他们可能已经学过"哪里，哪里"等自谦的表达方式。母语是英语的学生用汉语说"你好"的频率通常都超过中国人自己，他们甚至还会用"下午好"和"晚上好"跟中国人打招呼（而中国人之间通常是不这样说的）。这些都是由于文化不同、交际模式不同而产生的负迁移，并不仅是语言本身的问题。如果学生将母语的交际模式错误地套用在相应的汉语交际场合，这就会违反汉语的交际惯例；如果学生不了解或不理解中国文化与他们的文化之间的差异，就很可能对中国人的交际方式和语言行为进行误判。因此,培养学生的第二语言交际能力也包括培养他们的跨文化交际意识。

汉语口语中有许多惯用语和固定格式都是跟中国人的思维方式、文化传统和交际模式相关的,这些也是在口语教学中应特别关注的。

二、口语教学的过程、方式和课堂练习

(一) 口语教学的过程

口语教学主要通过两种形式进行:一种是在综合课上,听、说、读、写综合训练;另一种是开设专门的单项技能课——口语课。另外,其他单项技能课(如听力课、阅读课、写作课)也能对口语的训练起到辅助作用。

专门的口语课一般都有口语教材,内容有生词表、课文、注释和练习等。教学则是围绕着一段或数段课文进行的。《汉语课堂教学技巧》[1]提供了一个教材处理的模式:

(1) 先处理生词,扫清课文和本课练习的障碍。

(2) 处理注释(新语法点、新词语、文化背景),但不要把这个环节搞成词汇教学或语法教学,冲击了口语课的主要任务。

(3) 引入课文。课文是口语课的核心,可以根据所学内容和学生的实际情况,或先处理课文,或由与课文相关的对话开始。

(4) 针对教材的练习。主要包括分角色复述、人物替换练习、情景替换练习等。

这个模式跟综合课(精读课)教材的处理无甚区别,尽管侧重点不同。《汉语入门》[2]提供了另一种模式:教材无口语范文(课文、短文),"范文"就是听力的内容,学生在听懂的基础上,再根据听力的内容进行各种任务的口头操练和会话。这种模式跟上面的那种模式完全不同。

尽管教师组织口语课教学的方式可以各种各样,口语教学的方法繁多而不同,但基本的教学过程大体上可以分为:展示和理解教学目标的过程、练习和运用的过程、反馈和评估的过程、保持和迁移的过程。

1. 展示和理解教学目标的过程

在这个过程中,教师要向学生陈述和展示口语教学的目标和内容,引起学生

---

[1] 崔永华、杨寄洲主编:《汉语课堂教学技巧》,北京语言文化大学出版社,2002年。
[2] Isabelle Rabut(何碧玉)、Wu Yongyi(吴勇毅)、Liu Hong(刘虹), Méthode de chinois(《汉语入门》), Paris: L'Asiathèque-maison des langues du mode, 2003.

注意,学生则要理解。所谓教学目标的理解,是学生要知道自己要做什么;所谓教学内容的理解,包含两层意义:既是对语言结构(句子结构、话语结构)的理解,也是对话语表达意义和语境的理解。具体到句子层面上,那就是既要理解基本句式,又要理解句子意义和使用价值。

这个过程可以通过几个方面来实施:①让学生明确学习任务,教师要使用不同的方法来告诉学生所要学习的内容将在何种情景场合下使用。例如,在学习"假日旅行"这样的口语材料时,应先告知学生这是关于订票、订房这样的程序性用语的学习还是与度假方式有关的讨论。②刺激学生对过去学习的回忆。教师应了解学生在有关所学项目的学习记忆中是否已贮备了足够的支持性信息。例如,如果是关于"假日旅行"话题的讨论性学习,教师就有必要了解学生已掌握的言语知识和技能能否支撑起这样的话题讨论。同时教师给予学生适当的刺激(如通过提问方式),让他们回忆相关的背景信息和语言信息,促使他们从长期记忆中提取以往得到的知识和经验。③呈现需学习的话语材料。呈现的方式可以是文字阅读(课文、范文)、录音、视听媒体的演示或表演等。无论词汇、句型、语段的呈现次序和方法如何,展示新的语言学习点是必不可少的。而呈现次序和方法的不同只是为了让学生更容易理解。

2. 练习和运用的过程

不管用何种形式来主导这个过程,教师都是这个过程无可争议的指导者。虽然作为第二语言学习者的成人学生有时会在口头讨论这种类型的口语学习中,使用自我教学策略来较为自觉地揣摩教师隐性或显性的教学意图,并将之付诸实践,但在大部分情况下,教师指导着练习和运用的种种方式。例如,在初级阶段,教师如果确定语音、语调是练习重点,就会布置相对机械的模仿练习。到了稍高阶段,情景对话练习就更多地被采纳。在这一过程中,我们要记住的是:操练意义上的"说"跟交际意义上的"说"是不同的,后者是出于一定的交际目的,且说话双方存在着信息差(有未知信息,故要交际)。口语教学不能只停留在形式操练阶段,目标是使学生走向意义(思想)表达的自由王国。

3. 反馈和评估的过程

这一过程是要检验学生是否已经掌握了确切可靠的知识和技能,同时对口头表达的质量做出适当的评价,对错误(偏误)做出适当的纠正,对正确的加以鼓励,以进一步固定正确的话语形式,同时对学生缺漏的知识做出适当的补充。给出正确反应和不正确反应的信息是必要的,点头、摇头、微笑、皱眉或言语说明都可以是反馈和评估的方式,但如何维护学生开口说话的积极性是教师要考虑的。

4. 保持和迁移的过程

所谓保持是指如何保留和维持对所学知识及其应用的记忆,所谓迁移是使所学的口头表达内容和方式向类似的(真实的)话语语境转换。保持和迁移的关系体现为:迁移的水平越高,保持的程度就越好。在具体教学中,保持和迁移可以由复习和课外实践(具体应用)来完成。

(二) 口语教学的方式

不同的教学流派对口语教学都有一套自己的方式,每位有经验的第二语言教师在实践中都会整合出属于自己的方法。这里只是概要性地介绍一些常用的方式,这些方式在实际教学过程中常常是交叉使用或组合使用的。

1. 互动问答法

问答是口头交际得以生成的最基本的手段,是交际得以延续的必要形式,也是在实际交际中最频繁发生的言语行为,因此,问答是普遍采用的口语教学方式之一。但在传统的课堂教学中,以教师为中心,通常只是教师发问,学生作答。学生总是处在一种被动的状态,等待着老师的发问。这种教学的结果是学生在真实的交际中也习惯于扮演一个被动的角色。

互动问答强调的是师生之间、学生之间的双向互动作用。问题可以由老师问学生或学生问学生,也可以由学生问老师。在这个教学过程中,教师与学生处于平等的地位。学生为了获取信息和操练语言结构,必须充分发挥主动性,积极地问;教师则起示范与导向、帮助与协调的作用,他可以平等参与,但不是操纵一切的主宰。在学生较多的课堂里,师生之间的互动是多点的。

问答的设计可以以语言结构为纲,也可以以话题为纲。例如,"比尔·克林顿是哪国人?""玛格丽特·撒切尔是哪国人?""姚明是哪国人?"这是一组以结构为指向的问题;"你家在哪里?""你爸爸做什么工作?""你有没有哥哥?"这一组则是以话题为指向的。

学生之间的问答可以是交叉式的,也可以是循环式的,即甲问乙,乙问丙,丙问丁,乙问甲;可以问相同的句型,也可以根据生词提不同的问题。后者如,为掌握一组生词"印象、条件、原来、能力"等,学生甲可造一个疑问句问乙:"你对我的第一印象是什么?"乙回答后,用"条件"造一个疑问句"男人和女人的爱是不是都有条件?"问丙,丙再用"原来"造一个疑问句问丁。

2. 情景对话法

教师告知某一具体情景或/和某一具体任务,让学生根据情景或/和任务去进行交际,完成任务。交际双方,甲帮助了乙(情景),乙上句说"谢谢你",甲下句接"不用谢"或"不客气"就是最典型的简单的情景对话(不少学习者会接"没关系")。若告知学生:"在出租车上,要到某地去,怎么跟司机说?"就是面向情景和任务的对话。在国际汉语的口语考试中,常让两个学生一组根据所给情景和任务在准备以后完成对话,也是情景对话的模式。

3. 直观描述法

我们可以通过图片、照片、实物、影像资料等,让学生来练习口头表达。学生说的话,可以是对一张照片的静态描述,也可以是对几幅情节关联的图片的过程描述,还可以是对单幅或多幅图片进行想象的拓展性表达。由于影像资料和多媒体技术的日臻完备,这种教学方式具有极大的拓展空间。例如,在练习运用"把"字句的时候,英国系列电视喜剧 *Mr. Bean* 中 Mr. Bean 回家后的一系列置物、卸衣动作就是很好的口头练习素材。由于此片的对白很少(准哑剧式的),人物的形体动作都很夸张。Mr. Bean 返家后,常常有一些置物、脱帽、卸衣的镜头,而且这些动作经常是成组的、对物品的位移动作。由于人物的喜剧色彩关系,Mr. Bean 在放置完物品后,又常会有颇费周章且匪夷所思的再次搬运。这就让学生在描述这些动作时几乎很难避免地要用上"把"字句来表示主人对物件所做的位移。这对学生体会"把"字句的语境是大有裨益的。

描述是侧重独白的训练,如果结合情景法,可以进行直观的情景对话。

4. 复述与讲述法

这种方法可以和听力理解训练结合起来,听后复述;也可以是学生根据读到的事件自己把它(如当作故事)讲出来。这种方式的训练优势是培养学生对语言材料的组织能力和连贯表达的能力。它的训练指向主要是表达的流利性。由于复述是一个对材料重新编码的表达过程,因此不必追求表达过程中内容细节的完整和"原样",而应该侧重于整体的叙述逻辑和语句连接技巧。学生能用自己的话流畅地复述,比死记硬背"原版"复述,难度要大得多。

如果是故事讲述,让学生自编自改一个跟"原版"不一样的结局,有时很能调动学生的积极性和想象力,因为这部分属于他们自己的创造。

5. 演讲报告法

在中高级阶段的口语教学中可以采用此方法。口头演讲和报告可以由教师根据教学计划和教学内容的安排定题,也可以由学生根据兴趣自选题目。这种方法对学生提高用汉语自由表达思想的能力大有裨益。因为成人学生对各种现象和事理都有独到见解,不同文化背景又造就了学生不同的价值伦理观念。尝试用汉语表达这种见解和观念,有助于学生真正建立起用汉语思维的习惯,早日实现从母语思维向目的语——汉语思维的跨越。

6. 模拟法

在交际法教学流派中,这是采用较多的方法。它主要是让学生在模拟的现实社会场景中扮演(模拟)不同类型的社会角色进行口头交际活动。在模拟活动中,学生通过扮演不同的社会角色,去揣摩和体会不同角色的社会意义,以及他们使用语言的特点。一般在模拟之前,教师先要做些组织准备工作:说明模拟的场景,介绍模拟的对象(扮演的角色),提出任务要求,并提供相关的语言结构和功能以及词语的支持,等等。例如,展销会场景模拟。先要确定学生在展销会上所扮演的各自不同的社会身份,再介绍相关的词汇、句型以及各种人物在表达方式上的社会(语言学)特征,然后布置具体任务让学生去完成。模拟时教师从旁协助,及时提供咨询并记录错误,最后讲评。

模拟是要将课堂与社会联系起来,而现实生活中的模拟活动是比比皆是的(如消防演习、彩排、教学实习等)。

7. 组群活动法

这种方式是让一定数量的学生组合在一起,在组群内互相配合做一件事或完成一项具体的任务,"做事"的过程也是口头交流的过程。例如这样一个题目:有一个孩子迷恋于电脑游戏而不愿学习。教师让各个组群针对这个情况拿出一个合理的解决方案来,并对方案进行适当的说明。学生根据要求进行口头交流,统一思想,最后拿出一个方案(可以写下来)。方案由组群代表在全班交流,对结果的比较、评估可由教师进行,也可由教师和学生共同进行(又是新一轮的口头交流)。"以言行事"是组群活动法的特点。

组群可以任意划分,也可根据不同的年龄、不同的家庭或职业背景、不同的兴趣甚至不同的国籍或民族来划分。由于口语在本质上是由社会驱动的,因此合作作为一种社会行为应该也是口语课堂教学所需要的一种形式。教师在这种活动中,通常是掌控节奏、规范任务、组织协调和语言提示。在每个组群中,由学生担任主持(召集人)或记录者。对活动结果一定要有交流(口头的报告、比较、评估等)。

(三)口语教学的课堂练习

口语课的课堂练习都是围绕着提高口头表达的准确性和流利程度这两个目标进行的,不同的练习侧重点可以不同,不同的教学阶段侧重点也有所不同。结合上面讲的教学方式,下面再介绍一些相关的课堂练习形式。

1. 句型操练

这是初级阶段口语教学经常采用的练习形式。句型操练用于口语教学的历史已经很悠久了,它是用不同的词语代入句型或替换原句中的同一成分以达到熟练掌握句型的目的。通常认为机械的句型操练是纯形式的，比较乏味，但只要不是整堂课都在机械操练，且每个学生只轮到几次机会，未必就一定很乏味。加入情景经过改造后，句型操练也可以是有意义的练习。例如，操练表示"推测"功能的句型"……一定……吧"，可以这样进行：

教师：我已经三年没见他了。

学生甲：你一定很想他吧。

学生乙：听说上海博物馆很有意思。

学生丙：你一定很想去参观吧。

这样的句型操练需要动脑筋，跟传统的给一个句型和几个词语要求代入或替换的纯机械操练不同。

2. 用卡片布置情景任务

情景对话法可采用这种练习。例如，有学生甲、乙、丙三人，教师不当面向他们布置任务，而是将任务写在卡片上，让他们按卡片上的指令去完成任务。卡片如下：

男生甲	女生乙	男生丙
约女生乙去喝咖啡，一定要努力让她答应。时间：今晚8:00	甲和丙都要约你出去。两人你都喜欢。你可以接受也可以拒绝。	约女生乙去看电影，一定要努力让她答应。时间：今晚8:00

这个练习的目的是要学生掌握和运用"请求、祈使""接受""拒绝"等功能的表达方式。实施起来，既是情景对话，又是角色扮演。

3. 图片类练习

直观的图片、照片和实物等，除了让学生描述、联想之外，还可更灵活地使用。例如，教师让学生每人自带一张亲朋好友的照片，并用一张纸给自己带的照片写一段介绍文字。内容包括衣着、外貌、身份等要素。然后教师将介绍和照片分发给别的学生。每个学生拿到一张陌生人的照片和一份不相干的介绍后，用口头介绍和提问的方式，去寻找与自己拿的介绍相匹配的照片，同时也等着别人通过介绍和提问的方式来认领自己手中的照片。也可换一种方式：甲同学带了一张哥哥的照片，不知道在谁手里，于是他问："谁拿到了我哥哥的照片？"乙同学问："你哥哥穿什么衣服？"甲同学回答："他穿白色T恤衫和牛仔裤。"乙同学又问……。问答是这种活动的基本元素。

4. 调查类练习

这类练习活动可以在班内进行，也可以面向社会。例如，教师先设计好如下的一份表格：

① _____ 的爸爸是老板。
② _____ 不会开车。
③ _____ 觉得不习惯中国的生活。
④ _____ 不喜欢喝咖啡。
⑤ _____ 抽烟抽得很多。
⑥ _____ 的衣服是在中国买的。
⑦ _____ 没有男朋友。

然后让学生人手一份在班上展开调查，填上符合条件的同学的名字。这个调查看上去很容易，但如果教师要求学生在班上进行口头报告时，需增补出一些信息，情况就不同了。例如，调查题①要介绍"他在什么公司当老板"，②要说明"为什么不学开车"，③要具体解释"哪些地方不习惯"，④要说明"不喜欢的理由"，等等。学生在调查时必须挖掘信息。这样的活动完全可以向课堂外延伸，例如，设计问卷让学生调查若干个中国朋友的爱好，并跟自己国家的人进行比较，在班上作口语报告。

5. 猜测类练习

这类练习可在初级阶段的口语教学中使用。例如，猜物练习——教师可让一个学生背对着黑板猜黑板上写出的事物。这个学生可通过向全班同学提问的方式来进行猜测。如黑板上写的是"火"，这个学生可问其他同学："这是不是吃的东西？"如果面向黑板的学生回答"不是"。他继续发问："这是不是用的东西？"别的同学回答"是"。问答的范围逐步缩小，直到猜中。猜测类练习还可以让学生根据形体动作来猜句子，根据词义解释来猜词，等等。这类练习从本质上来讲游戏性很强，因此，教师在设计上应将需要学习的语言项目跟这类游戏结合起来，不能纯粹为了游戏而游戏。

6. 讨论和辩论

这是组群活动法常用的练习形式。每个人的思想是不同的，一个组群要做一件事，完成一项任务，讨论甚至辩论是不可避免的。正是在这个过程中组群成员的意见和思想达到了统一，不然无法完成任务。

另外，就一些大家普遍感兴趣的话题，例如，"妇女只有参加社会工作才能体现男女平等",教师可以组织学生开展各种形式(全班的、小组的、正方反方的)的讨论或辩论。这种活动的结果可以呈示不同的价值观,但也许永远没有对错之分。

三、口语教学应注意的几个问题

（一）口语教学是有指导的教学

口语教学是有指导的教学,会话是有指导的会话(guided conversation),这句话说起来很容易,但真正实践起来却不容易做到。让我们来设想上口语课可能出现的几种情况。第一种情况是:老师可能觉得给留学生上汉语口语课是件非常容易的事,课前没什么计划,到了教室门口甚至讲台上才突发奇想地找到一个题目,然后满怀希望地请学生就这个题目发言。结果课堂上鸦雀无声,学生毫无反应。于是,教师自己开始滔滔不绝地介绍,或谈起了对这个题目的看法。教师"一言堂","独白"了一节课,学生则上了一堂"听力课"。第二种情况是:老师出了题目,有几个勇敢或积极的学生开始努力地用"自己的"汉语发言,场面似乎不错,但自始至终就是那么几个人在说,由他们垄断了课堂。如果老师意识到了这个问题,他就会试图阻止这几个人"表现自己",并且鼓励其他同学大胆地说,可其他人就是不开口,还是这几个人占据着课堂。第三种情况是:老师出了一个全班同学都非常感兴趣的题目,一时间教室里热闹非凡,学生们三五成组地讨论,老师被"晾"在一边,下课铃响了,大家似乎仍然意犹未尽。实际上学生主要是在用自己的母语(夹杂着几句汉语)讨论,老师控制不住课堂,只好放任自流。出现这些情况的主要原因就是教学是没有组织的,没有指导的。尽管我们说教无定法,但组织口语教学,教师一定要考虑到选题(选题也可能是口语教材已经规定好的)、学生的汉语水平、要达到的教学目的和要求以及如何组织引导/指导学生开口说话等问题。不少有丰富经验的第二语言教学专家都认为,口语教学通常比其他语言技能的教学难度要大一些。这是很有道理的。

（二）输入要大于输出

这里的输入主要指的是听(也包括阅读)。不少教口语的老师,尤其是上初级口语课的老师,"望子成龙"心切,总希望学生学一句就要会说一句,输入十句就要求学生输出十句,这种"输入＝输出"的公式不符合语言习得的规律。学过外语的人都有体会,听懂十句,变成自己的,能说出三四句,就算是不错的了。接受的能力(听、读)通常好于产出的能力(说、写)。只有通过大量的输入,才能保证有效的也是有限的输出,因此,输入应该大于输出。在口语教学中要注意输入

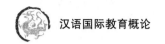

大于输出的意思,除了告诫教师对发展学生的口头表达能力不能操之过急以外,还应提醒教师重视输入,要在听的基础上发展和培养说的能力。大量的听可以为说打下扎实的基础,有助于学生从所接触的语言材料中逐步内化规则,扩大词汇量,从而提高口头表达能力。在具体某个语言项目的教学过程中,也可以从听入手,先听后说。

(三)有选择性的改错纠偏

如何对待学生说话中出现的错误(偏误)?要不要见错就改,有错必纠?这是历来就有争论的。第二语言习得研究中的中介语与偏误分析的理论告诉我们,犯错误或出现偏误是第二语言学习过程中不可避免的,改错纠偏是每个教师都要面对的。对学生在口语中出现的问题,我们的态度是:有选择性地改,改重要的,视不同情况改。学生在学习汉语过程中出现的错误或偏误有不同的来源和类型,学生个人的语言能力有差异(不仅仅是高低之分,还表现在语言的不同方面,有的人语音标准,有的人语法准确,有的人词汇量大,等等),学习有阶段性,这就要求教师要根据不同的情况,因人而异地采取不同标准和不同方式改错纠偏。例如,对汉语的初学者来说,对语言的准确性应该要求高一些,不然会导致学生养成不良的语言习惯;对中高级阶段的学习者来说,对语言的流利度应该强调的多一点,一味纠错容易使他们怕这怕那,影响了思想的表达。又如,在训练语音(包括语流)时,纠错的重点在发音,在语音语调,别的是次要的;而在对口语的表达形式进行训练时,语法纠错则是相对重要的。在学生成段表达或对话交际(甚至在一个句子)中,可能会出现许多错误或偏误,我们不能总是打断学生,把错误一个个地纠正过来,那样会使学生完全丧失信心,而应选择那些涉及句子总体组织结构的、影响理解的错误记下来,待学生说完后加以纠正。要允许学生犯错误,也要有条件地容忍错误。再如,对语音能力差的学生和语法错误多的学生,纠错的选择是不同的,标准是因人而异的,这也是现代语言教学强调个性化的体现。

(四)不要把口语课上成阅读课

有的教学单位的口语课使用教材,有的则不用,由教师自己选择材料(想想教我们外语的有些所谓"外教"也许会体会更深一些)。因为有了课本,有了书面的"范文",没有经验的老师很容易把注意力放在生词的解释和语法点的介绍上,采用与阅读课相同的教学方法,而忘记了口语课的根本任务——练习说话。这是口语课的大忌。

第四节 写作教学

一、写作教学的理论依据

（一）写作的认知模型

从发生学的角度说，口语的产生是第一性的，书面语言的产生是第二性的。书面语的出现打破了时空给交际带来的限制，使得跨地域、跨时代的交流成为可能。从心理学或心理语言学的角度看，书面语的生成和口语的生成（参见本章第三节）有相似之处，但口语的生成最终是通过发音器官的运动（转换成声音）来实现的，而书面语则要把经过编码的言语信息通过文字（转换成文字）表达出来，参与写的主要器官是手（动觉）和眼（视觉）。人们用文字来表达和交流思想和情感的过程，也就是通常所说的写作过程。

写作是将信息以书面形式输出，是一个复杂的认知系统的编码和转换的过程，是一个复杂的思维过程。

心理学家和语言学家提出过不少关于写作的认知模式，弗劳尔（L. Flower）和海斯（J. Hayes）提出的一个关于写作的认知模型颇具代表性。他们认为，写作是一个问题解决的过程。在认知心理学中，问题解决过程的含义是：由一定情境引起，按照一定的目标，应用一定的认知操作或技能活动，使问题得以解决的过程。按照这个想法，他们将写作的过程分为三个主要成分：任务环境、作者的长时记忆、作者的工作记忆[1]。

1. 任务环境

任务环境是指由一定的情境引起的作者的写作任务（包括写作的主题、读者是谁、写作的动机）以及外部支持（或称外部贮存，包括作者已写出的内容和作者可以参考和使用的外部资源）。事实上，很多作者的目的和意图在开始写作之后常常会被他们自己已写出的内容所左右。他们常常要复读自己已写的内容，从中得到继续下去的提示，并保持前后逻辑的一致性。另外，他们可以查找到的可供参考和使用的其他信息资源也将给作者各种提示，并帮助作者完成任务。这些都是作者所处的任务环境。

---

[1] 参吴庆麟等编著：《认知教学心理学》，上海科学技术出版社，2000年，第271页。

2. 长时记忆

长时记忆是指信息在大脑中保持一分钟以上直至终生的知识贮存。弗劳尔和海斯认为,在作者的长时记忆中有三类知识跟写作有关:与写作主题相关的知识、与修辞相关的知识、与读者相关的知识。这些贮存在长时记忆中的陈述性知识的缺乏会影响作者文章的质量(光有写作能力与技巧还不行)。

3. 工作记忆

工作记忆可以认为是心理加工的场所。对写作来说,作者的工作记忆会发生三个过程:计划、述写和复查。计划是作者写作的准备,它包括:作者对自己的写作设定要求和建立目标;在头脑中形成写作时将要使用的观念和内容;通过构思语句、语段之间的连接,对文章进行组织布局。这几方面不断地相互作用,相互影响,贯穿写作的全过程。述写就是将个人的观念、思想转化为一篇文章。从长时记忆中找出表达观念的词汇,用内化了的各种规则组成语句,以正确的书写形式(如汉字和标点符号)写出来。复查是重审写作内容,跟目标进行对比,并根据自己的评估对内容实施修正或重构。计划、述写、复查这三个过程在写作中不是一次性完成的,而是交互作用的。

(二)第二语言写作的特点

1. 第一语言与第二语言写作的共同点

(1)同口语表达相比,由于没有"现时"的交际环境和交际对象,书面语言的使用要求更加准确、清晰、严谨、规范,逻辑性更强。因为不能像说话时那样,为了让对方明白自己的意思,说者可以采用反复、停顿、重音等手段,甚至根据对方的反馈及时调整说话的内容与词语的选择。写作时,作者要花较多的时间思考文章的内容和结构,对字、词、句的筛选和语法的考虑更费周章。这是第一语言写作与第二语言写作共同的地方。

(2)与口语的获得不同,写作(这里包括写字和写文章)不能通过自然的方式来习得,必须经过自觉的学习和较长时间的实践才能掌握。文盲不识字,不会写字,是没有经过学习造成的。即使在识文断字的人中,也有很多人对写东西束手无策,因为构成写作障碍的不仅是字词,缺乏相应的陈述性知识和程序性知识都会对写作能力构成障碍。第二语言写作者由于对第二语言本身把握的问题,需要更多的、更长时间的学习和实践。

(3)不论是第一语言的作者还是第二语言的作者,都应具有相应的思维能力、表达能力和语言运用能力。一个作者拥有的关于写作主题和写作过程的知识越丰富,往往就越具有创造性。

2. 第一语言与第二语言写作的不同点

(1) 语言能力的差异。完备的第一语言能力(口语能力)使其作者在写作时可以更多地注意文章要表达的内容和结构布局。尽管书面语言的运用能力有高低之分,但熟练的口语表达能力已为其奠定了坚实的、自然的基础。

第二语言常常是其作者在学习过程中尚未熟练掌握的语言。作者在用第二语言写作时,其在书写、标点、语法以及词语选用方面的技能常常不能达到自动化加工的水平。因此,作者工作记忆的负担较第一语言要繁重得多。述写中的困难也影响着作者的计划、复查等活动,使写作过程有更多的牵累。尽管很多作者对将要使用的观念和内容有十分成熟的看法,但语言表达能力常常与之不相称,因而会有"力不从心"之感。过多地考虑语言形式(如句子结构是否合乎语法等),会影响文章内容的表达和布局。

(2) 迁移的产生。成年的第二语言学习者已经具备了用第一语言进行思维和表达的能力(正常情况下也包括书面语表达能力——写作能力),这种成熟的思维能力与其熟练的第一语言能力是相匹配的、共生的(或者说共同"成长"的);但这种成熟的思维能力与其第二语言能力是不相匹配的,后者是不熟练的、滞后的。其结果会带来第一语言及其思维方式向第二语言的正、负迁移。这在第一语言写作时是不会产生的。

(3) 学习过程的差异。在第一语言的习得过程中,读和写比听和说来得慢(比如孩子一般到四五岁才开始认字,写则更慢一些),这是不争的事实;而第二语言学习则不同,听说读写在正常情况下"几乎"是同步开始的(当然,也有人只学听说而成为第二语言的"文盲")。另外,成熟的思维也使得学习者迫切想用第二语言的书面语系统地表达自己的思想和情感。

从第二语言学习者的角度看,学习者想尽量缩小思维能力与第二语言表达能力之间的不匹配;从第二语言教学的角度讲,教师要想办法尽快解决这两者之间的不协调问题。困难在于第二语言写作教学所面对的是要"同时"解决口头表达能力与书面表达能力(写作)同思维能力不协调的问题,而第一语言写作教学则主要面对的是后者。从心理的角度看,第二语言教学的速成特征使学生必须尽快地解决观念性知识与编码技能的协调问题。因而教学重点已不是观念性知识和思维能力的培养,而着重在如何改善作者的工作记忆上。

(4) 文化的差异。第一语言的文化背景(文化模式、社会习俗、思维方式等)会直接影响作者使用第二语言写作。由于作者对目的语的文化背景、思维习惯、表达方式等还不甚熟稔,他们的认知结构和文化的负迁移发生概率就比较高。书面表达中由于文化差异所发生错误的情况、表达不得体的情况就会比较常见。

例如，不少欧美留学生学了很长时间的汉语，写信时仍然不习惯把日期写在信后右下角签名的下面。

（三）书面表达能力与写作

通常认为写作就是写文章，但在汉语二语教学界这是有争议的。比如就第二语言学习来说，写汉字、写句子是不是写作？"书面表达能力"这个词语包含了比"写作"更宽泛的内容。

吕必松在《对外汉语教学概论》"笔头表达训练"一节中说："讲'笔头表达'而不讲'写作'，是因为如果讲'写作'，就容易使人联想到命题作文，而命题作文并不是培养笔头表达能力的最有效的方法，尤其不是培养第二语言笔头表达能力的最有效的方法。"他的观点具有一定的代表性。他认为，初级阶段笔头表达训练的重点是写字训练和写话训练；中级阶段笔头表达训练的重点是应用文写作；高级阶段仍可以以应用文写作作为重点，只是要选择较难的训练项目。他的结论是："命题作文不适合于第二语言教学，尤其不适合于初级和中级阶段的第二语言教学。"① 吕必松的观点有其相当的合理性：① 学生必须先学会写字、词才能过渡到写句子、语段，最后再过渡到写篇章。因此，汉语书面表达能力的培养不能由作文课先导，而应由写字课作为发端，由控制转向自由，这是一个循序渐进的过程。② 命题作文的弊病在"命题"两个字上。命题作文的形式不是由学习者的动机和愿望主导的，因此，学习者就经常不是处在一个积极、合作、富有创造性的写作环境中。由于这种作文在读者方面的局限（主要是写给教师看的），因而不能构成真正的写作任务环境。由于写作者对读者的理解是写作任务的要素之一，而单一的读者就会缺乏对写作动机的强力支持。③ 应用文确实是学生急需掌握的、最为实用的写作文体，具有明显的任务特征和应用价值。

在我们看来，这种观点需要作一定的修正：① 汉语听、说、读、写的能力是互为关联的。听、说、读的话题和语体在实际教学中并没有任何局限，仅仅在写作方面强调应用文一种文体，要求学生完成"单一"的任务，这是否与听、说、读的一般要求相符呢？写作所需的陈述性知识与程序性知识与听、说、读的技能训练，应该是互为促进的。例如，在很多口语课上需要个人做些表达的准备，大部分的学生会选择书面准备的形式。尽管各人采用的写作方式不同，但书面表达为口头表达提供了支持。② 随着留学生学历层次的提高，攻读本科、硕士甚至博士学位的学生增多，汉语作为第二语言（或外语）的写作教学要求会提高，也许会逐渐

---

① 吕必松：《对外汉语教学概论（讲义）》（内部资料），国家教委对外汉语教师资格审查委员会办公室，1996 年，第 218 页。

向第一语言的写作要求看齐。高层次的汉语教学中的写作教学将面临重新定位。③现有写作教学的模式确实需要调整。要增加学生在写作活动中的互相交流,要用更合理的策略引起学生的写作兴趣,给他们更自由的空间去发挥创造力和想象力。要把控制性写作(如写作内容的控制、语言形式的控制)、引导性写作(例如,有位教师要学生作文,把"我做了一个梦,梦见一匹红色的马,全身毛色发亮,向我飞跑过来……"这个梦续写完;学生可以在内容和形式上做某种程度的自由发挥和想象)和自由写作结合起来;把程式性写作(如应用文)、命题写作同创作结合起来;把语言形式的训练与写作技巧教学结合起来。

其实,我们也可以把各种类型的"写"都纳入"写作",在"写文章、作文"的范畴下统一起来,因为第二语言写作教学的根本任务是要培养学生的语篇表达能力,各种类型"写"(字、词、句、语段、标点符号等)的训练的最终目标是语篇。

第二语言写作教学存在一个假定性的前提,那就是:假定教学对象的第一语言写作技能已经成熟并有部分可转换(正迁移)。这样的前提决定了第二语言写作教学的重点已不再是跟主题、读者、修辞有关的知识(参见前文"写作的认知模型"),而侧重于字、词、句、段落乃至整个篇章的编码技能。第二语言教学中专门的写作课常常是面向已有一定语言基础的学生开设的,这个事实实际上也意味着以"字"为发端的写作训练,最终要过渡到语篇,换句话说,第二语言写作教学中的各种训练都是为了提高学生的语篇表达能力和写作技能。

二、写作教学的模式和方法

(一) 写作教学的模式

罗青松介绍了六种第二语言写作教学的方法(approach),我们也可以把它理解为六种写作教学模式。这六种方法是控制法(the controlled approach)、自由写作法(the free-writing approach)、语段形式法(the paragraph-pattern approach)、交际法(the communicative approach)、任务法(task approach)、过程法(the process approach)。并提出要综合运用各种理论和方法:①根据学习阶段选择运用,②根据训练内容选择运用,③根据教学对象选择运用,④根据教学环境选择运用①。这些意见是比较合理的。

从实际运用和操作的层面看,亚历山大有指导的写作文的模式(用于英语作为第二语言教学)可以作为一个例子给汉语第二语言写作教学实践提供一定的

---

① 罗青松:《对外汉语写作教学研究》,中国社会科学出版社,2002年,第21—64页。

借鉴和参考。亚历山大把写作文定为六个目标：①写简单句，②写复合句，③写复杂句，④根据提纲、连接词来写作，⑤学生记笔记然后联结起来，⑥自由总结，自由作文①。这六个目标围绕着两个目的：把思想连贯起来，特别注意词序的安排，因为教学生学会了词序和意思的连贯，也就是教会了他们写作文。例如，要达到第一个目标，他有一篇课文，根据课文提许多问题，学生面对一连串的问题，必须平铺直叙地用书面回答，也就是写成一个个的简单句。例如：

问：你的姑姑詹尼弗是演员还是护士？

答：我的姑姑詹尼弗是演员。

问：她是不是经常在舞台上演年轻姑娘的角色？

答：她经常在舞台上演年轻姑娘的角色。

问：詹尼弗是否将要演一个17岁的姑娘？她有没有告诉过任何人她究竟有多大年纪？

这样，学生的作文就是一段由回答组织起来的小短文。经过多次练习，学生掌握了简单句的写法，就进入第二个目标——写复合句。复合句就是把简单句用 and, then, but, not only…but also, either…or, neither…nor 等连接起来。还是根据课文提问题，但在问题后面用括号给出指定的连接词，如 and, but 等，学生用连接词将回答的问题连接起来，就写成了带复合句的短文。在经过反复练习后，进入第三个目标——写复杂句。复杂句就是以 when, since, before, after, 分词结构 on seeing 或动名词结构 after doing, after having 开头的句子。仍然让学生用指定的词语回答问题，然后连起来写成一篇作文。第四个目标是给学生课文、提纲和连接词，学生把这几部分联系起来写一段文章。第五个目标是给学生课文及课文中的大问题，学生记下了笔记并且要组织笔记，然后连起来写成文。……亚历山大认为，这样的训练需要几年的工夫。在训练中你会发现，控制逐渐放松了，在最初阶段有许多控制，如学生一定要在课文的基础上回答问题。随着学生的进步，控制越来越少，直到完全自由。在写作的最初阶段，教师可以预料到学生的回答将是什么，但是到了最后阶段就很难预料了，预测的能力消失了。这就是写作的全过程，过渡到最后阶段我们就可以写出我们的生活经验，写出反映我们所了解的生活的文章了。

（二）写作教学的课堂练习方法

上面介绍的是一个教作文的模式。在具体的课堂教学或课后活动中，练习写作的方法有很多种，这里介绍其中的九种。

---

① L. G. 亚历山大：《语言教学法十讲》，张道一等编译，第 40—45 页。

1. 听写

听写不仅可以用来练习和检查写汉字,段落的听写还可以让学生感受汉语书面语的表达方式和写作(包括书写)特点,例如,标点符号的使用、起段空格和换行的要求等基本行文格式。听写最好以句子为单位停顿,同时注意语速的控制(不必太慢),这可以为学生日后听报告记笔记(听记训练)打下良好的基础。听写从低年级开始,应该持之以恒。

2. 句型训练

可以用完成句子、造句、句型转换等方法让学生写各种句子,这也是低年级常用的基础的书面表达训练。它对训练学生书面语使用的准确性和减少句法错误很有好处。

3. 看图写作

采用这种方法的目的是用较为直观的方法让学生减少对母语思维的依赖,同时提供写作的内容与环境。做看图作文,要给学生必需的任务提示和较多的写作引导。在初级阶段,甚至可以进行必要的词汇提示和句型提示。写作教学可使用各种类型的图画,单幅画、照片、图表、地图、连环画、组画、漫画等都可采用,但使用时必须考虑到学生现有的语言水平。内容和意义超越学生现有汉语能力的图片会影响学生的写作愿望。看图作文可以在汉语学习的初、中、高各个阶段使用,训练的侧重点可以不同,如连句、使用关联词语、写故事等,它的另一个优点是能够给学生一定的想象和创作空间。

4. 关联词语练习

可以给出一个无关联词语的句子群,然后由学生根据句子之间的逻辑关系添加关联词语,连接成一个段落;也可以选择一个段落群,让学生排序并根据表达的逻辑关系添加适当的关联词,写成一个更大的单元或篇章。与此相关的一个扩展性练习是先让学生写个(段落群的)表达提纲,训练学生用第二语言进行逻辑思维的能力和整合安排段落的能力。

5. 对文本的加工型写作

对文本的加工型写作主要有如下两种类型。

(1) 扩写和缩写。扩写是将一个短的文本充实成一个长的文本。这要求学生在阅读的基础上,以不改变文本体裁和主题为前提,对文本做出增补或引申。这种写作事实上是和学生的阅读能力互动的,既培养学生的书面表达能力,也引导他们的阅读策略。同时,经过一定的设计,这种写作也可以导向段落意义之间的关联技能练习,也就是怎样围绕主题有层次地进行分述。缩写是将一个较长的文本压缩成一个较短的文本,目的是让学生在阅读的基础上对阅读文本做出概括或写出大意。跟扩写一样，它也是与阅读能力互动的，是读写技能的综合训练。缩写训练的进一步延伸，可以进行写摘要的练习。

（2）改写。在读了一个文本之后，让学生用自己的语言对原有文本进行整合或重组。但允许学生对所读文本的主题、叙述风格、人称甚至结果等进行重构。跟扩写、缩写相比，改写是一种相对自由的书面表达练习。文本可以作为提示性的东西存在，也可以作为一个模仿性的范本存在。

在对文本进行加工的写作练习中，阅读文本成了学生任务环境的一部分，因为它们是写作者必须依赖的外部资料。所以，这种类型的写作训练事实上还是受控的。

6. 应用文写作练习

学会用汉语写作应用文对外国学生学习汉语来说是非常重要的和具有实用价值的。常用的应用文练习有如下五种：

（1）填表。根据不同的学习阶段，可让学生填写简单的邮局包裹单、银行存取款单、住宿登记、体检表、签证表等。

（2）写便条。包括留言条、请假条、收据、借条、请柬、小启事等，简单的日程安排、小计划、委托事条等。

（3）书信。信的种类有家信、祝贺信、感谢信、慰问信、邀请信、申请信、简历、投诉信、介绍信、推荐信等。

（4）说明文。可以是介绍某人、某事或某个过程的，更复杂一些的可以是写某物的使用说明，介绍某种宏观的社会制度（例如，社会福利制度、义务教育制度等）或者介绍某些宏观的环境或事物（例如，公司概况介绍、城市概况介绍等）。在进行这类文体的练习时，要注意形式与内容的特点，应与记叙文和议论文划出泾渭。

（5）面向商务的应用文。如商务信函、协议、合同、备忘录、确认书、广告等。这是在学生掌握了较好的汉语基础之后才能展开的写作练习，这些项目的写作需要向学生明确商务文件的基本格式和语体特点。

由于交际对象、交际活动、交际任务的差异，各类应用文有其特定的程式或固定的格式，有其用词甚至语气的特殊要求，这是应用文练习的关键所在。应用文练习，除了要根据学生不同的语言水平选择相应的练习形式以外，更重要的是在教学过程中一定要强调写作对象与语言表达方式之间的相应关系。

7. 引导性写作

与控制性写作（例如，要求学生一定要把某些内容或情节包含在写作之中，进行内容的控制，也可以要求学生一定要把某些词语、句型用进去，或把文章分成几个段落等,进行形式的控制)相比,引导性写作鼓励学生在内容和形式上有所发挥。它常常是给出文章第一段或前两段,要求学生续写;也可以给出第一段和最后一段,让学生添写中间的几段。更为极端的是只给出首句,让学生续完。由于教师并不严格控制学生要写的内容与表达方式,因而学生获得了较大的想象自由和想象空间,对提高写作愿望有促进作用。例如:"……小妹离开街角时看了看路灯下的男人,那人睡在地上一动不动。他死了吗?……"接下来的故事就由学生各自去续了。续出的故事可让学生互相交流和比较,教师纠正错误和讲解写作技能。有时候,为了训练学生的表达逻辑,也可给学生提供更为具体的引导和提示,如按照图片、提纲、时间、叙述(事件)顺序等来写。

8. 自由写作

自由写作是非控制性的写作,一般对写作思路不做引导或提示(如给提纲、范文、图画等),也不围绕特定的语言形式进行训练(如严格规定一定要采用某种形式),它以内容为中心,学生可以采用任何可能采用的形式来表达自己的思想。通常认为这是在学生汉语水平比较高的阶段才能进行的写作,其实在学生掌握了一定的汉语写作形式和技巧后就可以进行了,如给家人、朋友写信或明信片,用汉语记日记等,从某种意义上说都是自由写作。又如,教师可以布置学生每两周或每个月写一篇东西,至于写什么内容、用什么形式写,则可由学生自己决定,当然前提是学生已经进行过许多受控和引导的写作训练。所以,自由写作更多的是着眼于内容和意义的表达,从内容出发选择形式。"创作"是自由写作的最高境界。

9. 笔译练习

笔译可以是翻译句子、段落或全文。通常在外语的环境中(如外国人在外国学习汉语,汉语是作为外语教学的)使用的比较多,在第二语言的环境中(如外国人在中国学习汉语)使用较少(原因之一是同一个班里往往有不同国家的学生)。

如果条件允许,适当的笔译练习对学生掌握汉语书面语的表达方式、了解中国人的思维方式是有作用的。思维习惯、文化差异、表达方式的不同,是造成"翻译腔""外国腔"的原因之一,想想我们自己学外语,体会就会更深一些。尽管我们提倡学生用汉语思维,但书面语的翻译(某种程度上的重新写作)是避免不了的。

帮助学生提高用汉语写作的能力,除了让学生多写以外,教师还应鼓励学生围绕着写作及修改的想法展开交流,并对学生写作前的准备工作进行策略方面的辅导或引导;强调写作是知识的重组、重构,教师可以提供优秀的写作范例,以提高学生的阅读鉴赏水平,从而促进学生的写作由模仿向创作转化;教师应提倡学生修改作文,并为其提供修改的意见和策略等。在信息化时代和智能应用时代,针对外国学生的汉语写作训练应该更加开放和实用,电子邮件、微信、微博等领域的写作训练也应成为写作教学和训练的应有内容。

参考文献

陈绥宁主编:《基础汉语40课》,华东师范大学出版社,2003年。
陈贤纯:《外语阅读教学与心理学》,北京语言文化大学出版社,1998年。
陈灼主编:《桥梁:实用汉语中级教程》,北京语言文化大学出版社,1996年。
崔永华、杨寄洲主编:《汉语课堂教学技巧》,北京语言文化大学出版社,2002年。
李杨:《中高级对外汉语教学论》,北京大学出版社,1993年。
李杨主编:《对外汉语教学课程研究》,北京语言文化大学出版社,1997年。
刘珣:《对外汉语教育学引论》,北京语言文化大学出版社,2000年。
[英]L.G.亚历山大:《语言教学法十讲》,张道一等编译,科学技术文献出版社,1983年。
吕必松:《对外汉语教学概论(讲义)》(内部资料),国家教委对外汉语教师资格审查委员会办公室,1996年。
罗青松:《对外汉语写作教学研究》,中国社会科学出版社,2002年。
彭聃龄主编:《语言心理学》,北京师范大学出版社,1991年。
[美]R.M.加涅等:《教学设计原理》,皮连生等译,华东师范大学出版社,1999年。
邵敬敏:《现代汉语通论》,上海教育出版社,2001年。
盛炎:《语言教学原理》,重庆出版社,1990年。
束定芳、庄智象:《现代外语教学——理论、实践与方法》,上海外语教育出版社,1996年。
吴庆麟等编著:《认知教学心理学》,上海科学技术出版社,2000年。
吴晓露编著:《汉语阅读技能训练教程》,北京语言学院出版社,1992年。
吴勇毅:《听力理解与汉语作为第二语言(CSL)的习得》,载赵金铭主编:《对外汉语研究的跨学科探索》,北京语言大学出版社,2003年。
杨惠元:《汉语听力说话教学法》,北京语言学院出版社,1996年。
章兼中主编:《外语教育学》,浙江教育出版社,1993年。
赵贤州、李卫民:《对外汉语教材教法论》,上海外语教育出版社,1990年。
中国对外汉语教学学会汉语水平等级标准研究小组:《汉语水平等级标准和等级大纲[试行]》,北京语言学院出版社,1988年。

左焕琪编著：《外语教育展望》，华东师范大学出版社，2002年。

W. Grabe, "Current developments in second language reading research", *TESOL Quarterly* 25(3), 1991.

思考与练习

1. 外国学生在第一次听到"跟你说话简直是'对牛弹琴'"这个句子时，能不能对意义作出准确判断？为什么？
2. 在听力教学中，有一些老师在学生听不懂的情况下，让学生一起阅读录音文本，以此来帮助学生理解意义，这样做是否合理？为什么？
3. 选择听力材料时应注意哪些问题？
4. 选择一段听力材料，设计一组相应的听力理解练习，并解释你选择这个材料是出于什么考虑？你设计的练习的目的又是什么？
5. 阅读理解过程中最重要的部分是理解词汇和语法吗？为什么？
6. 有些教师在学生完成文本材料的阅读后，还让学生对阅读文本未陈述的内容作出联想和补充，这样做有好处吗？为什么？
7. 有无必要进行阅读速度的训练？有哪些方法可以实施这方面的训练？
8. 过去把出声读、指读和回读视为影响阅读速度的因素，但这些方式在阅读上有没有积极的一面？为什么？
9. 口语表达过程通常分为几个步骤？是怎样进行的？
10. 在口语教学过程中，教师的主要工作是不是讲解和说明？为什么？
11. 教口语的方法很多，在具体教学过程中选择方法的依据是什么？
12. 在你个人学习外语的过程中比较喜欢哪种口语练习形式？这种形式在汉语口语教学中可行吗？如果"移植"，需不需要"改良"？
13. 你认为第二语言写作教学的主要任务是什么？
14. 传统的命题作文形式在第二语言写作教学中是不是最常用的形式？为什么？
15. 汉语写作教学怎么体现循序渐进的过程？

第六章 汉语二语教学测试论

第一节 语言测试的历史和理论

一、测试

测试(test)又称测验,也叫考试。不同的心理学家对此下的定义不同。阿纳斯塔斯(A. Anastasi)认为,"测试实质上是对行为样本所做的客观的标准化的测量"①。测试包含三个基本要素:①行为样本。语言测试的目的是要测量受试者的语言能力。所谓行为样本,是指对语言能力表现行为的有效的抽样,语言表现行为可以指说出来的话、写出来的句子、对测试题目所做的各种反应等。②客观的测量。所谓客观的测量,是指测量的标准是否符合实际。测试的客观性衡量指标有测试题目的难易度和区分度、测试结果的可靠性程度以及测试结果的有效性。③标准化的测量。标准化的测量是指在测试题目的编制、测试的实施、记分以及对分数的解释等方面有一套严密的系统的程序。只有这样,测试才有统一的标准,对不同人的测量结果才有可比性。凡是非标准化的测量,都没有可比性。

二、语言测试

语言测试是根据一定的评估目的,以抽样方式通过有限试题诱导出受试者的言语行为,然后借助于定量描述来推断受试者掌握该语言的知识和能力。

---

① A. Anastasi, *Psychological Testing* (5th edition), Macmillan, 1982, p. 23.

1. 语言测试的对象

语言测试有很多种,不同的语言测试就会有不同的测试对象。语言能力测试(或语言水平测试)的测量对象是人的一般语言能力,是学习者学习某一语言将会发挥出的潜在的语言能力;教学语言测试的测量对象是学生在某一课程结束后所获得的语言知识或语言能力。

2. 语言测试的作用

(1) 评价学习者的学业成就和语言水平,为选拔人才提供依据。语言测试(尤其是水平测试)能评定出受试者运用语言的能力,可以作为社会或用人单位选拔人才的比较可靠的参考。例如,美国的大学使用托福考试(TOEFL)来选拔可以在美国读大学的外国留学生,中国的大学使用汉语水平考试(HSK)来选拔可以在中国读大学的留学生,企业和政府部门有时也会通过语言测试来选拔能够胜任某个岗位的人才。

(2) 评估教学效果,为改进教学中的问题提供反馈。通过测试,学生可以了解自己掌握的目的语知识和能力的情况,发现学习中存在的问题;教师可以通过测试了解学生语言能力的发展情况,检查自己的教学效果,发现教学中的薄弱环节,以便能够及时调整教学内容、教学方法、教学进度,同时也能为学生提供针对性的帮助;教学管理者可以把测试结果作为教学质量评估的重要参考。

(3) 语言研究和语言教学研究的重要手段。进行语言教学或语言方面的实验研究,需要对实验结果特别是被试语言水平及其变化进行测量。语言测试是一种测量工作,可以科学地衡量实验结果。

三、语言测试的历史和理论

现代语言测试发端于20世纪初,弗雷德里克·凯利(Frederick Kelly)在1915年发明了多项选择题,查尔斯·汉森(Charles Handschin)于1919年编制出第一个标准化的语言测试。1961年,罗伯特·拉多(Robert Lado)写出了语言测试的第一本专著。1963年,ETS开始研究TOEFL,这是第一个大规模的标准化语言测试。现代语言测试的理论和方法在20世纪70年代末传入中国,汉语二语教学界从20世纪80年代中期开始研制标准化的汉语测试。

早期的语言测试没有专门的理论,语言测试和语言教学一样,一直受到教育学、心理学的影响。对语言测试产生过重大影响的理论,有结构主义语言学、行为主义心理学以及社会语言学的交际理论。不同理论基础上产生出来的流派也产生出不同测试理念和测试模型。语言测试的发展历史可分为四个阶段。前三个阶段由斯波斯基(B. Spolsky)①提出,第四个阶段由巴赫曼(L. F. Bachman)②提出。语言测试大体经历了如下发展阶段。

(1) 前科学或传统时期(20世纪初到20世纪50年代初)。这一时期,教师对于什么是语言这个基本的问题没有科学认识,语言测试缺乏语言学理论的指导,语言测试模式的选择、内容的选定缺乏科学客观的依据,更多地凭教师的经验和主观判断。

(2) 心理测量-结构主义时期或科学时期(20世纪50年代末60年代初到70年代)。进入20世纪50年代,语言测验作为一门相对独立的学科逐步成熟起来,其标志是美国语言学家罗伯特·拉多于1961年出版的《语言测试——外语测验的开发与使用》。这一时期的语言测试和语言理论首次结合起来,语言测试深受心理测量学和结构主义语言学的影响,主要测量独立的语言结构和规则,主要测试形式是分立式(即分立法),通常包括两种测试:一种是测技能,包括听、说、读、写;另一种是测语言成分,包括音位、词法、句法、词汇。分立式测试流传很广,至今它仍不同程度地出现在各种测试中。

(3) 心理语言学和社会语言学时期或后现代时期(20世纪70年代至80年代初)。这一时期的语言测试发展了语言测试领域综合式的社会语言学观点,这种观点把语言表现和语言能力结合起来,也考虑到语言在不同交际场景中的使用。这一时期语言测试的进步,表现在人们在不同方向上对语言测试对象的探索上,其中最为著名的是约翰·奥勒(John Oller)提出的"一元能力说",他认为人的语言能力是单一的,并用统计学因素分析的方法对大量的语言测试的实测数据进行分析,结果显示,所有的语言测试都只测了一个单一因素。奥勒的假说产生过很大影响,但基本上是一个不成功的假说。

(4) 交际法语言测试时期(20世纪80年代至今)。20世纪70年代末,美国兴起了一场"能力运动",很多语言学界人士认为,语言能力表现为有效的交际,语言教学和语法测试都要以语言能力为目标。"能力运动"的一个重要成果是1982年美国外语教学委员会制定了一个能力大纲(ACTFK Guidelines),另外,70—80年代,英国相继出现了建立在语言交际理论基础上的《功能意念大纲》和《交际大纲》,人们把更多的注意力集中在探索语言交际能力上。1980年,出现了卡纳勒(Canale)和斯万(Swain)的交际能力模型;1990年,巴赫曼提出了语言交际能力模型,赢得广泛好评,甚至有人认为,整个20世纪90年代的工作就是

---

① B. Spolsky, *Measured Words*, Oxford University Press, 1977, 1995.
② L. F. Bachman, *Fundamental Considerations in Language Testing*, Oxford University Press, 1990.

完善巴赫曼的工作①。交际性语言测验是目前的大趋势,今后仍将在这个方向上发展下去。除此之外,受到语言教学和习得理论的影响,任务式测验(task-based testing)、档案式评价(portfolio assessment)这些新型的语言测验成为语言测验的有益补充。

1905年,中国废科举兴学校,开始实行西方学校的教育体制,学校考试制度也便由西方东渐。有外语课便有了语言测试,中国语言测试及语言测试研究逐步发展起来,作为专门的"语言测试",形成行业甚至产业,形成学科,那是20世纪70年代后期开始的,是由外语教学、汉语二语教学等第二语言教学引发、推动的,在语言能力越来越重要、越来越受到重视的今天,在语言测试越来越学术化、信息化、国际化、企业化的今天,在线上教育、智慧教育、5G网络和语言智能成为教育"口头语"且教育正在面临巨大变迁的今天,中国的语言测试也正在发生着巨大变化②。

第二节　语言测试的类别

第二语言教学的全过程和全部教学活动可以概括为总体设计、教材编写与选择、课堂教学、成绩测试四大环节。语言测试是语言教学的四大环节之一,是语言教学活动的一个组成部分。语言测试与语言教学密切相关。作为语言教师,都有可能从事试卷的设计和命题工作。有关语言测试的基本理论知识,是语言教师应该掌握的。语言测试有不同的目的,不同的目的决定了测试的要求、内容和方法的各异。从用途或功能的角度,可以将语言测试划分为水平测试、成绩测试、诊断测试、潜能测试、安置性测试五种不同的测试类别。

一、测试类别

（一）水平测试

水平测试(proficiency test)的目的是测量测试对象的第二语言水平。水平测试的内容和方法以能够有效地测量测试对象的实际语言水平为原则。一般而

---

① 但最近我们遗憾地发现,Bachman的模型根本没有通过实证检验,如果说它是一个理论,那也是一个不成立的理论(张凯:《汉语作为第二语言测试研究》,商务印书馆,2019年,第2页)。
② 李宇明、朱海平:《论中国语言测试学的发展》,《语言文字应用》2020年第3期。

言,水平测试有专门的考试大纲、统一的试题和统一的评分标准。它以尽可能客观的标准来测量考生的目的语水平,能够证明达到同样分数线的考生具有基本相同的目的语水平。水平考试的这一特点决定了它不需要考虑测试对象的特点和他们的学习过程,所以同一种水平测试可以适用于不同的测试对象,水平测试的结果也可以作为新生入学编班的依据。

（二）成绩测试

成绩测试(achievement test)是一门课程或课型的测试,所以又叫课程测试。成绩测试是教学中最常用的一种测试,目的是测量学生在学习的一定阶段掌握所学课程的情况,测量他们的学习成绩,因此,成绩测试是教学中最常用的一种测试,一般是在教学过程的期中、期末以及教完一个或若干个教学单元之后举行。结业和毕业考试也属于成绩测试。这种测试的性质决定了它跟教学过程和教学对象有密切的关系,测试的内容和方法决定了它跟教学大纲规定的教学要求以及体现在课程的教材和课堂教学中的教学内容、教学方法相一致。

（三）诊断测试

诊断测试(diagnostic test)是检查学生对教学内容的掌握情况,目的是发现学生在学习某一具体内容或语言知识中的困难或不足之处,同时也检查教学效果是否达到教学大纲预期的要求,及时发现教和学双方存在的问题,以便及时采取措施,加以弥补和改进。与成绩测试相比,诊断测试不受教学进度的限制,随时可以进行,测验的内容更集中、更有针对性,可以观察课堂教学中随堂观察或成绩测试中不易发现的现象,并获得相应的数据。和水平测试一样,诊断测试也可以作为分班测试,还可以作为中介语调查的一种手段。

（四）潜能测试

潜能测试(aptitude test)也叫学能测试或素质测试。潜能测试的目的在于检查测试对象学习第二语言的潜在能力。这些能力是学习第二语言的基本能力,包括模仿能力、记忆能力和理解能力,其中最重要的是语音的模仿能力、词汇的记忆能力和语言点的理解能力以及归纳类推能力等。潜能测试的内容一般根据测量这几个方面的能力的需要来确定。测试用的语言必须是学生从来没有接触过的语言,并在教学之前进行测试,目的在于测试学生学习第二语言的适合程度。与其他测试不同,潜能测试既不能反映学生第二语言学习已经达到的水平,也不能反映学生学习中所存在的问题,而是具有检测学生是否具备第二语言学习能力的预测作用,因而也是一种不可缺少的测试类型。

（五）安置性测试

安置性测试(placement test),也叫分班测试或分级测试。安置性测试的作用是评估学习者现有的语言水平高低,从而确定其适合于学习什么样的课程或适合于在何种程度的班级上课,简单来说,就是通过测试将学生按程度分班或分组。

二、各种测试比较

水平测试、成绩测试、诊断测试、潜能测试和安置性测试在测试项目和测试内容方面各有其侧重点。

水平测试要全面测量受试者的语言能力和语言交际能力,要测试学生的整体语言运用能力,所以要全面、综合地测量语言知识、言语技能、言语交际技能以及相关的文化知识等各项内容。总之,理想的水平测试应当包括全部测试项目和测试内容。

成绩测试要参照教学大纲和教学计划,按照教学内容确定测试内容。第二语言教学有一定的阶段性,而教学阶段又分成初级、中级、高级三大阶段,每个阶段下面是学期,一个学期又可以分为期中和期末,再下一级的教学阶段是一个或若干个教学单元。一般说来每个教学阶段都要进行与这一阶段的教学内容相一致的成绩测试。还需要说明的是,教学阶段的划分和各阶段教学内容的划分都是相对的,教学阶段和各阶段的教学内容都有一定的延续性和连贯性。之所以说测试的项目和内容要跟教学阶段的教学内容相一致,实际上就是说每一个阶段的测试内容都要包括以前各阶段相关的教学内容。语言规律尤其是语言学习规律决定了在语言学习和习得过程中,知识的积累和技能的发展不能脱离原有的基础,语言测试要反映语言学习和习得的这一规律,即所谓的"温故知新"的道理。

诊断测试要根据改进教学的需要来决定。在汉语二语教学中,有不少教学内容和方法要通过这种测试来获取数据从而加以调整和改进。

潜能测试则主要用于测试学生是否具备第二语言学习的潜在能力,用于第二语言教学之前测试学生的适合程度,具有一定的预测作用。

安置性测试的设计应以本教学机构的教学大纲或课程内容为依据,同时结合学生已学过的课程内容,进行有针对性的测试。

第三节　语言测试的内容和题型

第二语言教学的目的是培养学生的语言能力和语言交际能力。在第二语言的五种测试方式中,除了潜能测试有特殊性以外,水平测试、成绩测试和诊断测

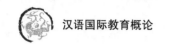

试都要和这一教学目的相一致,应该以测量测试对象的语言能力和语言交际能力为出发点。具体地说有以下的内容和题型。

一、语言测试的内容

作为第二语言教学的汉语二语教学的根本目的是培养运用语言进行交际的能力。对教学能起到积极的后效作用的语言测试,尤其是成绩测试和诊断测试应当与这一教学目的相一致。因此,语音、词汇、语法、汉字等语言要素,听、说、读、写等言语技能和在言语交际技能中涉及的语用规则、话语规则、交际策略,以及语言文化因素、基本国情和社会文化背景知识等,都是语言测试的内容。其中,成绩测试和诊断测试应紧密配合教学计划和大纲,按所教的内容确定测试内容。水平测试则以考查受试者的整体语言运用能力为目的,目前主要仍是通过对语言要素知识、言语技能和言语交际能力以及相关文化知识等分项目测试来完成的。从理论上讲,应该考虑到如何更全面、综合地测量上述各项内容。汉语二语教学界于1984年开始研制汉语水平考试(HSK),于1985年完成第一套试题。经过三十多年的努力,HSK已经发展成为世界上影响最大的汉语水平考试。由此看来,水平考试越来越对教学产生重大影响,其后效作用尤其值得关注。

二、语言测试的题型

第二语言教学所培养的语言能力和语言交际能力,具体地表现为对话语(口头的和书面的)的理解和表达能力,其中的理解能力具体表现为听和读的能力,表达能力则表现为说和写的能力。据此将听、说、读、写当作第二语言测试的基本项目,这些基本项目是通过一定的题型实现测试目的的。题型就是指试题的类型。一份试卷采用何种题型及各种题型的比例,一定程度上反映了考试的目的和对语言水平的看法。比如,主要考阅读还是写作,是重视语法还是重视说话,等等。语言测试的题型多达近十种。下面重点介绍在汉语二语教学中常用的测试题型。

  1. 多项选择题

一般是先有题干,然后给出四个答案备选,让受试者选择其中的一个,另外三个就是干扰项,所以也称之为四项选择。这是一般阅读考试和听力理解等语言技能考试的常用题型。它最大的优点是评分客观,所以信度大;考出编制者想考的问题,一般受试者不会回避,因而效度也大。由于答题迅速,题量可以大些。

在命题中最重要的是注意设计干扰项,这也是多项选择题命题的最大难点。干扰项一定要起到似是而非的干扰作用,不能牵强附会地随意拼凑。某个干扰项如果没有一个考生选择,就可以说明它没有干扰作用,应该换掉。而且四个备选项应该尽可能涉及同一类相关事物,要保持内容的相关性和词性的一致性,难度上也要大体相当,还要避免主干中已经出现的词语。

这类题型的缺点是命题时费时费力,并且据统计有25%的猜对概率。还有就是不能测试表达能力,所以,不能过分依赖这种题型,更不能把它作为平时常用的练习形式,否则会导致学生的书写能力下降,也会影响口语表达能力和阅读能力的培养,使学习者总的语言运用能力和文化素养下降。

2. 综合填空题

综合填空题是完型填空的基本形式,是指在一篇短文里隔开一定的字数删掉一个词,让受试者补上。这种题型的设计是以格式塔完形心理学派理论为基础的。格式塔完形心理学派理论认为,人的心理基本特征之一就是在意识经验中能体现出结构性或整体性,如果一个结构整体缺了某一组成部分,人们就倾向于把缺口补上使其完善起来。这种题型既要求读懂全文、理解全文,能达到原来作者的表达水平,考查出综合运用语言的能力,又能保持客观性测试的优点,所以现在很多综合性测试都采用这类题型。

编制这类题型要注意:汉语考试中的综合填空一般应该考虑以词为单位。虽然是不定距离留空,但间隔也要平衡,不能连续留两个空格。应该尽量选择原文作为题目,短文长度可在200—300字。留空所测之处的内容,应当是宏观和微观相结合。但更应该要求考生从宏观上把握文章内容,甚至要读到文章最后才能填出前边的空。这样才能测出受试者的综合语言能力。有些语法点或词在它所出现的句中就能解决,这类题目是属于微观的,不能太多。只有这样才能发挥类题型的长处。

3. 口试

目前大多数语言水平考试都是测试听、读能力,最多加上写作能力,而测量说的能力,由于技术操作方面的困难,还很难大规模进行。这是因为采用面对面的人工考试方法过于费时费力,人数太多的考试难以操作。目前我国的HSK(高级)采用了录音方式。这种方式不是很自然,对受试者的心理有影响,因此测量说的能力一直不被很多标准考试所采用。但是口语表达能力是最直接、最重要的语言交际能力,不包括口语的水平测试,很难算是完整的测试。小规模的口试,特别是课堂的口试,常常采用师生面对面的谈话方式,并参照作文评分的方法,将标准量化、细化,并由多人集体评分使之尽量客观化。

4. 写作

多项选择题和综合填空题都无法直接测量语言表达能力，因此，传统的写作仍然是一种重要的题型。写作能够全面反映受试者的语言水平，反映其语法、词汇、汉字以及成段文字表达的能力。但是，写作最大的弱点是评分的主观性，所以大规模标准化的测试都不采用这一题型。人们为了解决这一问题已经做了不少研究，以尽可能使这种主观性题型的评分客观化。

第四节　语言测试试卷的设计

试卷设计主要包括卷面构成和试题类别两个部分。

一、卷面构成

卷面是指一次考试中的一种完整的试卷。比如说用两种试卷分别测试听力和阅读，这两种试卷就是两个卷面。

卷面构成是指测试的项目和内容分布在几个卷面中，一个卷面包括哪些测试项目和测试内容。卷面构成可以根据试卷所包括的项目多少分为单项卷面、双项卷面和多项卷面。只测试一个项目的叫单项卷面，一般是听力、说话（口语）、阅读、写作（写话）；也可以根据需要选择双项或多项卷面，测试两个项目的叫双项卷面，如听和说、听和读、读和说、说和写、读和写；测试三个或四个项目的叫多项卷面，如可以是听、说、写的多项组合。无论是哪种卷面，每个项目既可以包括该项目的全部测试内容，也可以只包括该项目的部分内容。

不同类型的测试对卷面构成的要求不完全相同，同一种类型的测试也可以有不同的卷面构成。卷面构成往往要由两个方面的因素来决定，一是测试目的以及由此决定的测试项目和测试内容，二是测试的时间长短。一般情况下，测试一个项目，则采用单项卷面；如果测试两个或两个以上项目，要考虑到测试内容的多寡和题数的多少。任何考试都要受到一定的时间限制，所以，卷面的题量应该合适，卷面的内容不宜过多，要让多数受试者能在规定的时间内完成。

不同的测试类型决定不同卷面的构成，下面介绍三种不同测试类型的卷面构成。

1. 水平测试

水平测试是全面测量测试对象的语言能力和语言交际能力。因此，理想的水平测试应当包括全部测试项目和测试内容,最好采用单项卷面,也可以一部分采用单项卷面,一部分采用双项卷面。

2. 成绩测试

成绩测试的卷面构成必须跟课型的教学任务相一致。汉语二语教学的课型既有综合课,又有专项技能课,每一种课型都要有自己的成绩测试。专项技能课一般只训练一两种言语技能和相应的言语交际技能,所以测试项目比较单一。例如,听力课的测试只需要测验听力,说话课的测试只要测验会话能力,测试项目单一就可以使用单项卷面。综合课则要进行各项言语技能和相应的言语交际技能的全面训练,需要测试的项目比较多。如果各个项目要同时测试,每个项目的测试内容和题量比较多,一般要采用双项或多项卷面。一般情况下,初级阶段适宜采用双项或者多项卷面,中高级阶段的期末考试以及结业(或者毕业)考试最好采用单项测试。

3. 诊断测试

因为诊断测试侧重于测验教师在课堂上不易观察的以及在成绩测试和水平测试中不容易发现的情况,而且可以获得在课堂教学和成绩测试中难以得到的数据,因此,测试的项目要抓住重点,测试的内容要集中而又有针对性,一次测试的项目和内容不要过多,最好测验一两项内容,采用单项卷面,每次测验一两项内容。

二、试题类别

每一种类型的试题都可以包括具有不同特点、不同类型的试题,所以,试题的特点跟测试的类型是不同的命题,应当把它们区别开来。试题本身的特点也有不同的层次,即题类和题型。题类是试题总体性质的类别,题型是具体题目的类型。语言测试题可以从以下不同的角度进行分类。

1. 标准化试题和非标准化试题

从测试制作的要求即从命题过程和试题的可靠性程度要求的角度,可以将语言测试题分成标准化试题和非标准化试题。标准化试题一般是根据现代教育测量学的理论,从设计、命题到评分、分析等对考试的全过程实施标准化操作,严格控制误差,具有较高的可靠性和相对稳定性,因此,能比较准确地测试出受试者的水平。反之,非标准化测试是由任课教师根据教学需要而自行设计、命题、实施测试并且进行评分的测试。这类测试大都没有统一的标准,而且是在小范围内进行的。成绩测试和诊断测试往往属于非标准化测试。

2. 主观性试题和客观性试题

这是从阅卷评分的角度划分出来的类型。评卷时需要阅卷人做出主观判断的叫主观性试题。主观性试题能比较全面地考察受试者的综合语言能力，命题相对简单些，但是阅卷评分比较难，往往会因为阅卷者的个人主观认识来左右测试结果，大规模的测试还要耗费大量的人力和经费。客观性试题阅卷评分比较简单、方便，可以运用机器进行科学的阅卷，试题的覆盖面也能有相对保证。但是，客观性试题的命题难度要相对大些，在考察受试者的语言表达能力和综合能力方面有一定的局限。当前的汉语水平考试初级、中级的题型都是客观性试题。实际上，要想全面考察受试者的各项言语技能和言语交际技能，比较科学的方法是主观性试题和客观性试题相结合。汉语水平考试高级的题型就采用了这两种命题方法，其中的口试和作文部分的考试就是主观性试题。

3. 分立式试题和综合性试题

这是从试题的题型（测试内容的特点）角度进行分类的。分立式试题是对受试者所掌握的语言知识和语言技能进行分项测试，目的是考察受试者的单项语言能力，多项选择、综合填空、改错等题型都属于分立式试题。综合性试题是对有关的言语技能和相应的言语交际技能进行综合测验，听力理解、说话、阅读理解以及写作等方面的试题都属于综合性试题。

以上两种试题各有利弊。分立式试题比较容易体现客观性，也比较容易实现标准化，但是不容易全面测量、测试受试者的言语技能和相应的言语交际技能。而综合性试题中的说话和写作测试比较难以体现客观性，尤其是阅卷评分标准主观性强，标准不容易准确把握。因此，如何使分立试题能够全面测量、测试受试者的言语技能，同时如何使得综合性试题更加客观标准，是语言测试研究的一个重要目标。问题解决的关键是依赖对语言本体的深入研究，在找出各层次语言点的基础上，研究与之相应的言语技能和言语交际技能之间的对应关系。

三、测试的质量保证

试题的效度、信度、区分度和反馈作用是反应语言测试质量的四个重要方面，理想的语言测试应当在这四个方面都达到较高的质量水平。

1. 效度。效度也就是有效性，指测试的有效程度，也就是测试的内容和方法是否达到了测试的目的。要保证效度，关键是测试的项目和内容要与测试目的相一致。这种一致性具体表现在这几个方面：第一，有的放矢，该测的就要测，不该测的不涉及。第二，该测量的部分还要注意是否有缺漏或出现偏题、怪题。第三,要注意试题所包含内容的代表性、准确度和覆盖面如何。例如,测量阅读理解的能力,就必须设计含有相关的汉字、词汇、语法、社会文化等方面知识的综合性阅读试题,而不是只设计某一两个方面知识的分立式试题。另外,阅读理解必须有一定的速度,因此,卷面的长度要与测试的时间一致,这就要求有一定的卷面长度,如果卷面太短,阅读速度就测量不出。再如,成绩测试要以主要的教学内容为主,如果试题内容超过了一定的教学范围,试题的有效性就会受到影响,自然也无法实现测试的目的。具体地说,要保证试题的效度就要注意以下几点:首先,明确测试目的。例如测试听力理解,如用篇幅过长的文本,就难以确定受试者的听力理解水平和记忆力究竟是哪一个起的作用。其次,命题要遵循原则。试题的语言表达必须清楚,要求必须明了。试题不宜过多或过少,过难或过易,否则就很难真实、全面地反映受试者的水平。再次,要避免试题之间相互暗示或在编排顺序方面可能暗示某些试题的答案。另外,必须严格考试的组织管理。测试指导语应该规范、明确,考试环境和设备要达到相应标准,考场组织纪律必须严格,监考人员在收发试卷时行为要符合规范,等等。

2. 信度。信度是指测试的可靠性,指测试结果的可靠程度和稳定性。换言之,就是同一个卷面和难易程度相同的试题用于水平基本相同的受试者,测试结果是否基本相同,是否反映了受试者的实际水平。语言测试是测量受试者语言水平的工具,工具本身必须可靠。同一试卷测量同一受试者,在其语言知识水平和能力水平没有变化的情况下,如果几次测量的结果都不同,则说明测量工具有问题。测试的成绩越接近受试者的真实水平,则测试的信度也就越高。要保证试卷的稳定性,必须讲究测试的信度。试卷的稳定性对水平测试而言,可以保证达到同一分数线的受试者具有基本相同的水平;对成绩测试而言,除了保证达到同一分数线的受试者具有基本相同水平外,还能较为客观地反映教学质量和教学情况。

决定卷面信度的主要因素有:

第一,卷面构成。其基本要求是,测试项目要合理安排,测试内容必须有一定的代表性和覆盖面。

第二,试题的数量。难易相当的同类题型的数量越多,信度越高;题量少,偶然性就比较大,信度相应的就低。

第三,评分标准和办法。评分标准客观、评分方法科学,则信度高。一般来说,主观性试题的信度比较低,客观性试题的信度较高。解决的办法是对主观性试题的评分要尽量客观化。

第四,受试者水平。受试者水平有差异,测试的可靠性就高。验证和提高卷面信度的主要办法是进行试测对比,经过多次试测对比和筛选,可以保证卷面的信度。此外,跟踪调查测试对象的学习情况也可以作为衡量信度的一个标准。如果受试者在学习中反映出来的语言水平跟得分情况基本相符,就说明卷面的信度符合要求。

3. 区分度。区分度指测试区分受试者的水平差异的性能。如果受试者的水平有很大的差异,测试结果却很接近,则说明该测试的区分性差。测试的区分度可以从试题的难易度和试题的区分度进行考察。试题的难易度是指试题的难易程度的比例应该适当。难度太高,能答对的人极少;难度太低,受试者都能答对,这两种情况都不能反映受试者的真实水平。为了区分受试者的水平差异,试题的难度要保证一定的比例和跨度,可以把试题按难易程度分为若干等次,从而拉开受试者的距离。试题的区分度指试题能区分受试者水平差异的程度。试题的区分度与试题的难易度密切相关。如果将受试者分为若干组,某一道试题如果高分组答对,低分组答错了,这道题就有较好的区分度。

第五节 汉语作为第二语言的测试类型

一、汉语水平考试

汉语水平考试是为测试第一语言非汉语者(包括外国人、华侨和中国国内少数民族人员)的汉语水平而设立的国家级标准化系列考试。它考查考生在院校学习或在政府部门、企业及其他机构工作等环境中运用汉语进行交流和沟通的能力。HSK 是汉语拼音 Hanyu Shuiping Kaoshi 的缩写。作为国家级的标准化考试,汉语水平考试已经达到较高的科学化水平,实现了命题、实施、阅卷评分和分数解释的标准化以及试题预测、统计等值、考生报名、成绩打印、证书打印的计算机化。汉语水平考试每年定期在中国国内和海外举办,凡是考试成绩达到规定标准者,可以获得相应等级的《汉语水平考试证书》。

(一)汉语水平考试发展概况

1984 年,北京语言学院(现北京语言大学)成立了汉语水平考试设计小组,专门研制汉语的标准化考试。1985 年、1986 年、1987 年三次大规模的试测为正式推出汉语水平考试打下了坚实的理论和实践基础。1988 年,汉语水平考试正式开考,并颁发证书。随后,北京语言大学汉语水平考试中心于 1993 年推出

HSK[高级],原有的汉语水平考试命名为 HSK[初、中级],1997 年推出 HSK[基础]。在考试研制工作的推动下,《汉语水平等级标准和等级大纲[试行]》(1988 年)及其后的《汉语水平词汇与汉字等级大纲》(1992 年)和《汉语水平等级标准与语法等级大纲》(1996 年)相继问世。至此,由低到高三个分考试组成的 HSK 系列研制完成,基本满足了各层次汉语学习者的考试需求。

汉语水平考试研制者一直有明确的"用户意识",为最大限度地满足汉语学习者的语言能力评测需求,满足学校、企业、机构对汉语语言能力的评测需求,2000 年以后,汉语水平考试如何改进,如何创新是这一时期语言测试研发的中心主题。经过长时期的准备,详细的调查和精心的研制,北京语言大学汉语水平考试中心于 2007 年 4 月正式推出 HSK 改进版。HSK 改进版最重要的成就在于,解决了原来的 HSK 等级分数重合的问题,其分数能够清楚地体现出初、中、高三个等级的区别。

汉语水平考试从无到有经历了艰难的过程,发展至今,已有了世所瞩目的成就,无论是考试人数还是考点数都有了大幅度的增加。从 1992 年教育部开始组织汉语水平考试算起,近 30 年来发展迅猛,截至 2018 年,已在全球 130 个国家和地区设立 1 100 个考点,累积考生超过 430 万人。其中,在 53 个"一带一路"沿线国家设立 250 个汉语考试考点,考生人数从 2004 年的 4 998 人迅速增长至 2017 年的 19.6 万人,累积超过 124 万人[①],"十三五"期间,全球参加 HSK(汉语水平考试)、YCT(中小学汉语考试)等中文水平考试的人数达 4 000 万人次[②],是全球汉语水平考试人数增速最快的地区之一。

(二)新汉语水平考试体系

为使汉语水平考试更好地满足海外不断增长的汉语学习者对汉语考试的新的要求,国家汉办组织中外汉语教学、语言学、心理学和教育测量学等领域的专家,在充分调查、了解海外汉语教学实际情况的基础上,借鉴近年来国际语言测试研究的最新成果,重新研发并于 2009 年 11 月起正式推出新汉语水平考试,2010 年全面推行。

1. 测试理念

以综合式为主、分立式为辅,以考查语言交际能力为主兼顾语言知识,对各

---

① 数据来源:《教育部对十三届全国人大一次会议第 1968 号建议的答复》,教育部网站,2018 年 9 月 20 日,http://www. moe. gov. cn/jyb_xxgk/xxgk_jyta/jyta_gjhb/201812/t20181214_363645. html。
② 数据来源:中华人民共和国教育部:《全方位教育对外开放局面进一步形成,深入参与全球教育治理》,2020 年 12 月 23 日,http://www. moe. gov. cn/fbh/live/2020/52834/mtbd/202012/t20201223_507073. html。

项语言技能全面测评。具体表现在：

（1）以分立式测验方式考查语言知识，以综合式测验方式考查语言交际能力。对于高水平考生，采用综合式的方式考查语言交际能力；对于初、中级考生，两种方式并行。

（2）以考查总体交际能力为核心，兼顾对语言知识的考查，以促进测验与教学的互动关系。以交际能力为核心具体体现在题型设计和命题原则上。题型设计、选材和命题充分体现了语言在实际使用过程中所表现出来的交际性、互动性和真实性的特点。

（3）在初级、中级、高级三套不同水平的试卷中都对听、说、读、写进行全面考查，并且在其中部分地体现语言技能融合测评的理念。

2. 测试对象及能力描述

新 HSK 分笔试（HSK）和口试（HSKK）两部分，笔试与口试是相互独立的。笔试包括 HSK（一级）、HSK（二级）、HSK（三级）、HSK（四级）、HSK（五级）、HSK（六级），共六等级，六级是最高级。口试包括 HSKK（初级）、HSKK（中级）和 HSKK（高级），采用录音考试的形式。

（1）新 HSK 笔试对象及能力描述

HSK（一级）主要面向按每周 2—3 个课时进度学习汉语一个学期（半学年），掌握 150 个最常用词语和相关语法知识的考生。通过 HSK（一级）的考生，可以理解并使用一些非常简单的汉语词语和句子，满足具体的交际需求，具备进一步学习汉语的能力。

HSK（二级）主要面向按每周 2—3 个课时进度学习汉语两个学期（一学年），掌握 300 个最常用词语和相关语法知识的考生。通过 HSK（二级）的考生，可以用汉语就熟悉的日常话题进行简单而直接的交流，达到初级汉语优等水平。

HSK（三级）主要面向掌握 600 个最常用词语和相关语法知识的考生。通过 HSK（三级）的考生，可以用汉语完成生活、学习、工作等方面的基本交际任务，在中国旅游时，可应对遇到的大部分交际任务。

HSK（四级）主要面向按每周 2—4 个课时进度学习汉语四个学期（两学年），掌握 1200 个常用词语的考生。通过 HSK（四级）的考生，可以用汉语就较广泛领域的话题进行谈论，能够比较流利地与汉语为母语者进行交流。

HSK（五级）主要面向按每周 2—4 个课时进度学习汉语两年以上，掌握 2500 个常用词语的考生。通过 HSK（五级）的考生，可以阅读汉语报纸杂志，欣赏汉语影视节目，能够用汉语进行较为完整的演讲。

HSK（六级）主要面向掌握 5000 个及 5000 个以上常用词语的考生。通过

HSK(六级)的考生,可以轻松地理解听到或读到的汉语信息,能够以口头或书面的形式用汉语流利地表达自己的见解。

(2) 新 HSK 笔试各等级与《国际汉语能力标准》《欧洲语言共同参考框架(CEFR)》的对应关系

表 6-1 HSK 笔试各等级与《国际汉语能力标准》
《欧洲语言共同参考框架(CEFR)》对应关系表

HSK	词汇量	《国际汉语能力标准》	《欧洲语言共同参考框架(CEFR)》
HSK(六级)	5 000 及以上	五级	C2
HSK(五级)	2 500		C1
HSK(四级)	1 200	四级	B2
HSK(三级)	600	三级	B1
HSK(二级)	300	二级	A2
HSK(一级)	150	一级	A1

(3) 新 HSK 口试对象及能力描述

HSKK(初级)主要面向按每周 2—3 个课时进度学习汉语一到两个学期,掌握 200 个左右最常用词语的考生。通过 HSKK(初级)的考生可以听懂并用汉语口头表达较为熟悉的日常话题,满足基本交际需求。

HSKK(中级)主要面向按每周 2—3 个课时进度学习汉语一到两学年,掌握 900 个左右常用词语的考生。通过 HSKK(中级)的考生可以听懂并用汉语较为流利地与汉语为母语者进行交流。

HSKK(高级)主要面向按每周 2—3 个课时进度学习汉语两学年以上,掌握 3 000 个左右常用词语的考生。通过 HSKK(高级)的考生可以听懂并用汉语流利地表达自己的见解。

(4) 新 HSK 口试各等级与《国际汉语能力标准》《欧洲语言共同参考框架(CEFR)》的对应关系

表 6-2 汉语水平口语考试(HSKK)各等级与汉语水平
考试(HSK)、《国际汉语能力标准》对应关系表

汉语水平口语考试(HSKK)	汉语水平考试(HSK)	国际汉语能力标准
HSKK(高级)	HSK(六级)	五级
	HSK(五级)	

续 表

汉语水平口语考试（HSKK）	汉语水平考试（HSK）	国际汉语能力标准
HSKK（中级）	HSK（四级）	四级
	HSK（三级）	三级
HSKK（初级）	HSK（二级）	二级
	HSK（一级）	一级

3. 测试试卷设计

(1) 新 HSK 笔试试卷设计

HSK（一级）共 40 题，分听力、阅读两部分。全部考试约 40 分钟（含考生填写个人信息时间 5 分钟）。**听力部分**：第一部分，共 5 题。每题听两次。每题都是一个短语，试卷上提供一张图片，考生根据听到的内容判断对错。第二部分，共 5 题。每题听两次。每题都是一个句子，试卷上提供三张图片，考生根据听到的内容选出对应的图片。第三部分，共 5 题。每题听两次。每题都是一个对话，试卷上提供几张图片，考生根据听到的内容选出对应的图片。第四部分，共 5 题。每题听两次。每题都是一个人说一句话，第二个人根据这句话问一个问题并说出三个选项，试卷上每题都有三个选项，考生根据听到的内容选出答案。**阅读部分**：第一部分，共 5 题。每题提供一张图片和一个词语，考生要判断是否一致。第二部分，共 5 题。试卷上有几张图片，每题提供一个句子，考生根据句子内容选出对应的图片。第三部分，共 5 题。提供五个问句和五个回答，考生要找出对应关系。第四部分，共 5 题。每题提供一个句子，句子中有一个空格，考生要从提供的选项中选词填空。试卷上的试题都加拼音。

HSK（二级）共 60 题，分听力、阅读两部分。全部考试约 55 分钟（含考生填写个人信息时间 5 分钟）。**听力部分**：第一部分，共 10 题。每题听两次。每题都是一个句子，试卷上提供一张图片，考生根据听到的内容判断对错。第二部分，共 10 题。每题听两次。每题都是一个对话，试卷上提供几张图片，考生根据听到的内容选出对应的图片。第三部分，共 10 题。每题听两次。每题都是两个人的两句对话，第三个人根据对话问一个问题，试卷上提供三个选项，考生根据听到的内容选出答案。第四部分，共 5 题。每题听两次。每题都是两个人的四到五句对话，第三个人根据对话问一个问题，试卷上提供三个选项，考生根据听到的内容选出答案。**阅读部分**：第一部分，共 5 题。试卷上有几张图片，每题提供一个句子，考生根据句子内容选出对应的图片。第二部分，共 5 题。每题提供一到两个句子，句子中有一个空格，考生要从提供的选项中选词填空。第三部分，共 5 题。每题提供两个句子，考生要判断第二句的内容与第一句的内容是否一致。第四部分，共 10 题。提供二十个句子，考生要找出对应关系。试卷上的试题都加拼音。

HSK（三级）共 80 题，分听力、阅读、书写三部分。全部考试约 90 分钟（含考生填写个人信息时间 5 分钟）。**听力部分**：第一部分，共 10 题。每题听两次。每题都是一个对话，试卷上提供几张图片，考生根据听到的内容选出对应的图片。第二部分，共 10 题。每题听两次。每题都是一个人先说一小段话，另一人根据这段话说一个句子，试卷上也提供这个句子，要求考生判断对错。第三部分，共 10 题。每题听两次。每题都是两个人的两句对话，第三个人根据对话问一个问题，试卷上提供三个选项，考生根据听到的内容选出答案。第四部分，共 10 题。每题听两次。每题都是两个人的四到五句对话，第三个人根据对话问一个问题，试卷上提供三个选项，考生根据听到的内容选出答案。**阅读部分**：第一部分，共 10 题。提供二十个句子，考生要找出对应关系。第二部分，共 10 题。每题提供一到两个句子，句子中有一个空格，考生要从提供的选项中选词填空。第三部分，共 10 题。提供十小段文字，每段文字带一个问题，考生要从三个选项中选出答案。**书写部分**：第一部分，共 5 题。每题提供几个词语，要求考生用这几个词语写一个句子。第二部分，共 5 题。每题提供一个带空格的句子，要求考生在空格上写正确的汉字。

HSK（四级）共 100 题，分听力、阅读、书写三部分。全部考试约 105 分钟（含考生填写个人信息时间 5 分钟）。**听力部分**：第一部分，共 10 题。每题听一次。每题都是一个人先说一小段话，另一人根据这段话说一个句子，试卷上也提供这个句子，要求考生判断对错。第二部分，共 15 题。每题听一次。每题都是两个人的两句对话，第三个人根据对话问一个问题，试卷上提供四个选项，考生根据听到的内容选出答案。第三部分，共 20 题。每题听一次。这部分试题都是四到五句对话或一小段话，根据对话或语段问一到两个问题，试卷上每题提供四个选项，考生根据听到的内容选出答案。**阅读部分**：第一部分，共 10 题。每题提供一到两个句子，句子中有一个空格，考生要从提供的选项中选词填空。第二部分，共 10 题。每题提供三个句子，考生要把这三个句子按顺序排列起来。第三部分，共 20 题。这部分试题都是一小段文字，每段文字带一到两个问题，考生要从四个选项中选出答案。**书写部分**：第一部分，共 10 题。每题提供几个词语，要求考生用这几个词语写一个句子。第二部分，共 5 题。每题提供一张图片和一个词语，要求考生结合图片用这个词语写一个句子。

HSK（五级）共100题，分听力、阅读、书写三部分。全部考试约125分钟（含考生填写个人信息时间5分钟）。**听力部分**：第一部分，共20题。每题听一次。每题都是两个人的两句对话，第三个人根据对话问一个问题，试卷上提供四个选项，考生根据听到的内容选出答案。第二部分，共25题。每题听一次。这部分试题都是四到五句对话或一段话，根据对话或语段问一个或几个问题，试卷上每题提供四个选项，考生根据听到的内容选出答案。**阅读部分**：第一部分，共15题。提供几篇文字，每篇文字中有几个空格，空格中应填入一个词语或一个句子，每个空格有四个选项，考生要从中选出答案。第二部分，共10题。每题提供一段文字和四个选项，考生要选出与这段文字内容一致的一项。第三部分，共20题。提供几篇文字，每篇文字带几个问题，考生要从四个选项中选出答案。**书写部分**：第一部分，共8题。每题提供几个词语，要求考生用这几个词语写一个句子。第二部分，共2题。第一题提供几个词语，要求考生用这几个词语写一篇80字左右的短文；第二题提供一张图片，要求考生结合图片写一篇80字左右的短文。

　　HSK（六级）共101题，分听力、阅读、书写三部分。全部考试约140分钟（含考生填写个人信息时间5分钟）。**听力部分**：第一部分，共15题。每题听一次。每题播放一小段话，试卷上提供四个选项，考生根据听到的内容选出与其一致的一项。第二部分，共15题。每题听一次。播放三段采访，每段采访后带五个试题，试卷上每题提供四个选项，考生根据听到的内容选出答案。第三部分，共20题。每题听一次。播放若干段话，每段话后带几个问题，试卷上每题提供四个选项，考生根据听到的内容选出答案。**阅读部分**：第一部分，共10题。每题提供四个句子，要求考生选出有语病的一句。第二部分，共10题。每题提供一小段文字，其中有三到五个空格，考生要结合语境，从四个选项中选出最恰当的答案。第三部分，共10题。提供两篇文字，每篇文字有五个空格，考生要结合语境，从提供的五个句子选项中选出答案。第四部分，共20题。提供若干篇文字，每篇文字带几个问题，考生要从四个选项中选出答案。**书写部分**：考生先要阅读一篇1000字左右的叙事文章，时间为10分钟，阅读时不能抄写和记录；监考将阅读材料收回后，请将这篇文章缩写为一篇400字左右的短文，时间为35分钟。标题自拟。只需复述文章内容，不需加入自己的观点。

　　（2）新HSK口试试卷设计

　　HSKK（初级）分三部分，共27题。全部考试约17分钟（含准备时间7分钟）。

　　第一部分是听后重复，共15题。每题播放一个句子，考生听后重复一次。

考试时间为 4 分钟。

第二部分是听后回答,共 10 题。每题播放一个问题,考生听后做简短回答。考试时间为 3 分钟。

第三部分是回答问题,共 2 题。试卷上提供两个问题(加拼音),考生回答问题,每题至少说五句话。考试时间为 3 分钟。

HSKK(中级)分三部分,共 14 题。全部考试约 21 分钟(含准备时间 10 分钟)。

第一部分是听后重复,共 10 题。每题播放一个句子,考生听后重复一次。考试时间为 3 分钟。

第二部分是看图说话,共 2 题。每题提供一张图片,考生结合图片说一段话。考试时间为 4 分钟。

第三部分是回答问题,共 2 题。试卷上提供两个问题(加拼音),考生回答问题。考试时间为 4 分钟。

HSKK(高级)分三部分,共 6 题。全部考试约 24 分钟(含准备时间 10 分钟)。

第一部分是听后复述,共 3 题。每题播放一段话,考生听后复述。考试时间为 7 分钟。

第二部分是朗读,共 1 题。试卷上提供一段文字,考生朗读。考试时间是 2 分钟。

第三部分是回答问题,共 2 题。试卷上提供两个问题,考生读后回答问题。考试时间是 5 分钟。

4. 测试成绩

(1) HSK。考试结束一个月后,考生可登录汉语考试服务网 www.chinesetest.cn 查询成绩。HSK 成绩报告由国家汉办颁发,成绩自考试日起两年内有效。HSK(一级)成绩报告提供听力、阅读和总分三个分数,满分为 200 分,总分 120 分为合格。HSK(二级)成绩报告提供听力、阅读和总分三个分数,满分为 200 分,总分 120 分为合格。HSK(三级)成绩报告提供听力、阅读、书写和总分四个分数,满分为 300 分,总分 180 分为合格。HSK(四级)成绩报告提供听力、阅读、书写和总分四个分数,满分为 300 分,总分 180 分为合格。HSK(五级、六级)成绩报告提供听力、阅读、书写和总分四个分数,满分为 300 分,总分 180 分为合格。

(2) HSKK。考试结束一个月后,考生将获得由国家汉办颁发的 HSKK 成绩报告。作为外国留学生进入中国院校学习的汉语能力证明,HSKK 成绩的有效期为两年(从考试当日算起)。HSKK(初级)、HSKK(中级)、HSKK(高级)满分均为 100 分,60 分为合格。

5. 测试用途

HSK 成绩可以满足多元需求,为下列用途提供参考依据:

(1) 院校招生、分班授课、课程免修、学分授予;

(2) 用人机构录用、培训、晋升工作人员;

(3) 汉语学习者了解、提高自己的汉语应用能力;

(4) 相关汉语教学单位、培训机构评价教学或培训成效。

另外,HSK 考试成绩还是申请"孔子学院奖学金"和来华参加"汉语夏令营"的必备条件。

总之,HSK 是代表国家水平的汉语水平标准考试,具有相当的规范性与科学性,是检测汉语水平举世公认的考试,应试者与年俱增。举办好汉语水平考试,除了要对考试本身进行一系列的研制以外,还应当对考生进行一定的指导。对考生的指导具体而言,体现在三个方面:一是帮助考生了解汉语水平考试的有关规定、汉语水平考试的时间与地点、报名手续、考生在考前必须做的准备、考试中的注意事项,以及何时及如何获取考试结果等。二是让考生了解汉语水平考试的形式及考试项目。三是指导考生进行系统的复习和整理,提高考生的解题能力和应试能力;强化考生的心理素质,避免过度紧张,发挥出应有的水平。

二、中小学汉语考试

为鼓励汉语非第一语言的中小学生学习汉语,培养、提高他们的汉语能力,自 2004 年以来,国家汉办组织中外汉语教学、语言学、心理学和教育测量学等领域的专家,在充分调查、了解海外中小学汉语教学实际情况的基础上,开发了新中小学生汉语考试(YCT)。

(一) 测试结构

新 YCT 是一项国际汉语能力标准化考试,考查汉语非第一语言的中小学生在日常生活和学习中运用汉语的能力。新 YCT 分笔试和口试两部分,笔试和口试是相互独立的。笔试包括 YCT(一级)、YCT(二级)、YCT(三级)和 YCT(四级);口试包括 YCT(初级)和 YCT(中级)。

(二) 测试能力描述

通过 YCT(一级)的考生,可以理解并使用最常用的汉语词语和句子,具备进一步学习汉语的能力。

通过 YCT（二级）的考生，可以理解并使用一些非常简单的汉语词语和句子进行问答。

通过 YCT（三级）的考生，可以用汉语就生活中一些常见的话题进行简单而直接的交流。

通过 YCT（四级）的考生，可以用汉语完成生活、学习等方面的基本交际任务。

（三）YCT 各等级与《国际汉语能力标准》《欧洲语言共同参考框架(CEFR)》的对应关系

表6-3　YCT 各等级与《国际汉语能力标准》《欧洲语言共同参考框架(CEFR)》对应关系表

YCT	词汇量	国际汉语能力标准	欧洲语言共同参考框架(CEFR)
YCT（四级）	600	三级	B1
YCT（三级）	300	二级	A2
YCT（二级）	150	一级	A1
YCT（一级）	80		

（四）测试用途

YCT 成绩为下列用途提供参考依据：

（1）考生了解、提高自己的汉语能力；

（2）学校汉语教学的开展；

（3）相关汉语教学单位、培训机构评价教学或培训成效。

三、实用汉语水平认定考试

实用汉语水平认定考试（Test of Practical Chinese）简称 C. TEST，是北京语言大学根据客户的需求专门开发的一个新的汉语考试，于 2006 年正式推出。它是第一个专门考查社会生活及日常工作中汉语实际运用能力的实用型对外汉语考试。

C. TEST 是用来测试母语非汉语的外籍人士在国际环境下社会生活以及日常工作中实际运用汉语的能力。它的主要目的是考查应试者在商务、贸易、文化、教育等国际交流环境中使用汉语的熟练程度，对应试者的汉语实际应用能力给予权威的认定。

C.TEST 最初分为初级(C.TEST[E—F级])和中高级(C.TEST[A—D级])两个独立的考试。C.TEST(E—F)级是初级水平考试,适合于已经学习了400—600个学时汉语的应试者;C.TEST(A—D)级是中、高级考试,适合于已经学习了1 000—2 000个学时(或更长时间)汉语的应试者。考生可以根据自己的实际水平和不同需要选报其中的一种考试。2011年,北京语言大学应用户申请,研制出 C.TEST(G级)的考试,并于2012年推向市场,C.TEST(G级)主要用于比F级水平更低的汉语入门级学习者。

C.TEST 考试后考生可以把试卷带走,因此,用过的题目便不能再用。

C.TEST 的个人成绩报告单提供了更多有用信息,如应试者本人选择的答案、标准答案以及每个题目的答对率。C.TEST 证书不仅提供了应试者获得的分数和证书级别,还为考生的实际汉语水平提供了诊断性的评价,有助于应试者准确认定自己的汉语实际水平。

四、汉语综合统一考试

2010年9月,教育部颁发了《教育部关于对中国政府奖学金本科来华留学生开展预科教育的通知》,其中要求预科教育主干课程要全国统一考试,该项考试的全称是中国政府奖学金本科来华留学生预科教育结业考试汉语综合统一考试,简称预科结业统考。

预科结业统考中的汉语综合统一考试(预科结业统考除汉语综合统一考试外,还包括数学、物理、化学的学科考试)由北京语言大学汉语考试与教育测量研究所负责研制、开发。该考试于2013年7月在全国七所有汉语预科的学校首次使用。从2014年起,汉语综合统一考试每年在国内的预科教育院校举行,并很快成为衡量中国政府奖学金本科来华留学生预科教育结业水平的唯一标准。

汉语综合统一考试既要测量学生的日常语言交际能力,又要考查他们学习本科专业知识时的汉语运用能力,因而这个考试是集普通语言测试与专门用途语言测试为一体的综合性语言测试。设计原则体现为[①]:①集基础汉语和专业汉语为一体,在同一份试卷中全面考查语言的日常交际和专业领域的语言运用能力;②着重测试语言交际能力,兼顾考查语言知识;③分立式测验与综合式测验相结合;④以技能为导向,从听、读、写三个维度综合考查学生的汉语水平。

---

① 见王佶旻、黄理兵、郭树军:《来华留学预科教育"汉语综合统一考试"的总体设计与质量分析》,《语言教学与研究》2016年第2期。

⑤主客观题相结合,以客观题、半客观题的形式考查听和读的能力,以主观题的形式考查写作能力。

汉语综合统一考试由三大部分构成,分别为听力理解、综合阅读和书面表达。全卷共 121 题,包含 12 种题型,考试时间大约 160 分钟,其中,基础汉语 81 题,专业汉语 40 题。该设计模式可以在一份试卷中实现对考生的日常交际能力、基础语言知识、专业领域的语言运用能力的全面测评。同时,还可以通过四个版本中共同的 81 道题目实现对不同专业考生汉语水平的比较,为教师和教学单位提供教学参考。

五、汉语口语考试

汉语口语考试(SCT)是北京大学对外汉语教育学院和培生公司合作开发的汉语口语考试。该考试使用自动信息处理技术,使考生能够在任何时间、任何地点通过电话或计算机参加考试,考试结束后系统自动评分,考生可以立刻得到成绩。

SCT 考试的总时长为 25 分钟,有 8 个题型,共 80 道题。考试结束后,系统生成一个总分和语法、词汇、流利度、发音、声调五个诊断子分数。

相关研究表明,SCT 能有效地预测考生的口语能力,是可靠、有效的口语考试。

参考文献

刘润清:《语言测试和它的方法》,外语教学与研究出版社,2000 年。
刘力镰主编:《汉语水平测试研究》,北京语言文化大学出版社,1997 年。
刘嗣禹:《中国考试制度史》,吉林出版集团有限责任公司,2011 年。
桂诗春:《标准化考试:理论原则与方法》,高等教育出版社,1986 年。
张凯主编:《汉语作为第二语言测试研究》,商务印书馆,2019 年。
张凯主编:《语言测试理论及汉语测试研究》,商务印书馆,2006 年。
赵金铭主编:《对外汉语教学概论》,商务印书馆,2019 年。
A. Anastasi, *Psychological Testing* (5th edition), Macmillan, 1982.
B. Spolsky, *Measured Words*, Oxford University Press, 1977, 1995.
L. F. Bachman, *Fundamental Considerations in Language Testing*, Oxford University Press, 1990.

思考与练习

1. 简述语言测试的发展历史和理论。
2. 举例说明各种测试方法的侧重点是什么。
3. 请比较说明主观性试题和客观性试题的不同。
4. 为什么说在语言测试中效度和信度是最重要的质量保证?
5. 简要介绍一下你对现行的汉语水平考试的认识,你认为还有哪些需要改进的地方?
6. 简述汉语作为第二语言的测试类型及其特点。

第七章 汉语二语教学研究论

第一节 第二语言教学理论和学习理论研究

第二语言教学研究包括"教"与"学"两个方面:"教"主要研究通过什么方法和途径把有关第二语言的知识传授给学习者,涉及语言的本质和语言心理过程特征的研究。"学"则主要研究学习者的学习过程,探讨学习过程中影响第二语言学习的各种内在和外在的因素。

一、第二语言教学理论研究

第二语言教学的历史源远流长。公元前2世纪,罗马人就在家中跟希腊保姆或奴隶学习希腊语;我国早在西汉时期就有西域各国的贵族子弟前来长安学习汉语,但第二语言教学的经验状态却一直延伸到了近代。从近代开始,第二语言教学理论才精彩纷呈,蔚为大观。其中影响最大的有四种理论:语法-翻译理论、行为-结构主义理论、转换生成语法-认知理论、交际教学法理论。这四种理论在第二语言教学大纲设计、教学方法、教材编写、教学评估等领域至今仍具有现实指导意义。我们主要介绍20世纪出现的三种理论。

(一)行为-结构主义理论

行为-结构主义理论缘起于美国行为主义心理学和美国结构主义语言学。20世纪20年代初,美国心理学家华生(John B. Watson)受俄国巴甫洛夫条件反射学说的影响,提出了行为主义的观点,他认为心理学不应该研究无法证实的意识或精神世界,而应该研究看得见、摸得着的行为。他坚信有什么样的刺激,必定会产生什么样的反应,因而行为主义者应该把复杂的先天本能和后天获得的习惯还原为简单的反射,并通过S-R公式(刺激-反应)联结来分析所有的行为,以达到预测和控制的最终目标。斯金纳(B. F. Skinner)是继华生之后的另一位美国行为主义的代表人物,他在1957年发表的重要著作《言语行为》中详细地描述了行为主义的语言学习观点,并从不同的角度阐述和深化了华生的S-R理论。他认为,语言不是一种思维现象,而是一种行为。这种行为如同人类的其他行为,都是通过习惯的养成而学会的。行为主义的创始人华生认为,巴甫洛夫的古典条件反对人类行为的发展和改造具有决定意义。斯金纳则认为巴甫洛夫的"刺激-反应论"还不能够很好地解释人类的语言习得现象,因此,他提出了"操作性条件反射论",以及条件反射的各种原则,如强化和消退、及时强化、分化刺激、泛化、塑造、行为链、强化时间表、惩罚等。这一理论是基于斯金纳对鸽子的实验,他认为通过对周围条件的控制和调整以及奖励的方式,鸽子的行为可以变成复杂的模式,言语行为如同其他人类行为一样,也是由刺激引起的反应,如果反应结果得到强化,这种反应就被保留,以至形成习惯。语言学习就是一个模仿、重复、操练并通过强化形成习惯的过程。

美国结构主义语言学似乎跟行为主义心理学没有多少直接的联系,他们最初的动机只是抢救性地研究没有文字而又濒临消亡的印第安人口语。但在记录、描写、分析、寻找这些语言结构特征的过程中,语言学家们接受了行为主义的馈赠。布龙菲尔德(Leonard Bloomfield)明显地反对心灵主义,坚持行为主义的机械论。他认为语言学家应当把注意力放在语言符号上,而不去管生理学或者心理学的问题。他反对用人的内在的精神、意志或者心理来解释语言行为,希望在实证的基础上客观地观察和研究语言。他竭力主张并身体力行地把语言学研究的对象限制在话语的形式特征上。在布龙菲尔德看来,语言学的任务就是要研究采集到的话语样品,努力揭示语言的规律和结构。是第二次世界大战把美国结构主义语言学引入了第二语言教学。布龙菲尔德把结构主义嫁接到第二语言教学上,为第二语言教学开辟了崭新的局面。他非常重视第二语言学习的重复操练,并要求把听、说放在首位。因此,行为-结构主义教学理论的基本特征是:强调语言是一种人的行为,这种行为经由习惯的养成而学会。语言学习就是通过强化获得语言行为。由此发展出来的"听说法"是行为-结构主义对语言教学影响最深最广的贡献,至今还有一定的指导意义。

(二) 转换生成语法-认知理论

20世纪60年代,以提高口语能力为主的"听说法"已不适应培养高水平的第二语言人才。作为其教学理论基础的行为-结构主义理论,也在长期的实践过程中逐渐显露出了它的弱点,受到人们的质疑。美国著名语言学家乔姆斯基(Avram Noam Chomsky)发表了《对斯金纳言语行为的批评》的书评,对行为主义心理学和结构主义语言学理论提出了尖锐的批判。

乔姆斯基创立了转换-生成语法,并提出了语言能力和语言行为两个不同的概念。他认为语言不是一套习惯,而是受规则支配的体系,这些规则既复杂又抽象。学习语言就是要掌握、内化这些语言规则。人的语言能力与生俱来,人具有天生的"语言习得机制"(language acquisition device,简称 LAD),每个人的头脑中都有一部普遍语法,在后天与某种语言的接触过程中,通过普遍语法和外在语言的磨合,慢慢地学会该种语言。学习语言决不是简单的刺激-反应过程,而是充分发挥人的思维能力和天生语言能力的过程,是靠不断根据输入的语言材料,对语言规则提出假设-验证,对这些规则进行内化和运用的过程。因此,乔姆斯基认为:①语言学研究的内容是语言能力,即语言知识,或称为语言使用者已经掌握的潜在的规则系统,而不是语言行为;②语言有表层和深层结构之分,语言使用者的话语只是语言的表层现象;③语言具有生成性,一套数量相当有限的语法规则可以产生出数量无限的句子,一个语言使用者不必事先在头脑中储存大量现成的语句,它只需要运用规则去创造、去理解;④语言有差异,更有共同之处,所以语言学应着力研究不同语言之间的共同之处,以揭示语言的共同规律和本质。

与转换-生成语法理论几乎同时对第二语言教学理论产生重要影响的还有认知心理学。认知心理学重视感知、理解、逻辑思维等智力活动在获得知识中的作用。20 世纪 60 年代初,瑞士著名心理学家皮亚杰通过长时间对儿童认知发展的观察和研究,创立了发生认识论,与行为主义心理学的刺激-反应学习理论抗衡。皮亚杰提出了自己的 S-(AT)-R 公式,用以说明一定的刺激(S)只有被个体同化(A)于认知结构(T)之中,才能对刺激(S)作出反应(R)。他用同化和顺化两个概念来解释主体认知结构与环境刺激的关系。同化是主体把刺激整合于自己的认知结构中,一定的刺激只有被主体同化于他的认知结构,主体才能对它作出相应的反应。主体认知结构由于同化刺激而发生变化以顺应对象叫顺化。所以认知离不开认知结构的同化和顺化作用。

值得一提的是,转换-生成语法真正为语言学界所采纳还得益于格式塔心理学的理论支持。格式塔学说起源于一种对知觉的研究,将知觉的组织原则应用于学习和记忆等问题,虽然这一学说起步较晚,但它们带来一种与行为主义针锋相对的全新角度,逐步形成了一套颇具特色的学习理论。在格式塔心理学家那里,学习是一种智慧的行为,是一个顿悟的过程,需要有理解、领会与思维等认识活动的参与,并体现为一种突现和飞跃的过程。他们认为人或动物对问题的解决不是来自盲目的试误，也不是出于各个部分偶然碰巧的凑合，顿悟的结果能使个体形成新的认知结构。所以，格式塔心理学家们反对桑代克（Edward Lee Thorndike）的试误说，以及由试误说和刺激-反应论所引发的死记硬背和重复操练，提倡"有意味的学习"，认为感知、认知才是学习的本质。他们强调学习者在学习活动中的主体地位，教师的任务不是控制学生，而是帮助学生总揽问题的情境，使他们明白解决问题的方法和缘由，以便在理解和领会的前提下产生顿悟。他们认为，学习贵在打破旧知识和旧模式的束缚，举一反三，触类旁通，促进创造性思维和智力水平的提高。格式塔学习理论是西方学习理论中最重要的学说之一，在很大程度上弥补了行为主义学习理论的不足和缺陷。它与认知心理学遥相呼应，与转换-生成语法互为犄角，扩大了人类的视角，深化了人类对语言的认识，也丰富了我们对语言教学实践的思路。

（三）交际教学法理论

20 世纪 70 年代崛起的交际教学法理论（又称社会语言学-语言学习理论）认为，语言的本质在于它的社会性和交际性，语言教学的任务不仅仅是要使学生获得语言能力，更重要的是要让学生获得交际的能力。

乔姆斯基在《句法理论面面观》中曾经提出两个非常重要的概念：语言能力和语言行为。乔姆斯基的语言能力不是一种处事能力，甚至不是一种组织句子和理解句子的能力，而是某种远比语言本身抽象的知识状态，是一套原则系统、一种知识体系。语言能力的提出得到了许多语言学家的认同，但也在语言学界引起了不少争议。这些争议多数来自社会语言学家，海姆斯（D. H. Hymes）是其中最有代表性的人物。针对乔姆斯基的语言能力，海姆斯提出了交际能力这一概念。这个概念包括以下四个方面的内容：①语法性，某种说法是否（以及在多大程度上）在形式上可能，即能从语法、语音、词汇等语言系统本身的角度判别某种说法是否正确；②可行性，某种说法是否（以及在多大程度上）在实施手段上可行，即懂得哪些句子是可以被接受的；③得体性，某种说法是否（以及在多大程度上）在语境上得体，有些话语在语法上可能，在实施上可行，但在语境上不恰当；④现实性，某种说法是否（以及在多大程度上）实际出现了，即懂得哪些话是常用的。海姆斯的交际能力理论很快崭露头角，成为第二语言教学新思想、新方法的主要源头。大量的实践表明，语言能力并不等于交际能力，语言知识并不等于语言运用，第二语言教学的根本目的是要培养学习者获得语言知识并发展他们有效的交际能力。

英国功能语言学对交际教学法理论的形成也产生过直接的影响。在交际教学法的形成过程中，韩礼德（M. A. K. Halliday）的功能语言学理论功不可没。

韩礼德认为,语言是表达意义的系统,而不是产生结构的系统,因此,语言研究不能就语言而研究语言,应该把语言研究与语言使用者及其使用环境结合起来。他承认语言形式分析有其不可动摇的重要性,但更应注重研究语言的社会功能。在韩礼德看来,语言有三大功能,即认知功能、交际功能和语篇功能。三者在语言中同时存在,因为说话者总是通过连贯的语篇和别人交际的同时反映周围的客观世界和自己的内心世界。结构主义、转换生成理论和认知理论忽视语言的交际功能和语篇功能,脱离语言的根本目的,因而不能广泛适用于语言的教学实践。

交际教学法理论在汲取各种理论营养的过程中,还充分吸收了第二语言学习理论的长处和优点。交际法理论整合了第二语言学习理论,强调从学习主体出发,从学生的实际需要选择教学内容和制定教学方法,充分调动学习主体的学习积极性和主动性,在语言交际中学习语言。在对待学生的语言错误上,交际教学法一反"听说法"有错必纠的做法,认为错误是学习语言过程中由不完善到完善的路标,只要不影响语句完整的理解,应该容许学习者不尽完善却促使进步的有效交际。

二、第二语言学习理论

在第二语言教学史上,很长一段时期内,第二语言教学研究的重心几乎都放在教师"如何教"的方面。这种以"教"为中心的观点,在行为-结构主义理论盛行的时代得到了进一步的强化,直到20世纪50年代末60年代初才受到巨大的冲击。纷至沓来的认知心理学、格式塔心理学、转换生成语言学、社会语言学的诞生和发展,不断地刷新着人们的教育理念。在第二语言教学领域内,教师和教学研究者的天平也逐渐发生倾斜,逐步确立了"以学习者为中心"的主体地位,语言教学的研究重点逐渐从"怎么教"转移到"如何学"。第二语言学习理论研究领域涉及第二语言学习与母语习得的差异以及这种差异对第二语言学习的影响,语言输入在第二语言学习中的作用,学习者的认知方式、情感因素以及学习策略与第二语言学习的关系,等等;在研究和实验的基础上,又提出了许多第二语言学习模式,如对比分析、偏误分析、中介语理论、文化适应模式、话语模式、输入假说、语言普遍性理论、神经功能模式、变量模式等。下面主要论述输入假说和文化适应模式。

(一)输入假说

输入假说是20世纪70年代至80年代早期第二语言学习理论研究中最有

影响的学习理论之一,是由美国语言学家克拉申(S. D. Krashen)根据自己大约十年的研究成果提出的。克拉申的假说有很多不同的术语,早期称为监察模式(monitor model),后来改称习得-学习假说(acquisition hypothesis),近些年命名为输入假说(input hypothesis)。这一假说由五个相互连接的假说组成:①习得与学习区分假说,②监控假说,③自然顺序假说,④输入假说,⑤情感过滤假说。

1. 习得与学习区分假说

克拉申认为成年人是通过两种不同而又独立的方式学会第二语言的,一种是潜意识的习得;另一种是有意识地学习。前者像儿童学习母语一样,注重的是内容和效果,而不是语言的结构形式;后者指的是有意识地学习语法规则,这种有意识地学习只能增加语言知识。习得是主要过程,学习只是以"监控"者的身份运用自己学到的语言知识对所说的话起一种监控和修正的作用。

2. 监控假说

该假说同"习得与学习区分假说"密切相关,习得与学习的作用是不同的,通过学习获得的语言知识在头脑中起监控语言的作用。监控是指说话者对自己所说的语言进行检查和控制,也就是利用有意识地学习得到的语言规则或知识对所说的语言进行正误检查和修改。这种检查可以在说话之前,也可以在说话的同时或者之后[①]。只有通过意识监控,第二语言学习者才能在一定程度上提高语言的准确性。但是,这种监控只有在下面三种条件下才能发挥作用:①有充足的时间,②学习者的注意力集中在形式结构上,③学习者懂得有关规则。

3. 自然顺序假说

克拉申认为,无论是儿童还是成人,学习母语还是学习第二语言,不管他们的文化背景多么不同,都按一种可预测的顺序习得语法结构,即有些语法结构习得较早,有些语法结构习得较晚,他们都有几乎相同的习得语法规则的顺序。

4. 输入假说

克拉申认为这是他整个习得理论中最重要的部分,因为输入假设回答了语言教学领域中最重要的问题,即学习者怎样习得一种语言,尤其是第二语言。它与结构主义语言学家提倡先学习句子句型,再运用这些句型去进行交际的观点正好相反——学生要先"获得意义",再从中习得语言结构。克拉申指出,理想的

---

① 袁博平:《第二语言习得研究的回顾与展望》,《世界汉语教学》1995年第4期。

输入应具备四个特点：第一,可理解性。理解输入的语言是语言习得的必要条件,不可理解的输入对学习者没有任何作用。对初学者来说,听那些不理解的语言等于浪费时间。第二,既有趣,又有关联。输入的语言不仅要有趣,而且还要有联系,这样学习者才能轻松地学习语言。第三,要有足够的可理解的输入。语言习得重要的是有足够的可理解的输入,按语法程序安排的教学,不仅输入不够,而且没有必要。第四,非语法程序的安排。根据克拉申的观点,输入假设要求输入必须含有"i+1"才有利于语言获得。其中,"i"表示学习者现有的水平,"1"表示稍稍高出学习者现有水平的语言知识。如果学习者在习得过程中大量接触"i+1"的语言材料,学习者便会在理解信息的同时,自然而然、不知不觉地习得新的语言知识。

5. 情感过滤假说

克拉申注意到,输入的语言信息并不总是被学习者吸收,即使极容易理解的语言信息也是如此,因为情感因素起着过滤输入的作用。情感因素包括动机、信心和焦虑等,这些情感因素被看作可调节的过滤器,它会阻碍或加速语言的习得。可理解的语言输入只有通过过滤器才能达到语言习得机制;当学习者缺乏动机、自信心,感到焦虑,担心暴露弱点时,进入语言习得机制的语言信息输入便会受到阻碍。克拉申的这一观点提示人们在第二语言教学过程中,要重视情感因素对语言习得的影响,要多鼓励学生以增强他们的自信心,要帮助学生减少焦虑,让他们的情感过滤始终保持在最低限度,而使输入的语言材料易于吸收。

克拉申的输入假说理论被认为是第一套关于第二语言学习的完整理论,在第二语言教学界引起很大的反响。克拉申关于"学习"与"习得"的区别较合理地解释了通过课堂教学学习第二语言和在自然环境中习得第二语言的不同效果。但对在第二语言学习过程中区分"学习"和"习得",许多学者也持有不同的看法：第一,把第二语言学习过程完全等同于第一语言习得过程是不科学的。第一语言习得是儿童生长发育时期的某一特定阶段的现象,第一语言习得实际上是一种社会化的过程。第一语言能力的获得是与儿童的智力、认知能力和其他社会能力的获得交织在一起的,是儿童生长发育和社会化的一部分,它会随着儿童发育的基本完成而一去不复返。第二语言学习一般都是在第一语言习得完成后进行的,其认知基础已发生了根本性的改变,所以,第一语言在"获得"意义上的"习得",在第二语言学习中已经不可能重新复制。第二,第二语言学习中的有意识、潜意识和无意识很难作出明确的区分。在自然语言环境中习得第一语言并非都是无意识的,在课堂上学习第二语言也不一定都是有意识的。成人第二语言的获得,是从有意识地学习逐渐发展为对语言的自然习得的过程。两者的关系好像两个上下倒置、部分交叠的三角形。随着时间的推移和语言水平的提高,成人第二语言学习中习得的成分越来越大,学习的成分就相对变小了。与此相反,儿童对第一语言的掌握都是从潜意识的习得开始,随着年龄的增长,有意识学习的成分越来越大,到入学以后,就变为以有意识地学习为主了①。

(二) 文化适应模式

文化适应模式是由美国应用语言学家苏曼(J. Schumann)在20世纪70年代后期提出的。文化适应是指适应一种新的文化背景的过程。苏曼指出文化适应有两种模式:一种是学习者不但在社会活动方面与新的文化尽量多的接触,而且在心理上也对新的语言充分开放;另一种是除了上述特征外,还有意识地自愿接受新的文化生活方式和价值观念。文化适应模式主要是解释了自然状态下第二语言习得过程。苏曼认为第二语言习得是一个文化适应的过程,第二语言掌握的程度取决于学习者适应第二语言文化的程度。文化适应模式强调第二语言获得是由学习者与所学语言的文化之间的社会及心理距离决定的。距离越近,第二语言越容易获得。社会距离是学习者在与第二语言的社会成员接触时产生的,心理距离则由学习者的各种因素所致。苏曼认为,第二语言学习者与所在国成员是否具有平等的地位,第二语言学习者与所在国成员是否均希望学习者同化,第二语言学习者与所在国成员是否共同享用社会福利设施,第二语言学习者数量的多少,两种语言使用者对对方的态度,第二语言学习者母语文化与第二语言文化间差异的大小,第二语言学习者是否期待长期居留所学语言国等,这些因素均可影响学习者的社会距离。影响心理距离的因素包括语言障碍、文化障碍、学习动机、个人形象等方面。这些社会因素和心理因素决定了学习者使用或接触第二语言的多少。在社会距离大的情况下,学习者只能接收少量的语言输入;当心理距离大的时候,学习者不可能将所听到的第二语言应用在自我表达之中。

第二语言学习是个极其复杂的过程,尽管各种理论精彩纷呈,启人心智,但到目前为止,还没有一种语言学习理论能全面解释第二语言学习者是如何学会第二语言的。因此,第二语言学习所涉及的第二语言学习者的个人因素、学习过程、学习环境等诸多因素还有待于进一步探索和研究。

---

① 刘珣:《对外汉语教育学引论》,北京语言文化大学出版社,2000年,第154页。

第二节 汉语二语教学法和课堂教学技巧研究

一、汉语二语教学法研究

（一）汉语二语教学法研究的历史

教学法是汉语二语教学的一个十分重要的课题。教学对象、教学内容、教学目标确定之后，最重要的就是找到一套效果好且省时、省力的教学方法。建立起完整的、科学的教学法体系，也是汉语二语教学学科确立的一项重要内容。从20世纪70年代末80年代初汉语二语教学学科建立以来，学科理论研究在学科的性质、学科的理论基础、总体设计理论、教学法理论、阶段教学与对不同母语学生的教学、辅助教学、课堂教学技巧、教材编写、测试理论、教学史以及汉语语言学等学科体系的各个方面都全面展开。在研究的理论性、系统性、层次性和广泛性等方面都跃上了新的台阶，成果累累。

1979年，《语言教学与研究》试刊发表了钟梫1965年写成的《十五年汉语教学总结》。这篇文章用了相当的篇幅专门论述了教学法问题。这可以看作对当时具有典型意义的教学法进行专门论述的文章。在此之后，汉语二语教学界陆续发表文章，对20世纪五六十年代的教学原则及教学方法进行总结、回顾、分析、评价，并就钟文中的一些说法提出不同观点。通过回顾事实与讨论，使得对问题的认识深入了一步。从教学法研究的角度看，20世纪五六十年代的汉语二语教学，可归纳出以下特点：

（1）教学路子是以教授词汇、语法规则等结构形式为核心；
（2）教学原则是尽量减少理论讲解，以学生的实践活动为主体；
（3）教学目标是培养学生听、说、读、写四会的语言能力；
（4）教学步骤是贯彻循序渐进、加强听说、阶段侧重、语文并举。

初期的汉语二语教学，尽管受当时占主导地位的语言学理论影响较深，但从一开始就注意到它同国内语文教学的区别，一直把培养学生的汉语语言能力放在突出的位置，并且从自身的教学实践中积累了一套可行的办法。这些宝贵的经验，为后来汉语二语教学学科的发展奠定了良好的基础。

汉语二语教学法实际上包含两方面的内容：从宏观上说，它是教学理论的一个完整体系，是处理教与学各类关系的一系列指导性原则；从微观上说，它又是贯彻这些理论、原则的一套方法和各种技巧。明确了汉语二语教学法的研究范畴,对科学地开展这方面的研究至关重要。20世纪70年代末,随着国内、国际形势的变化,随着汉语二语教学事业的恢复和发展,人们有机会看到国外语言教学理论研究的进展。二十多年来,在引进、吸收国外理论方面,对本学科产生了较大影响的有以下几项:

1. 系统地介绍国外各种外语教学法流派

国外第二语言教学历史上出现过各种各样的教学法流派,汉语二语教学界对这些教学法流派并不陌生,但由于研究不够,缺乏比较全面地了解,"借鉴"也往往是套用一些具体的方法技巧,甚至被一些表面的新奇所吸引,因而面对各种各样国外教学法的更替常感到困惑。如何正确地认识和对待国外教学法流派,对于汉语教师和研究工作者来说非常重要。我们应该不断地研究新的理论观点,从而接上与外部世界的联系,使自己更加自觉地归入第二语言教学的行列,并努力跟上这一学科发展的步伐。

2. 引进"功能法"的原则

"功能法"是在人们发现"结构派"教学路子的缺陷之后而形成的教学法流派。它强调语言作为交际工具的本质,强调言语行为在实际交际目的中的作用。对照20世纪五六十年代的汉语二语教学,"功能法"的原则具有相当强的针对性。它促使人们对汉语二语教学的性质、特点,对指导教学的理论、原则,对用于教学的手段、方法,重新进行思考。吸取其合理内核,结合自身实际,于是在教学理论宏观研究方面,在组织课堂教学活动方面,特别是在教材编写方面,都引起了一系列变革,从而把教学法研究推入一个新的阶段。

3. 强调文化因素在教学中的作用

20世纪80年代中期以来,"文化"成为汉语二语教学研究及实践中的热点。这期间,涉及跨文化交际、国情学、语言教学与文化的关系等方面的文章发表了很多,使我们又能从一个新的角度去考察汉语二语教学。"文化"是一个内涵极为丰富的概念。第二语言教学的内容始终包含着一定的文化因素,但是还需要探讨第二语言教学中究竟应该包含哪些文化因素。这不但对改进教学内容,而且对编排设计言语训练情境,甚至对完善训练体系及其原则,都具有重要意义。

4. 语言习得理论引起人们新的思考

以往的语言教学理论,在"教"和"学"两个方面,多是把"教"放在主导和核心的位置,曾提出语言教学的关键是"教什么"和"怎样教"。语言习得理论却从弄清学习者获得语言能力的过程入手,以揭示出其中的规律。这一新的考虑角度,启发人们从另一方面去寻找语言教学的成功之路。基于这个基础,有些学者提出,在第二语言教学活动中,应该把重点从"教"转移到对"学"的研究方面来,强调"以学生为中心"。这一新的研究视角的提出,引起国内心理语言学界、外语教学界的重视,出现了一批评介国外有关理论及论述自身研究成果的文章。同样,汉语二语教学界也表现出对这一课题的关注,并在汉语中介语理论研究以及汉语习得研究方面取得了一定的进展,提出了一些有关语言学习理论与语言教学理论关系的许多论题和论点,这对推动汉语二语教学法研究将产生深远的影响。

(二)近年来的汉语二语教学法研究

对于国外语言教学法的引进和借鉴,应该立足于建设自身理论体系和改进教学实践。1983年6月,吕必松在对外汉语教学学会成立的开幕词中,提出了建立完整的、科学的汉语二语教学体系的学科建设目标。在这之后,汉语二语教学法研究便沿着宏观研究和微观研究两个方向推进。

首先是开辟了汉语二语教学宏观研究的新领域。这一领域的开辟,使得汉语二语教学法研究逐步走上了科学的轨道,作为一门独立的学科逐渐获得发展。

20世纪80年代初以来,汉语二语教学界的学者们相继发表文章,对本学科的性质、特点,指导教学的思想、原则,教学中需要处理好的各类关系和矛盾,重新进行分析、论证,从而对第二语言教学的本质、对汉语作为外语教学的特殊性、对教学中贯彻的实践性原则等理论问题的认识进一步深化,由此再做归纳和梳理,把新的认识结合到实际中,提出了总体设计的理论。整个教学过程的四个环节——总体设计、教材编写、课堂教学、测试,既概括了教学活动的全部内容,又划分了理论研究与教学实践的不同侧重点,这样就为整个教学体系搭起了基本的结构框架,为汉语二语教学的学科建立奠定了基础。至此,宏观理论研究还突破了"基础阶段"的局限,向"中高级阶段"延伸,出现了一批讨论中高级汉语二语教学的文章,还组织了专题研讨会。有关中高级汉语二语教学论题的展开,更加丰富和充实了汉语二语教学理论研究的内容。

汉语二语教学法宏观研究的成果,除见于期刊和结集的论文外,还集中于本学科的一批专著里,如:吕必松的《对外汉语教学探索》《对外汉语教学发展概要》《对外汉语教学研究》等;盛炎的《语言教学原理》;张亚军的《对外汉语教法学》;赵贤州、李卫民的《对外汉语教材教法论》;戴桂芙的《对外汉语教学法研究》;刘珣的《对外汉语教学概论》和《对外汉语教育学引论》;程棠的《对外汉语教学目的原则方法》;赵金铭的《对外汉语教学概论》;周小兵、李海鸥的《对外汉语教学入门》;李杨的《中高级对外汉语教学论》和《对外汉语教学课程研究》等。诚然,这批著作的论述不限于宏观研究方面,但这批专著的出版,标志着汉语二语教学法研究已经上升到应有的理论高度和层次,使本学科的理论研究在国内以

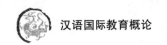

至国外都被当然地列入所属的学科门类,成为其重要的组成部分。

与宏观研究相呼应的,是微观研究方面的进展。这期间发表的有关论文,大多脱离了就事论事、个人体会等经验型文章模式,对研究对象能从理论原则的高度进行具体深入的分析,体现出理论指导实践的特点。

用不同的方法训练不同的语言技能,是微观研究中突出的一个方面。培养学生具备听、说、读、写四方面的语言能力,是从汉语二语教学初创时期就明确提出了的。自20世纪80年代以来,从讨论课程设置的变化,引出了按不同语言技能划分课型的主张,进而提出不同语言技能须用不同方法来训练的原则。这样,就开始了分技能训练的教学实践和研究。

在分技能训练的实践和研究中,听力、阅读两项最为突出。有关这方面研究文章的共同特点,是从信息传递过程,人脑对有关信息的接受、储存、提取、反馈等生理机制,语言内化以及与之相关的条件等方面,深入分析听、读能力的形成,继而把听、读能力再分解为若干相对独立的微技能,进而采用不同的材料和方法,分别进行训练。通过细致入微的观察、分析,发现学习者对所接触材料的量与对词汇、背景等已知信息的熟练掌握程度,是总体上提高听、读能力的关键。这样就从理论的高度改变了"以精读为中心"的教学模式基础,由此引发教学上的一系列改革。研究出听力训练和阅读训练方面各自具有的特色和训练方法。有关说话、汉字、写作等课型或技能训练的研究文章,也多是从新的层面、新的视角,密切结合教学实际,以一定的理论原则为依据进行论述,使人得到实际的启发。声像材料、电子计算机等现代科技在教学中的应用是个新的课题。一些关于视、听、说教学的论述以及关于计算机辅助教学的专论文章,着重探讨了汉语二语教学如何主动、有效地运用现代科技手段的问题。尽管这方面的文章数量不多,但在当今科技发展迅速的年代,它却代表了一个有着广阔前景的研究领域。

总结近十几年来汉语二语教学法研究在各个方面的进展,我们发现汉语二语教学在学科建设和教学实践上都建立起了理论基础和理论框架。如明确了以总体设计为主导去组织教学过程的各个环节,形成了"结构-功能-文化"相结合的教学路子的共识,出版了上百种/套不同类型、不同阶段、不同课型、具有不同特色的教材,实施了分技能设置课程的教学安排,归纳出了一套用于不同语言技能训练的方法并日趋成熟,同时还建立了不断完善的有效的汉语水平测试系统。

(三)汉语二语教学法研究的方法

汉语二语教学法研究发展到当前阶段,又面临着如何使之继续深入下去的课题。

汉语二语教学研究首先是教育研究，教育学和行为科学的研究和方法都可以运用。与一般教育研究不同的是其具体教学内容是语言，因而语言科学研究的一些方法也适用，这就形成了该学科研究方法的特点：通常采用语言研究与教育行为科学研究相结合的方法。

一般的研究方法（如观察法、调查法、经验总结法、文献研究法、实验法、个案研究法、相关分析法等）也是该学科通用的研究方法；对比分析法、偏误分析法、话语分析法等，则更带有语言教学研究的特色。下面对这十种方法做一些简要介绍。

1. 观察法、调查法、经验总结法、文献研究法

观察法、调查法、经验总结法、文献研究法是汉语二语教学学科里用得比较普遍的研究方法。从事语言教学的研究者和教师正是通过课上、课下和社会实践活动，对学生进行观察和记录。这样所获得的第一手资料常常成为用其他方法特别是经验总结法进行研究的基础。

经验总结法可以说是该学科用得最多的方法。从现存的早期论文，到1979年《语言教学与研究》试刊发表了钟梫1965年写成的《十五年汉语教学总结》，以及近十多年来各种学术会议和期刊论文集中的论文的绝大部分，都是运用经验总结的方法写成的。这在学科发展的一定阶段是正常的现象。

调查法是根据一定的目的，有计划地从一定量的样本中搜集有关研究对象的资料，从而对研究对象的整体进行推断的方法。调查法与观察法的相同之处是，两者都是在自然状态中获得事实；不同之处在于调查法是一种间接的观察法，因而不受时空的限制，既可以调查现状，也可以调查历史资料，可以调查国内国外的情况，具有观察法和其他方法难以达到的广度。调查的具体方法有访谈法、问卷法和测试法等。近年来，汉语语言研究在词汇、句型、口语、测试等方面通过大规模调查、统计得到了不少有价值的可作为理论依据的数据、材料。

文献研究法主要是通过对文献资料的阅读、分析、研究以获取信息或得出一定的结论，常用于介绍或评述某一学术问题。

2. 实验法、个案研究法、相关分析法

实验法是国外第二语言习得和教学法的主要研究方法，也一直为我国心理学和教育学研究者所使用。近年来，实验法开始为汉语教师所重视，很多教师结合自己的课堂教学进行小型实验，并把这种实验与科研和教学紧密结合起来，任课教师自己就可以实施，简便易行，所得出的结果也是很有价值的。除了这些小型实验外，组织适当人力进行一些重点的中型或大型实验，也是十分必要的。实验法的关键是：第一，必须有作为实验目的的假说，并根据这一假说进行精确的

实验设计;第二,在实验过程中对非研究变量进行控制;第三,对实验获得的数据和资料进行分析,对一些理论问题进行讨论并对假说进行检验。

个案研究是指对某个人或某件事等限定以进行集中、深入、全面的研究。就语言教学来说,常常是对一个学生或教师、一个学校或团体、一门课或一个事件进行纵向的跟踪研究。根据马克思主义哲学有关个性与共性、个别与一般的论述,典型的个案研究有助于认识同类事物的全貌。个案研究最早用于儿童语言习得和语言人类学。个案研究也是一种适合于语言教师使用的研究方法。西方学者认为,随着不断增长的对语言习得和教育过程的社会因素、文化因素研究的需要,个案研究法将更为重要。这一方法的弱点是它所得出的结论不一定具有普遍意义,因此需要与横向规模研究相参照。

相关分析法则是对研究对象群体特征的定量分析,以研究各特征之间或多元因素之间的相互关系。这种研究方法广泛应用于语言测试、语言学能、语言习得策略、语言使用心理、语言变体等课题中,以研究如学习态度、情感变量、语言水平、文化背景以及教师行为等因素之间的关系。

3. 对比分析法、偏误分析法、话语分析法

对比分析法是语言研究和语言教学研究最常用的方法,用来对两种或多种语言的相同和相异之点进行对比研究,以加深对所比较的事物的认识,从而发现新的特征和新的规律。在汉语和其他语言的对比分析方面,已经有不少研究成果,但较少对不同语言或不同语言的学习者在语言习得或教学方面的过程或规律进行比较。具体地说,第一语言习得和第二语言学习的比较,第二语言学习(有目的语的语言环境)和外语学习(没有目的语的语言环境)的比较,不同母语的学习者学习同一目的语的比较,同一语言学习者学习不同目的语的比较,不同学习策略或不同的教学方法流派的比较等,都是很好的研究课题。

偏误分析已经成为第二语言习得过程研究和中介语研究的最重要的方法之一,成为汉语二语教学研究的热点之一,现在应当对这一研究方法进行总结。要避免重复研究或者同一水平上的研究,就需要与其他的研究方法(如实验法、话语分析法等)相结合,开创研究的新局面。在学习对象使用汉语情况以及中介语研究等方面,也取得了包含大量实际材料的成果。但是在教学法研究领域,针对教学过程或教学活动本身,针对学生语言技能习得过程,通过调查、观察,积累基本数据的选题项目,还比较少见。

话语分析法即对超出句子层面的语言和语言教学的研究方法,在语言学界和语言教学界都还是一种新的事物。它是随着对语言的语用研究、对语言习得的社会文化因素的研究以及语言教学交际性原则的研究的发展,而产生的最重

要的研究方法。这也反映了对语言和语言学习的更为广阔的新视野。话语分析法几乎能用于语言习得与教学的所有课题,并能带来新的境界。在汉语二语教学界,这一方法还只是刚刚开始,特别需要做一些勇敢的探索。

汉语二语教学的研究方法远不止以上这些,但这些方法都适合本学科的研究。在方法论原则的指导下,综合运用这些方法,必将进一步提高学科的研究水平。

教学法研究已经从宏观和微观两个方面铺展开来,但从学科总体看,同对汉语本体的研究相比,它仍然处于滞后状态。教学法研究本身也不平衡,宏观研究仍是薄弱环节。进行教学法研究,借鉴国外属于普遍理论的那一部分是必不可少的;但是重要的是学习西方学者研究语言的方法,而不是套用他们的研究成果。而且从根本上说,要建立自己的理论体系,如果没有用科学的方法通过观察、实验所得出的结论作为依据,这种体系也很难说具有真正的独立性。

汉语二语教学法研究具有明显的跨学科特点,一些重要选题不妨采取与语言学界、心理学界联合攻关的方式。我们的学科有着来自不同国家、操不同语言、数量众多的汉语学习者,作为各类选题的研究对象,这是不可多得的丰富的资源,它对许多相关学科的学者来说也是极具吸引力的。只要能找到解决一些实际问题的途径,这种合作的前景应该是十分广阔的。

汉语二语教学法理论性的研究真正开展起来的时间短,基础还比较薄弱,许多方面都亟待加强。而当前教学现实的变化非常之快,其情形时常超越我们的预料和想象。我们的教学对象,从来华学习汉语的学生的数量、学习目的、社会层次,到文化水平、兴趣爱好、学习心态等,时时都在发生着变化,以致我们在面对现实时常常手足无措,用常规的模式、手段无法应付。

前文提到,我们的学科建设目标是要建立完整的、科学的教学理论体系。从根本上说,这一体系的建成仍须依赖双向研究成果的逐步积累。但目前的形势是,汉语二语教学发展迅速的现实在向我们挑战,逼迫我们必须尽快打破传统的教学模式,增强教学内容、教学方法的灵活性,以不断提高教学机制的应变能力。

第二语言教学的实践使人们逐渐认识到,由于教学中各种因素的复杂多变,十全十美、包治百病的汉语二语教学法是没有的。因此,我们要建立的教学理论体系,也不应该是一成不变的模式,而是一系列有着内在联系的处理教与学两方面各种关系的指导性原则。这一系列原则的建立,一部分是运用国外的语言教学理论;另外,也是更主要的,则靠从自身的教学实践经验中总结、提炼,上升为新的理论。

近年来,各类短期班、进修班学生的数量迅猛增加,这为我们从新的教学实践、新的教学情况材料中提取新的经验、原则提供了更为有利的条件。我们可以

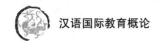

借助语言、文化对比以及其他方面的研究成果,或者从某一个国家或某一类学生入手,通过观察、调查和实验,了解他们学习过程中带有共同性的心理状态和特点,再通过分析、比较,使用有针对性的教学措施,经过反复调整、摸索,就有可能以此为契机,逐步形成针对不同国家、不同类型学生特点的汉语教学方法。

根据目前教学法研究现状和实际发展的趋势,在顾及汉语二语教学理论研究的同时,更要着力于对教学实践的研究和开发。只要我们在研究选题上有创新的立意,有切实可行的步骤方法,就一定会有所收获。积累起这方面的成果,不但能面对教学现实的挑战,而且也会从宏观上大大地推动教学法理论研究的进程。

二、课堂教学技巧研究

如何在每一堂课的具体教学实践中去实现教学总目标和培养学生听、说、读、写"四会"的语言能力,都依赖任课教师个人的教学方法和技巧。课堂教学技巧只能由任课教师个人掌握,不同教师对同一本教材、同一课文的处理具有很大的灵活性。

(一)课堂教学技巧的概念

课堂教学技巧实际上包括两类课堂教学行为:第一类是教师的行为,即教师在课堂中为了让学生更好地理解和掌握所学语言项目或言语技能所使用的手段,比如用实物或者图片等介绍生词;第二类是学生的行为,即为让学生掌握所学的语言项目和言语技能,学生在教师的指导下进行的课堂操练方式,比如通过替换练习让学生掌握新学的语法项目。

对于课堂教学技巧,近年来有了一些研究,但介绍经验的多,全面的、系统的整理不够,更谈不上有系统的理论。究其原因是经验不够,可提供的数据、实例和材料太少,研究的深度也不够,不足以形成理论。目前有不少有教学经验的教师已经开始重视并着手做了一些工作,这些有益的工作可以说是从实践到理论的过渡性工作。

(二)课堂教学技巧的构成

课堂教学技巧是外语教学法的一个重要组成部分,它的结构构成是:教学单元、教学环节、教学步骤、教学行为。

1. 教学单元

教学单元是依据教材的教学进程划分出来的教学过程。在内容上,一个教学单元是包含了教学大纲中一个到数个教学项目的一课书;在形式上,一个教学单元表现为一课书的整个教学过程;在时间上,一个教学单元可以是一节课,也可以是数节课。

2. 教学环节

一个教学单元可以依据课堂上特定时间里所处理语言项目的类别划分为若干教学环节。教学环节是为实现一个教学单元的教学目的所设计的过程。比如一个单元的精读课可以划分为如下的教学环节:检查复习预习情况、生词处理、新语法点处理、课文处理、归纳总结、布置作业。

3. 教学步骤

教学环节可以依据对语言项目的处理方式划分为若干个教学步骤。比如精读课"处理新语法点"这一教学环节一般可以由以下四个教学步骤构成:展示语法点、解释语法点、练习语法点、归纳语法点。

4. 教学行为

一个教学步骤是由一个到数个为达到相同目的的教学行为构成的。比如操练一个语法点,可能是由领读、替换、问答等教学行为构成;再如处理生词,可以通过领读、图示、讲解、造句、听写等教学行为构成。以上的教学行为都是为了一个共同的教学目的。

教学行为是课堂教学中最核心的单位。每一个教学单元、教学环节、教学步骤都是通过一系列教学行为来实现的。而课堂教学技巧在课堂中有着非常重要的作用。课堂教学技巧就是师生两方面的一个个具体的教学行为。课堂教学技巧是课堂教学的基本单位,课堂教学是由课堂教学技巧构成的,任何课堂教学,都是在运用某些课堂教学技巧。因此,语言教学是一门科学、一种艺术,可以毫不夸张地说,这种科学、艺术归根到底表现在教师对教学行为的选择和运用上。

(三) 汉语二语课堂教学技巧的特点

一般课堂教学要完成传授知识和培养能力两项任务。以培养语言交际能力为目的的汉语二语教学,除了体现一般课堂教学规律外,还受到汉语自身特点的影响,如汉语的主要特点是有声调、用语素文字(又称表意文字)汉字记录汉语、没有严格意义上的形态标志等。对于大多数学习者来说,这些特点是他们母语里所没有的。汉语的这几方面的特点影响到学习者学习汉语的各个方面和整个学习过程。无论是语言中的语音、词汇、语法、汉字这些项目,还是语言技能听力、口语、阅读、写作的教学都要受到它们的制约。这些特点也决定了汉语教学过程与其他语言作为外语教学的区别。主要表现在:

1. 课堂教学原则

汉语二语教学虽然也教授语言知识,但与一般以理论知识传授为主要目的的教学有着根本的不同。汉语二语教学更强调把知识转化为技能,以培养语言技能和能力为最终目的。而技能和能力更需要靠学习者的大量练习和实践才能获得。例如,在语音和语法教学中要充分运用对比法,在母语和目的语的对比中寻找教学重点和难点,然后针对重点和难点,强化练习和实践。在汉字教学中要通过循序渐进的识字、写字、阅读的训练,培养留学生的字感。

2. 课堂教学方式

和一般的以教师讲授为主的教学不同,汉语二语课堂教学要以学习者的活动为主,主要不是靠论证、分析,更重要的是靠实际的、多种形式的语言操练和语言交际活动,特别提倡让学生多读、多模仿、多说、多写、多模拟交际。

(四)课堂教学技巧选择和使用

1. 根据教学目的选择教学技巧

不同的教学技巧用于不同的教学目的,比如阅读课主要是训练和提高快速阅读理解能力的,所以多选用默读、浏览等技巧,而精读课常用的领读就不适合。再比如,讲解和操练语法点是精读课常用的方法,也不适合在听力和会话课上使用。另外,使用教学技巧还要有明确的教学目的。比如课堂上经常使用领读这一技巧,其实,领读是可以用于很多不同的教学目的的,如常用来让学生熟悉句型,用来纠正学生的发音错误,也可以用来帮助学生记忆课文,培养语感,以便在实际生活中脱口而出。教师在使用这一教学技巧时,一定要明确自己的教学目的是什么。不同的教学目的,使用时的侧重点不同,如果是为了纠正学生的发音,就要突出学生可能犯错误的地方;如果是为了让学生熟悉句型,就要不断提高领读的速度;如果是为了帮助学生记忆,最好能配合必要的板书。

2. 选择交际性强的技巧

在课堂教学过程中,应当注重针对教学内容的真实性设计问答,比如在展示和示范语法点时,要选择提问、对话等交际性强的技巧。在会话课中更应想方设法进入实际的或模拟性的交际操练。即使在阅读和写作课上,也要尽量选择交际性强的素材和话题。其根本目的都是为了确立交际性强的项目,缩短语言学习和语言运用的距离,使学习过程跟实际运用建立直接的联系,有利于学生真正学会运用所学的语言项目。

3. 优先选择节省时间的技巧

课堂的时间非常宝贵,在选择教学技巧的时候要特别考虑到课堂时间的有效使用。选择直观的、容易接受和理解的技巧项目来解释语言点,省下来尽可能多的时间,让学生反复练习,掌握要学习的项目和技能。使用实物、道具解释词汇,用图片作为练习提示等技巧都可以起到节省时间的作用。还有在提问的时候,不用点名提问,而是要求学生看着教师或教师用手势来指定发言者。

第三节 对比分析与偏误分析研究

一、关于对比分析

(一) 对比分析的概念及其发展概况

所谓对比分析(contrastive analysis),是把两种语言进行对比,从而确定其中的相同点和不同点。对比分析的最终目的是为了预测母语对第二语言的学习可能造成的影响,即第二语言学习者受母语干扰可能会出现的错误,从而确定教学中的重点和难点,采取相应的预防性措施。

自从有了语言之间的接触,就会有语言的对比。但对比分析作为一门专门的学科进入语言教学的领域是从美国结构主义学者拉多(R. Lado)1957年发表的《跨文化的语言学》开始的。该著作以布龙菲尔德的结构主义语法为理论框架(把语言看作一个静态的封闭系统,追求精密地描写该系统内语言因素的分布情形及语言因素之间的关系),以外语学习为宗旨,系统地阐述了语言对比的理论、方法和步骤,对第二语言教学的影响很大。

同年,转换-生成语法的开创者乔姆斯基出版了《句法结构》,在对对比分析的态度上,乔姆斯基与拉多是相同的,认为母语能力(L_1 competence)和目的语能力(L_2 competence)彼此冲突,既然母语能力妨碍目的语能力,那么把两者对比一下,就能预测可能会出现的错误。不过,以乔姆斯基理论为基础的对比分析有一个新的比较前提,即认为所有语言的抽象的深层结构都是相同的,这种对比分析,采用数学的模式和形式化的语言来描写自然语言。

另外,还出现了以语用理论为基础的对比分析,这一流派重视语言的功能和意念,把对比的语言单位由句子扩展到话语。对于不同语言的异同点,拉多的经典对比分析从语言形式的分布上来认识,转换-生成理论的对比分析从语言的表层结构和深层结构的转换方面来认识,语用理论的对比分析则是从语言形式和语言功能的角度来认识。

20世纪六七十年代以来,对比分析发展很快,不但在欧美进一步受到重视,而且在日本、韩国、新加坡、马来西亚等许多国家被接受,并进行了较大规模的对比分析工作。

对比分析在我国起步较晚，较早进行这方面研究的有吕叔湘、王还等。但近年来，汉外对比研究发展很快，出现了不少研究成果。

与其他流派的对比分析相比较，拉多的经典对比分析在语言教学中的影响最大，以下谈的主要就是这种对比分析。

（二）对比分析的理论基础

经典对比分析的语言学基础是布龙菲尔德的结构主义语言学，而其心理学基础是行为主义心理学。行为主义心理学认为语言是一套习惯，是一个结构系统，人类的言语行为是可以分解、塑造的，塑造的主要方式是语言形式反复的机械操练。对比分析之所以成为可能，也正是基于对语言有如下的三点认识：

第一，各种语言之间有许多相同点，也有许多不同点；

第二，各种语言之间的异同点都是可以描述的；

第三，各种语言之间的异同点是学习者在第二语言学习中产生迁移的根源。

以上三点认识便成了对比分析的理论前提。

很明显，对比分析引入了心理学中的迁移理论。所谓迁移，指先行学得的经验对于后来学习的影响。其中，起促进作用的积极影响是正迁移，起干扰作用的消极影响是负迁移，不发生任何影响的是零迁移。对比分析运用迁移理论，认为：

当母语的某些结构特点和使用母语的某些经验，对目的语的习得产生启发作用，便是发生了正迁移。母语与目的语相同的部分最可能发生正迁移作用。

当母语的某些特点、原有的生活经验和民族习惯在某些程度上对习得目的语产生干扰或抗拒作用，便是发生了负迁移。母语与目的语不完全相同但有关系的部分最可能发生负迁移。负迁移也叫语际干扰。语言间因细小差异引起的干扰往往大于因明显差异引起的干扰。

当母语与目的语完全不同、毫无关系时，则发生零迁移。

学习目的语时要尽量利用正迁移，克服负迁移。为克服负迁移，应通过对比分析，着重找出可能发生母语负迁移的项目，在教学中做到"对症下药"。

值得注意的是，对语言之间异同点的对比，应该是系统的和全面的，要对两种语言的语音、词汇和语法进行系统的对比。即使进行个别的或局部的对比分析，也应该有系统的、全局的观点，否则就容易顾此失彼。另外，对比分析要有统一的标准、概念和术语，无论在语音层面、词汇层面，还是在语法层面，都要尽量确立对比的基础。

（三）对比分析的步骤与方法

对比分析一般按以下步骤和方法进行：

1. 描写

以同一语法体系为依据,对学习者的母语和目的语进行详尽和准确的描写(description)。对于两种语言间存在细微差别的部分尤其要尽量描写细致。

2. 选择

在不同的语言层面选择(selection)一定的语言项目、规则或结构进行对比。有一种假设认为,语言间形式或意义相近但不相同的语言项目,尤其是微殊的语言项目,最易成为学习的难点。

3. 对比

在对比(contrast itself)中准确地找出两种语言关系中的特殊点。这取决于参照点的有效性,即具有可比性。

4. 预测

预测(prediction)目的语学习过程中可能会出现的错误和难点。这种预测是通过心理学、语言学理论和难度等级模式的综合应用而得到的。

为了使对比分析的预测能够形式化,语言学家建立了多种难度等级模式。其中相对简便实用的是布拉图(Clifford Prator)于1967年提出的模式。他根据两种语言的语言项目之间的关系,将学习难度分析为六个等级:

A. 迁移(transfer)——零级:两种语言里的相同点,包括语音、词汇和语法,产生正迁移。学习难度零级。例如,多数语言都有主谓宾结构等。

B. 合并(coalescence)—— 一级:母语中的两项或多项,到目的语中合并成一项,学生可以忽略原来的差别。学习难度一级。例如,英语中的动词有人称和时态的变化,在汉语中却没有,这对学汉语的英国学生来说是合并。

C. 差异不足(under differentiation)——二级:母语中存在而目的语中没有的语言项目,学生要避免使用,以防止母语的介入性干扰。学习难度为二级。例如,英语中有定冠词 the,汉语中没有定冠词,英国学生学汉语可以不管。

D. 再解释(reinterpretation)——三级:母语中的某个语言项目虽然在目的语中有相对应的项目,但该项目以新的形式或分布出现,学生要把它视作新项目来学习。学习难度为三级。例如,英语的"all"和汉语"都"有差别,英语的"one"和汉语的"一"有差别。

E. 超差异(over differentiation)——四级:目的语中存在而母语中没有的语言项目,这正好跟差异不足相反,母语对这些项目的习得可能会产生阻碍性干扰。学习难度为四级。例如,汉语中的主谓谓语句、"把"字句等都是英语中所没有的。

F. 分裂(split)——五级:母语中的一个语言项目,在目的语中分裂成两个以上的项目,这正好跟合并相反,学生需要对这些分裂而成的项目细加区别。学习难度为五级。例如,英语中的 brother、grandfather、father-in-law、uncle、cousin 分别对应汉语中的"哥哥、弟弟""祖父、外祖父""公公、岳父""伯父、叔父、舅父、姑父、姨父""堂兄、堂弟、表哥、表弟、堂姐、堂妹、表姐、表妹"等。

(四)对比分析在教学中的作用

对比分析在第二语言教学中到底有多大作用和价值,至今还没有定论。其中有两种较为极端的认识:一种是拉多的观点,认为对比分析可以作为第二语言教学的基石,支撑其观点的是第二语言学习过程中的母语干扰(负迁移)现象和有益转移(正迁移)的现象;另一种观点认为,语言之间的不同之处不一定造成有害转移,语言之间的相同之处也不一定产生有益转移,比如杜莱(Heidi C. Dulay)和博特(Marina K. Burt)得出结论,至少在句法研究过程中,转移几乎完全不起作用[1]。当然,更多的研究结论是介于上述两者之间。实际上,这种研究由于所调查的语言项目不同,所调查的学生群体不同,以及所运用的调查方法不同,是很难取得一致结论的。

我们认为,第二语言教学中非常需要直接结合教学需要,针对学生学习目的语的特点和难点而进行研究的成果。尽管对比分析并不能解释或解决学生遇到的所有问题,不能作为教学中的唯一依据,但从教学实践来看,它至少在以下五个方面发挥着很大的作用:

第一,对比分析有利于确定教学中的重点和难点。重点、难点的确定,有助于编制科学的教学大纲和教材,使得语言项目的设置、具体内容顺序的安排、练习的编制更加有针对性。也有助于教师在教学中有意识地强调重点、难点,补充相关的练习,有目的、有选择地对学生进行纠错等。

第二,对比分析有利于预测学生可能会犯的错误。特别是在第二语言学习的初级阶段和语音层面上的错误,对比分析的预测作用尤为显著。预测的结果有助于语言教师提前采取预防性的措施。

第三,对比分析有利于选择测试项目。可以依靠对比分析为不同语言背景的学生编制考试大纲,设计不同的测试题。

第四,对比分析有利于发现单语研究中发现不了的问题。这些特殊问题只有通过对比分析才能发现,并为语言研究提供新的课题和思路。

第五,对比分析所强调的对语言形式(包括语音、语法结构、词汇等)的细致

---

[1] Heidi C. Dulay, Marina K. Burt, "Natural Sequences in Child Second Language Acquisition", *Language Learning*, 1974, Volume 24, Issue 2, pp. 253-278.

分析,是每一个语言教师必须具备的基本功,也可以作为语言教学的资源和背景,在语言教学中具有举足轻重的作用。

一般认为,如果是在学生自己的母语国家教授目的语,学生母语背景比较单一,那么可以充分发挥对比分析在教学中的作用。相反,在目的语国家教学,学生母语背景复杂的情况下,对比分析的方法要谨慎使用。当然,在具体的教学过程中如何运用对比分析,使学生的母语在目的语的学习中更好地发挥积极作用,这是个值得深入研究的问题。

(五)对比分析在教学中的局限

对比分析存在以下主要局限:

第一,对比分析只重视学生母语对目的语的迁移作用,认为各种语言之间的异同点是学习者在第二语言学习中产生迁移的根源,而忽视了语内迁移作用以及社会和心理等许多其他因素产生的迁移作用。实际情况是,学生所犯的许多错误是无法运用对比分析作出科学解释的。有研究认为,由于其他原因引起的对目的语学习的迁移作用远比母语的迁移作用复杂。

第二,经典对比分析重视语言的形式,而忽视语言的意义和功能。它把语言看成一个静态的封闭系统,追求描写该系统内语言因素的分布情形,并企图以此来揭示语言因素之间的关系;针对语言形式进行对比分析,排斥其他非语言因素,甚至否认意义是语言研究的内容。因此,它不能对学生在意义、功能方面的错误以及得体性方面的错误作出解释。

第三,对比分析虽有利于预测学生的语言错误,但对比分析对语言错误的预测也并非完全有效。这也正是由于对比分析看不到除母语迁移外影响目的语学习的其他因素而造成的。

因此,我们不应寄希望于对比分析来解决学生的所有问题,对比分析在第二语言教学中应有一定的地位,但又不能作为唯一的依据。

二、关于偏误分析

(一)偏误分析的概念及其发展概况

早在 1967 年,英国应用语言学家科德(S. P. Corder)首先将语言错误分为失误(mistake)和偏误(error)两种类型。失误是不成系统的、偶发的和无规律的,是在情绪紧张、思维混乱、寒冷、交际中突然改变话题等特殊情况下偶然产生的口误或笔误。人们说自己的母语时也会发生失误。而偏误是学习第二语言的人才会有的,是成系统的、多发的和有规律的。学习第二语言的人只有经过反复纠正偏误,他所使用的第二语言才能逐渐接近语言的标准形式。这个区分很重要,因为从语言教学的角度看,失误并没有多大意义,偏误却反映了第二语言学习者对目的语的掌握情况和实际的语言能力。所以,只有后者才是偏误分析的对象。

所谓偏误分析(error analysis),就是对学生学习第二语言过程中所犯的偏误进行分析,从而发现第二语言学习者产生偏误的规律,包括偏误的类型、偏误产生的原因、某种偏误产生的阶段性等。偏误分析的最终目的是了解第二语言学习的过程,使第二语言教学更有针对性。

偏误分析的发展并受到广泛重视,与经典对比分析在实践中遇到的问题有直接关系。其实,偏误分析在其最初阶段,也是受到了结构主义语言学和行为主义心理学的影响,比较多地从形式上确定是不是偏误。从这点来看,偏误分析与对比分析没有本质的区别。只是对比分析侧重于通过语言间的对比来预测学生可能会出现的语言错误,而偏误分析侧重于对学生的语言错误进行分析来发现学生产生偏误的规律。这种偏误分析,把注意力仅仅停留在表面的语言形式上,未能扩大到篇章和语用的层面,并且把偏误的发生也完全归结到母语的干扰,而看不到造成偏误的其他原因,因而其预测力和解释力都是不强的。后来,随着乔姆斯基的转换-生成语言理论的兴盛和认知心理学的发展,20世纪60年代末产生了一种新的理论——中介语(interlanguage)理论。所谓中介语,是指第二语言学习者所形成的一种特有的目的语系统,该系统在语音、词汇、语法、文化和交际等方面与母语和目的语都不相同,是一种随着学习的进展向目的语不断靠拢的动态的语言系统。中介语这一概念最早是由赛林格(L. Selinker)于1972年提出的。中介语理论促进了偏误分析的发展和完善,并逐渐成为了偏误分析的理论基础,而偏误分析本身又成为中介语理论的一个重要组成部分。

下面谈到的都是建立在中介语理论基础上的偏误分析。这种偏误分析在语言偏误的类型和产生偏误的原因等方面的认识都比对比分析和初期的偏误分析更全面、更深刻,对待偏误的态度也与对比分析存在着明显区别。

中介语理论于20世纪80年代中期被介绍到我国的汉语二语教学界。1984年,鲁健骥首次把中介语理论用于汉语二语教学中的偏误分析[①]。至今,偏误分析和中介语理论的研究仍是汉语二语教学研究中的一个热点。

(二)偏误分析的理论基础

偏误分析的理论基础是中介语理论。而中介语理论的语言学基础是

---

① 鲁健骥:《中介语理论与外国人学习汉语的语音偏误分析》,《语言教学与研究》1984年第3期。

转换-生成语言学,心理学基础是认知心理学。转换-生成语言学和认知心理学都认为语言是一个转换-生成的创造系统,只能通过有意义的学习获得,并且认为语言学习是一个不断假设—验证的演绎过程,产生偏误是不可避免的。基于这种理论基础,目前中介语理论取得了以下五个方面的共识:

第一,中介语是介于母语和目的语之间的独立的语言系统。虽含有母语和目的语的因素,但又不属于两种语言中的任何一种。

第二,中介语系统中包含大量的偏误,但也存在着或多或少的正确因素。

第三,中介语有自己的语言规则,学习者不是随意地使用这种规则,而是有意识地、创造性地使用这些规则。因此,中介语具有一定的稳定性。

第四,从总体上看,中介语是一个随着学习的发展逐渐向目的语靠拢的动态的语言系统。出现在学习过程中的偏误,绝大多数没有发展到固定化的程度,属于发展中的偏误。

第五,中介语既有总体特征,又带有明显的群体特征和个体特征。可以根据学习者的国别、年龄、文化程度、个性特征、语言习得类型以及不同的教学组织(包括教学单位、年级、班级)等来划分出不同的群体。

(三) 偏误分析对偏误原因的认识

与对比分析理论认为母语干扰是产生偏误的唯一原因不同,偏误分析理论认为第二语言学习中造成偏误的原因是多方面的,母语干扰只是其中的一个方面。在这一点上偏误分析发展了对比分析。以下是偏误分析理论对偏误原因的总结:

1. 语际迁移

语际迁移指母语对目的语学习的负迁移,也称语际干扰。两种语言之间的差异点会产生这种干扰。例如,日、美学生往往发不好汉语送气音,因为他们的母语中没有送气/不送气的对立;发 zh、ch、sh、r 时,过度颚化,把舌尖音发成舌面音,变成 j、q、x、y[j];发元音[ü]时唇形圆不起来,发"en"时唇形又扁不起来;受母语是非声调语言的影响,发阳平、去声的音高变化不到位,发上声则过度曲折,如果一连读,又容易产生"大平调"现象。再如,在句法上,外国学生很多不会用"老王我昨天还碰见"之类的主谓谓语句,经常说出"我学习在上海"这类把状语放到动词后面去的病句和"我明天要见面他"这类不及物动词带宾语的病句。

2. 语内迁移

语内迁移指第二语言学习过程中目的语内部规则的相互迁移,也称语内干扰。偏误分析认为,初级阶段语际迁移起主要的干扰作用,而随着学习者水平的提高,语内迁移逐渐成为语言偏误的主要因素,并且由大的语言规则的偏误较多转为具体的用词上的偏误。语内迁移主要表现为过度泛化(overgeneralization)。

所谓过度泛化,是指学习者对目的语中的某个语言项目的规则学习得不全面,把该规则当作该语言项目的统一形式,而忽视了其他形式或用法。这是因为成年人抽象思维比较强,常常根据自己的理解去运用已学到的目的语规则。例如,汉语里表示时点的状语应放在动词前,外国学生误以为凡表时间的词语都应作状语放到动词前,说出"我两小时学习了"这类病句,殊不知这里表时段的词语应放到动词后作补语。再如,外国学生学习了"开门""开窗"后知道"开"对应于英语中的 open,然后类推出"开嘴"(张嘴)、"开眼"(睁眼)之类的错误用法。

认识到语内迁移对第二语言学习所起的更为严重的干扰作用,是偏误分析的一大贡献。

3. 文化迁移

文化迁移指母语文化对目的语的学习造成干扰。文化迁移主要表现在语用方面,在目的语的使用上不够得体。例如,有老师表扬美国学生说:"你汉语水平已经很好了!"其实,按中国人的习惯应该谦虚地回答:"哪里!哪里!"或"老师您过奖了!"但有学生回答:"噢,太好了,谢谢!"这样的回答在中国人看来是不太得体的。

4. 学习策略

由学习策略造成的偏误,与语际迁移、语内迁移有交叉。这种偏误的情况主要有:借助字典的解释或权威著作中的语言,不加区分地用在自己的话语中而产生偏误;套用预先制作的话语模式在各种场合使用而产生偏误;回避自认为较难或不好听的语音或词而产生偏误。例如,有学生觉得汉语的"把"字句很难,就避而不用,说出"请你拿给我那本精读课本"之类的句子,有时却套用"把"字句,造出"请你把身体多多保重"之类的病句。再如,有调查发现很多韩国学生特别是低年级学生掌握不好汉语声调的原因,是因为他们压根儿就不愿意按照汉语的声调发音,因为他们觉得声调的高低变化太大,有点儿像女人说话。

5. 教学失误

教学中的任何环节若处理得不好,都可能诱使学生发生偏误。尤其是教材编写的不合理和课堂上教师不恰当或不充分的解释或引导,更易产生诱导性偏误(induced errors)。例如,汉语教材中,上声标调符号基本上用"ˇ",实际上,音长比例是下降部分长,上升部分短,即 21 长,14 短。再如,学生经常造出"我以为老师是个好人"这样的病句,是因为教材中(包括词典)对"以为"的释义就是"认为",其实,"以为"和"认为"在预设上是不同的。

（四）偏误分析对偏误的分类

相比较于对比分析，偏误分析更重视对语言偏误进行分类。下面是从不同的角度对偏误进行的分类：

1. 按照偏误的严重性

按照偏误的严重性，将偏误分为全局性偏误（global errors）和局部性偏误（local errors）。全局性偏误多发生在第二语言的初级阶段，是影响到对基本意思的理解的严重偏误。局部性偏误只是在某些非关键部分出错，但不影响对基本意思的理解。

2. 按照学习者所处的学习阶段

按照学习者所处的学习阶段，将偏误分为形成系统前的偏误（pre-systematic errors）、系统的偏误（systematic errors）和形成系统后的偏误（post-systematic errors）。这是科德的一种很有影响的分类方法。

形成系统前的偏误属于超阶段的偏误，即学习者对于试图表达的内容尚未掌握相应的表达形式，只能从已知的语言素材（包括母语和目的语）中临时寻找一些手段应付，因而带有一定的任意性和猜测性。这类偏误学习者是意识不到的，即使被告知出错了，学习者自己也不能纠正。对这类偏误，教师应采取容忍的态度，只要辅以正确的示范即可，不必逐个解释，因为学习者还不能接受。

系统的偏误是指学习者对目的语已经形成一定的系统意识，但由于对某些规则理解得不够完整而导致的偏误。它不具有任意性和猜测性，因而总是重复出现的。学习者对这类偏误仍旧没有自己辨认或改正的能力，但一般能"解释"自己的意思，使人理解。对这类偏误，教师应细心引导，作出正确的解释，让学习者完整地理解这些规则。

系统后的偏误是指学习者对目的语已经形成较完整的规则系统，但由于尚未内化为一种习惯，从而在使用目的语的过程中有时出现的偏误。这类偏误学习者一般能自己辨认、纠正和解释。对这类偏误教师不必再作解释，但应加以提醒，或专门再安排一些训练机会，以防养成错误的语言习惯。

科德的这种分类也提醒教师应该注意不要让话题超出学习者的实际水平，以免出现过多的系统前偏误。在表达训练时，应尽可能地引导学习者使用已学过的某些规则，以便及时发现并纠正系统后的偏误。

3. 按照偏误的形式特征

按照偏误的形式特征，将偏误分为添加、遗漏、替代、错序。

添加就是在语言形式中出现了冗余成分，造成语义上的重复或矛盾。比如，

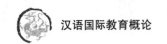

将"我问他能不能陪我一起去"说成"我问他他能不能陪我一起去",其实,在汉语中第二个"他"是省略的。再如"上海师范大学有很多韩国留学生们"中的"们"也是多余成分。

遗漏就是在语言形式上少了必要的成分,造成语义上的不完整或歧义。比如,将"我两年前从韩国来到上海学习"说成"我两年前韩国来到上海学习",遗漏了介词"从"。

替代不一定都会出现偏误,只有当用同义或近义的语言形式代替应该出现的语言形式,不符合语言习惯或特定的语境,听起来别扭甚至影响交际时,才是一种偏误。比如,将"我真不愿意乘很拥挤的公共汽车"说成"我真不愿意乘很人多的公共汽车",将"我在中国认识了一个朋友,他是男的"说成"我在中国认识了一个朋友,他是男人"。再如,有学生向老师介绍他的妻子时说:"老师,这位是我的夫人。"在这个语境中,用"妻子、爱人、内人"比"夫人"合适。

错序是指语言成分在表达中的顺序不合目的语的规则。比如,将"我们在校园里散步""箭射在靶子上"说成"我们散步在校园里""箭在靶子上射"。再如,经常出现"今天比昨天不冷""我把书没带来"之类的病句。

(五)偏误分析的步骤与方法

偏误分析一般按以下步骤和方法进行。

1. 观察

直接了解学习者自然状态下出现的偏误。观察应尽量全面和细致,并排除语言失误。观察的方法有寻根观察法(寻根究底,将某一语言项目的偏误形式看全)、定序观察法(按语言项目的顺序,有计划地进行观察)、换时观察法(按学习的不同时期,对某一语言项目的偏误形式进行观察)、易地观察法(在不同的场合和具体的语境下进行观察)、机遇观察法(遇到机会,及时观察)等,这些观察法又互有交叉。

2. 实验

在观察得到的初步结论的基础上,通过实验来进一步证实结论。关键是要创设出自然、真实、具体的语境。

3. 比较

对观察和实验得出的各种结果进行比较。可以是横向比较(个体与个体或群体与群体的比较),也可以是纵向比较(同一个体或同一个群体不同阶段的比较)。比较的内容包括不同的偏误表现、不同的主客观条件等。

4. 描写

对观察、实验和比较的结果进行整理并全面地记录下来。

5. 解释

对所描写的内容进行分析,揭示出产生偏误的原因,并进而揭示出各种主客观条件在目的语习得过程中的作用等。

(六)偏误分析的优势和局限

偏误分析在第二语言教学中的作用是显而易见的。相对于对比分析,偏误分析主要有以下五点优势:

第一,偏误分析更加重视分辨偏误产生的原因。认为第二语言学习中造成偏误的原因是多方面的,母语干扰只是其中的一个方面。这样,有利于解释许多对比分析所无法解释的语言错误。这也是偏误分析理论的一大贡献。

第二,偏误分析更加重视区分偏误的类型。从多个角度对偏误进行分类,可以使教师对学生的偏误有一个较全面、客观的认识。

第三,偏误分析要求对偏误根据不同的类型区别对待,否定有错必纠或放任自流的极端态度。比如,偏误分析认为,对系统前的偏误,教师应采取容忍的态度;对系统的偏误,教师应细心引导并作出正确解释;对系统后的偏误,教师不必解释,但应加以提醒。

第四,偏误分析是研究学习过程的捷径,也是研究学习过程的第一步,因而也成为中介语理论的一个重要组成部分。

第五,偏误分析对偏误进行的细致的描写和解释,为教学提供了宝贵的反馈,并为教材编写提供了重要依据。

正是因为上述这些优势,使偏误分析备受重视。但目前,偏误分析还是存在一定的局限:

第一,偏误分析虽然对偏误的原因进行了总结,但当解释具体的偏误产生的原因时,还是经常会有困难的,因为它常常不是"非此即彼"的原因造成的,可能是多种原因的综合,也可能因人而异。比如前面说到留学生"把"字句使用困难的情况,其原因可能是受母语干扰的影响,因为学生的母语中没有这一类句式;也可能是学生对目的语规则的过度泛化,以为"把"字句就是在宾语前加"把"并提到动词前即可;也可能是学生在学习策略上有意对之避而不用,造成偏误;当然也有可能是由于教师不恰当地解释或引导造成偏误,等等。对一个句式的偏误,我们尚且可以找出不同的原因,进一步到篇章和语用层面,再考虑到学生的个性和素质,去分析偏误的原因就更困难了。

第二,偏误分析虽然从不同的角度对偏误进行了分类,但将具体的偏误进行归类时,也会经常遇到麻烦,因为偏误分析还未能对每种类型的偏误进行较为全面的描写,无法得出一个量化的标准。甚至有时连偏误还是失误(特别是失误与系统后偏误)都难以辨别。另外,偏误分析对偏误的分类较多地从形式上入手,即停留在语言要素的层面,而忽视篇章和语用层面。但我们常常发现有些偏误是出在语用上,而无法从语言形式本身挑出毛病。比如,留学生作文开头写道:"我两年前来到中国。我在上海学习汉语。我曾到过中国的很多地方。"这段话在语法上没有毛病,但从整个篇章来看,后面两句的主语"我"在汉语中都习惯承前省略。

第三,由于产生偏误的原因很复杂,预测学生可能会犯哪种偏误,仍存在一定的困难。往往是某一类型的学生共同的偏误较易预测,但个别人的偏误就较难预测了。

上述局限只是偏误分析理论发展过程中的阶段性局限,这一理论本身仍有很大的发展空间,相信随着理论的深入,上述问题也会逐渐得以解决。

三、对比分析、偏误分析与中介语理论的关系

(一)偏误分析与对比分析的继承与发展关系

对比分析与偏误分析虽然有着不同的理论基础,但是它们之间有着继承和发展关系。偏误分析的出现与对比分析在实践中遇到的困难有着直接关系。

偏误分析理论首先肯定了对比分析在第二语言教学中的作用,承认母语对目的语学习的迁移作用。只是对比分析将母语的负迁移看作产生偏误的唯一根源,而偏误分析并未采取那样武断的态度,认为造成偏误的原因是多方面的,母语干扰只是其中一个方面。这样,相对于对比分析,偏误分析的预测力和解释力就更强了,因而对学习难点的确定也就更为科学。

(二)中介语理论与偏误分析的包含与被包含关系

中介语理论是偏误分析的理论基础,而偏误分析本身又成为中介语理论的一个重要组成部分。

与偏误分析相比,中介语理论具有更广泛的内涵。偏误分析只是把第二语言学习者发生的偏误作为研究的对象,也就是研究学习者所使用的目的语形式(中介语)与规范的目的语形式之间的差距,以及造成这些差距的原因。中介语理论则是把第二语言学习者使用的整个目的语形式作为研究的对象,把它当作一个动态的系统,既研究其中的偏误因素,也研究其中的正确因素,还研究正确因素和偏误因素在比例、来源、类型和转变的趋势等方面的复杂情况,从而发现第二语言的学习规律,揭示第二语言的学习过程。这样看来,中介语理论与偏误分析其实是一种包含与被包含的关系。当然,在第二语言学习过程中,思维与语

言不同步,中介语现象非常复杂,很难分析出头绪来,而从偏误分析入手,分析偏误的类型和成因,从中折射地反映中介语形成的轨迹,无疑是一个主要而又简单可行的研究方法。

(三)对比分析与偏误分析对待语言错误的态度的异同

对比分析侧重于通过语言间的对比来预测学生可能会出现的语言错误,从而确定教学重点和难点,提前采取预防性的措施,尽量避免错误的产生。偏误分析侧重于对学生的语言错误进行分析来发现学生产生偏误的规律,从而对偏误有一个较为客观的认识,并对偏误根据其不同的类型区别对待。

要注意的是,对比分析与偏误分析本身有着不同的理论基础,前者是结构主义语言学和行为主义心理学,后者是转换-生成语言学和认知心理学。受行为主义心理学的影响,对比分析要防止走上有错必纠的机械主义的极端。美国行为主义心理学家斯金纳认为,人类的学习行为是一种操作行为,而操作条件作用的规律是强化。他把教学程序归结为:刺激—反应—强化。因此,机械主义的态度认为,必须自始至终地以正确的形式通过强化刺激来塑造学生正确的语言习惯,主张对学生的任何语言错误都不能放过,必须一一加以纠正,以免养成错误习惯。这对语言教学具有一定的积极意义,尤其是在语音教学中,可避免某些语音错误发展为极难纠正的固定化错误。但这个主张明显的消极影响是,可能导致教师在教学中只注重语言形式,而忽视语言的交际功能。况且在第二语言学习中出现错误是不可避免的,特别是在初学阶段的口语训练中,学生的错误往往很多,如果一出错就打断的话,学生简直无法把话连贯地说下去,还会出现思路中断的现象。更为严重的后果是,人为地制造了学习者的紧张心理,挫伤了学习者试用目的语的积极性,转而导致学生采用回避、沉默等策略,遮盖了可能出错的部分,反而使错误得不到及时有效的纠正。

同样,受转换-生成语言学和认知心理学的影响,偏误分析也要防止走上对错误撒手不管的心灵主义的极端。乔姆斯基的转换-生成语言学认为,人类具有一种先天的、与生俱来的习得语言的能力。皮亚杰的认知心理学认为,儿童的语言发展是天生的心理认知能力与客观经验相互作用的产物。于是,心灵主义的态度主张对学生的语言错误不必作什么改正,只要促使学生多说多练,就可以熟能生巧,形成正确的语言习惯,这跟儿童习得母语一样。这个主张的消极意义也很明显,它忽视了成年人学习第二语言与儿童习得母语之间的差异,忽视了通过提炼正确、有效的语言形式,制定严格的教学计划,在语言学习时间和学习效果之比上,成年人是完全可以优于儿童的。对语言错误的放任自流,只强调语言的流利,忽视语言的准确,使绝大多数的学习只能讲一些很不准确的因而交际效益十分有限的目的语。许多长期生活在目的语国度的人，一直未能摆脱"洋泾浜"倾向就是例证。

目前，对比分析和偏误分析都要被纳入到中介语理论中来，以充分发挥其优势作用。以中介语理论为基点的对比分析与偏误分析，都要求对语言错误进行分析。要防止出现机械主义或心灵主义的极端做法。在具体的实践中，教师不必将语言错误看得过于严重，学生犯错误是不可避免的。但也不能放任自流，否则将会使本来极易纠正的错误发展成为固定化的错误。正确的做法是重视对语言错误的分析，从而了解学习者中介语系统的发展情况，在对表达效果作出全面评估的基础上，针对不同类型、不同原因的语言错误采取相应的教学措施。

第四节 中介语理论研究

由于偏误分析的理论基础是中介语理论，加上中介语理论产生之后，第二语言习得研究有了自己独立的研究方向，使得第二语言习得研究成为一门独立的学科，因而本节着重介绍国内外关于中介语理论研究的主要方面。

一、中介语理论的提出和发展

（一）塞林克对"中介语"理论的贡献

一般认为中介语（interlanguage）这一术语是美国学者塞林克（Selinker）于1972年首先使用的，他的《中介语》一文标志着中介语理论的形成。塞林克认为，对于第二语言习得者来说，整个学习过程伴随着母语规则迁移和目的语规则泛化，从而产生一系列逐渐趋近但始终不同于母语和目的语的中间过渡状态的语言，这种语言有其自身的多变性的特点。塞林克就把第二语言习得者的这种在自觉的学习过程中形成的中间状态称为 inter-language（中介语）。塞林克关于中介语的观点，可以概括为自主的语言系统观，他认为中介语是一个独立的语言系统，有其内在的规律性，即认为学习者的语言系统是可以观察到的、以言语输出为基础的、独立的语言系统。塞林克进而分析讨论了中介语的五个产生过程。这五个产生过程分别是：

（1）语言迁移。学习者把自己母语的语言特点迁移到第二语言——目的语上。

（2）目的语规则的过分概括。学习者错误地使用目的语的规则。

(3) 训练迁移。教学中学习者习得了某些不符合目的语的规则。

(4) 第二语言习得策略。这些策略指的是学生积累语言规则的一些方法和为了能运用自如所采取的一些手段。例如，在一组同义表达格式中，学习者往往只学习其中容易记、容易用的一种。

(5) 交际策略。例如，学习者交际时为了便利而忽略某些语法要求，从而产生不合语法的句子。

塞林克除了提出中介语产生的上述五个过程外，还提出了"僵化"（fossilization，或译做"石化""化石"）的概念。塞林克认为，僵化就是母语的词条、规则和次系统倾向保留在与目的语相关的中介语中，不管学习者的年龄有多大，也不管学习者接受的训练和指导有多少，这种倾向都不会改变。可见，僵化是存在于中介语中的一种心理机制，无法消除，可以出现在语言学习的任何阶段。塞林克还分析了引起僵化的主要原因——学习策略，即对输入语言的理解和对输出语言的控制。

塞林克的研究使得第二语言习得研究领域有了自己独立的研究方向，也标志着第二语言习得开始成为一门独立的学科。由于塞林克的中介语理论是以转移-生成语法和现代认知心理学为理论基础的，因而该理论相对于其他关于第二语言习得的理论具有更好的解释力。

(二) 中介语理论的发展

到了 20 世纪 80 年代以后，中介语理论有了新的发展，学术界往往把 Selinker 的最初的中介语理论称为早期的中介语理论或传统的中介语理论。近年来，关于中介语性质有了不同的认识。如科德和奈姆瑟（Nemser）在塞林克的基础上把中介语看作一个动态的过渡系统，这个系统以学习者的母语和目的语作为一个连续体的两端，并且不断地向目的语系统靠近。可见，这个过渡系统的观点是以目的语为参照的，可概括为以目的语为参照的过渡观。再如科德和爱丽丝（Ellis）持共时和历时观，从横向和纵向两个维度对中介语进行定义。从横向的角度看，中介语指的是学习者在特定的时点建构的语言系统；从纵向角度看，中介语指的是学习者经过的不同的发展阶段。可见，中介语实际上指的是中介语的连续统。沙伍德（Sharwood）发扬塞林克的观点，认为中介语是可以观察到的、可以记录的语言系统，潜在于中介语之后的心理学基础是一般的认知结构或潜在的心理结构，这种观点可以概括为认知的观点。跟认知的观点不同的是心灵学派的观点，如艾德赫米安（Adjemián）把乔姆斯基关于语言能力的观点直接用来解释学习者的中介语能力，中介语指的是作为生成学习者目的语话语基础的语言知识，中介语被看作是一个抽象的语言规则系统。托拉内（Torane）则持可变能力的观点,认为中介语是由不同的语体风格构成的连续体,这种连续体反映了学习者中介语能力有规律的变化,这说明学习者的语言能力不是单一不变的,而是不断变化的,就是说中介语有异质性。

这些不同的认识,反映出近些年来学术界对中介语理论是非常重视的。

二、国内对中介语理论的引进和研究

国内最早介绍中介语理论的是鲁健骥,他在 1984 年发表了《中介语理论与外国人学习汉语的语音偏误分析》一文,首次引进了中介语和偏误两个概念。这篇文章在国内汉语二语教学界产生了较大的影响,使得中介语理论和偏误分析成为汉语作为第二语言习得研究的主流。与此同时,国内外语学界、心理学界、对外汉语学界等也对中介语理论给予了一定的讨论。这方面的讨论主要涉及以下五个问题。

(一) 关于中介语可变性论争的评介

中介语可变性是第二语言习得研究中一个颇有争议的问题。争议围绕学习者中介语能力的可变与不可变以及对自由变化的不同认识来展开。中介语可变论中最有代表性的为语言能力连续体范式和可变语言能力模式。关于可变与不可变之争产生的根源,有学者归纳为以下几个方面:①语言观问题,包括第二语言习得中有无语言能力与语言运用之分,语言规则有无变化;②理论目的问题,是解释习得过程还是解释中介语系统;③获取资料的方法问题,是采用通过观察和实验获得资料数据的经验主义方法,还是依靠与生俱来的知识的唯理论方法。中介语可变性争论主要是为了解释中介语系统性和可变性这对矛盾。

(二) 关于中介语某些特点的分析及起因的探索

中介语中的僵化和正负迁移等现象,是中介语研究中讨论较多的问题。中介语僵化现象是第二语言习得研究的一个重要理论,是指第二语言习得中,由母语向目的语转化过程中的一种特殊语言形式。僵化现象是第二语言习得中的普遍现象,因而探讨僵化的起因以及如何避免僵化就成了第二语言习得研究的重要课题。

第二语言习得中母语对目的语学习的迁移(包括正迁移和负迁移)问题也是一种普遍现象,因而也是第二语言习得理论研究的重要课题。

(三) 关于中介语产生的认知、心理原因的分析

一般认为,中介语是第二语言习得过程中学习者把母语语言规则转移到第二语言的语言规则、运用母语的语言规则简化第二语言的语言规则的产物,中介

语是第二语言习得过程中产生的一种新的语言现象,因而中介语的产生有深刻的认知和心理原因。不少学者认为,中介语认知的系统发生形成了中介语认知图式,并指导和管辖第二语言习得;或者认为中介语现象产生于学习者建构目的语句法的心理系统时其语言习得机制的自主创造性。

(四)关于中介语特征的探索

多数学者认为,中介语是第二语言习得中形成的一个独立语言系统,那么这个语言系统是什么样的?国内不少学者认为中介语是一系列的过渡语系统,这些系统不断发展,并且越来越接近于目的语的语言系统。他们总结出中介语有三个特征:①开放性,中介语是一个开放的系统,具有逐渐进化的特征,其发展具有一定的阶段性;②灵活性,中介语是一个灵活的、不断变化的体系,新的语言规则进入中介语系统后具有强烈的扩散能力,中介语系统处于不断的重组之中;③系统性,中介语在任何阶段都呈现出较强的系统性和内部一致性。

(五)汉语二语学界关于中介语的主要认识

自20世纪80年代以来,汉语二语学界对中介语理论也给予了比较多的关注,对中介语的性质也有不同的看法。

一种观点认为,中介语是学习者对目的语规律所作的不正确的归纳和推论而产生的一个语言系统,这个系统跟学习者的母语和学习的目的语都有所不同。这种观点认为,首先,中介语也是一种语言,具有人类语言所有的一般特征和功能;其次,中介语是有系统的,是由语音、词汇、语法构成的规则系统,即承认中介语是一种自然语言;再次,中介语是由于学习者对目的语所做的不正确的归纳和推理而产生的。这种观点显然是把中介语看作可以观察到的、独立的语言系统。

另一种观点认为,中介语是第二语言学习者特有的一种目的语系统,这个系统跟学习者的母语系统和所学的目的语系统都有所不同,这个系统是随着学习的进展向目的语的正确形式逐渐靠拢的动态的语言系统。这种观点对中介语的认识有如下特征:首先,这种观点定义的中介语是以目的语为参照的,强调中介语是一种学习者特有的目的语系统,而且这个系统逐渐向正确的目的语形式靠拢。其次,这种观点把目的语系统扩大到文化和交际的层面,这就要求中介语研究不仅要注意对第二语言学习者的语音、词汇、语法各层面的研究,而且要注意学习者在汉语言文化以及交际层面上的中介语现象。

再一种关于中介语的认识是所谓的"混合说"或"无联系说"。认为中介语就是两种语言的混合体;或认为中介语跟学习者的母语及目的语无任何联系,不受任何现有语言的影响。

就汉语二语学界对中介语的认识来看,基本观点跟国外的一些学者大体相同。随着汉语二语教学研究和外语教学研究的深入,随着西方第二语言习得研究新理论的引入,学术界还必须对中介语理论及其他相关理论结合中国的第二语言教学实际给予进一步探讨,以指导汉语二语教学实践。

三、中介语理论与汉语二语教学

尽管学术界对中介语理论有不同的认识,但汉语二语教学界还是运用中介语理论和方法来指导汉语二语教学研究和汉语二语教学实践。1992年5月,由《世界汉语教学》《语言教学与研究》《语言文字应用》三家杂志联合发起首次语言学习理论研究座谈会,会议的中心议题是中介语理论的研究,其后的各次有关汉语二语教学学术研讨会和相关杂志发表的关于汉语二语教学研究的论文,都涉及中介语理论问题和教学实践问题。鲁健骥、王建勤、吕必松、孙德坤等学者较多地涉及汉语二语教学的中介语问题。近年来,汉语二语教学中涉及汉语二语中介语的研究主要有以下五个方面:

(一)关于母语迁移的研究与应用

母语迁移包括正迁移和负迁移规律的分析和研究,是汉语二语学界关于中介语问题讨论的主要方面,这方面发表的文章在中介语讨论中也最多。学者们针对母语为日语、韩语、英语、泰国语的不同国家的学生在学习汉语时的迁移尤其是负迁移现象及规律和消除或防止手段,从不同角度或语言项目,给予了比较充分的讨论和分析。这些语言项目包括复合词、宾补共现、关联词语、"了"字的使用、"再"和"又"的使用、语音等方面。

(二)关于目的语知识迁移的研究与应用

使用已经学习过的目的语的有限的、不充分的规则来错误地或不适当地类推到新的语言现象上,也是留学生发生偏误的一个方面,尤其在中高级阶段,这种现象越来越多。这种现象就是一般所说的过度概括或过度泛化。不过,这方面的研究成果还不多。

(三)关于学习策略和交际策略的研究与应用

留学生习得汉语的学习策略的研究是近年来讨论较多的问题。学者们调查和分析了学习策略与学习效果之间的关系,概括了写作时的几种错误策略,讨论了学习策略与学习者个性、处境和语言能力的关系,总结出了外国学生学习汉语的几种常用的学习策略,等等。不仅如此,学者们还把学习策略的研究成果应用到指导汉语二语教学的具体实践中去,如利用学习策略理论去提高汉字教学、写作教学的效率。

交际策略的使用对留学生学习汉语也是十分重要的,要学好汉语、用汉语进行交际,不仅要具备必要的汉语知识和必要的汉语社会文化知识,还必须具备一定的交际策略。交际策略跟一个人的语言能力和语言运用能力有直接关系。

(四)关于学习环境

运用语言进行真实的言语交际总是在特定的社会环境和文化环境中进行的,语境可以帮助言语交际者排除歧义、补充信息、领会会话的含义。同样,第二语言学习也需要重视语言学习的环境。语言学习环境对第二语言教学效率有一定的影响,汉语二语教学要充分利用语言环境,建立课堂教学与自然习得相结合的新教学体系。为此,不少学者和教师非常重视语言学习环境的研究和探讨,强化汉语二语教学中的环境意识。通常把第二语言教学环境分为宏观调控环境、微观教学环境,前者指语言学习的大的社会环境,后者指课堂教学的小的教学环境,当然,还要包括学习者所处的学习环境,如学校、院系、学校所在地等,这可以称为中观制约环境。理想的第二语言学习环境应该是宏观与微观相呼应,整体与局部相结合,课内与课外相融合。

(五)中介语理论对汉语二语教学观念的影响

偏误分析、中介语理论等第二语言习得理论的引入,尤其是中介语理论的引进,从某种程度上改变了汉语二语教学的某些观念。例如,它改变了教师对留学生所犯语言错误的态度,使教师不再每错必纠,能增强学生的自信心,克服学习过程中存在的沉默期,促进交际的成功;它能引导教师根据学生中介语的系统情况和发展进程进行全面的、合理的教学设计,不断调整教学内容和教学方法。

当然,汉语二语教学的中介语研究起步比较晚,中介语和偏误分析还有赖于不同类型的中介语语料库的建设,在大规模中介语语料库的基础上把定量统计和定性分析结合起来,归纳汉语作为第二语言的中介语特点和偏误特征,为汉语的教与学提供理论和方法的支撑。

参考文献

崔永华、杨寄洲主编:《对外汉语课堂教学技巧》,北京语言文化大学出版社,1997年。

郭继懋、郑天刚主编:《似同实异——汉语近义表达方式的认知语用分析》,中国社会科学出版社,2002年。

黄锦章、刘焱主编:《对外汉语教学中的理论和方法》,北京大学出版社,2004年。

靳洪刚:《语言获得理论研究》,中国社会科学出版社,1997年。

李大忠:《外国人学汉语语法偏误分析》,北京语言文化大学出版社,1996年。

凌德祥:《中介语理论与对外汉语教学》,《南京大学学报》2003年第3期。

齐沪扬、陈昌来主编:《应用语言学纲要》(第二版),复旦大学出版社,2009年。

盛炎:《语言教学原理》,重庆出版社,1990年。

Selinker, "Interlanguage", *International Review of Applied Linguistics*, 1972.

王建勤主编:《汉语作为第二语言的习得研究》,北京语言文化大学出版社,1997年。

王建勤:《关于中介语研究方法的思考》,《汉语学习》2000年第3期。

肖奚强:《现代汉语语法与对外汉语教学》,学林出版社,2002年。

张德鑫主编:《对外汉语教学回眸与思考》,外语教学与研究出版社,2000年。

赵金铭主编:《对外汉语教学研究的跨学科探索——汉语学习与认知国际学术研究讨会论文集》,北京语言大学出版社,2003年。

赵金铭主编:《对外汉语教学概论》,商务印书馆,2019年。

赵贤州、陆有仪主编:《对外汉语教学通论》,上海外语教育出版社,1996年。

国家汉办和北京语言大学官网相关网页。

思考与练习

1. 每种教学理论都有其长处和短处,你认为应该如何评价并将其运用到具体的教学实践中?
2. 输入假说对第二语言教学有何启发意义?
3. 根据你的教学经验或者调研观察,你认为一个好的汉语二语教学法至少应该具备哪些特点?
4. 简述课堂教学技巧的选择和使用。
5. 简要谈谈对比分析理论在教学中的作用和局限。
6. 偏误分析理论将第二语言学习者语言偏误的原因归结为哪几个方面?
7. 如果你是从事汉语国际教育的教师,你将如何对待学生汉语学习过程中出现的偏误?为什么?
8. 谈谈你对中介语性质和特点的认识。

后　　记

　　以培养对外汉语教学后备师资为主要目标的对外汉语本科专业,自20世纪80年代创办以来,经过二十多年的努力,并伴随着全国对外汉语教学事业的飞速进步,已经取得了长足的发展,设置该专业的高校越来越多,招生规模也不断扩大。在对外汉语专业的创办过程中,一直存在着一些未能很好解决的核心问题,如对外汉语专业的培养目标定位、培养模式确立、课程结构体系的建立等,不少学校在课程设置上采用了"中文＋外语＋第二语言教学法"这样一种糅合模式,对原有的中文和外语课程进行了一些增减。随着对外汉语专业的发展和对外汉语教学学科的发展,人们普遍认为对外汉语本科专业的学科体系必须改革,对外汉语本科专业应该有自己独立的、科学的课程结构体系,应该有系统、科学、适合社会发展的培养模式,应该有自己独特的专业特色和培养目标。

　　为了加强对外汉语专业建设,2003年年底,国家汉办在上海交通大学召开了"对外汉语教学专业建设会议"。与会专家和有关学校的专业负责人对对外汉语专业(包括本科和研究生)的学科定位、培养模式、课程结构体系进行了广泛的交流。会上,与会专家和代表对本科的主干课程或核心课程取得较为一致的意见,并建议上级有关部门采纳和推行。

　　跟课程建设相关的另一个重要问题是教材建设问题。对外汉语专业本科的教材过去主要是借用中文系或外语系或其他专业的教材,如语言类、文学类、文化类教材;部分教材是借用一些专家的学术著作,如跟对外汉语教学过程相关的教材,像《对外汉语教学概论》《对外汉语教学法》等。中文系或外语系的教材没有考虑到对外汉语专业的特点,学术专著也没有考虑到教学上的特点,不一定适合教学。因而有必要编写适合对外汉语本科专业的教材。这种紧迫感正是本书的几位编写者的共同感受。

　　自1999年到上海师范大学从事博士后研究起,我就开始思考对外汉语本科专业建设问题,并做了大量的调查工作。在这个基础上,于2001年起在上海师范大学开始准备申请对外汉语本科专业,在准备申请的过程中,也深感为各门课选用教材的困难,深感缺少对外汉语专业适用的教材。2002年,新专业申请成功,在建设新专业的过程中,我们就把专业建设和教材建设结合起来。首先思考的是与对外汉语教学过程相关的紧缺教材,如《应用语言学纲要》《对外汉语教学概论》《对外汉语教学法》《对外汉语教学语法》等。2003年,我们申报上海市"九五"规划教材第二批项目并获得批准后,开始着手编写《对外汉语教学概论》,经过几位编写者的多次讨论,在2003年的暑假确立了编写原则、提纲、细目和分工。2004年9月,初稿基本完成,又经过三个月的整理、修改、讨论和统稿,终于在2004年12月定稿。各章节具体分工如下。

第一章:第一节、第二节、第三节,陈昌来(上海师范大学对外汉语学院);第四节、第五节,邵洪亮(上海师范大学对外汉语学院);

第二章:马洪海(浙江师范大学文学院对外汉语系);

第三章:吴颖(上海师范大学对外汉语学院);

第四章:方绪军(上海师范大学对外汉语学院);

第五章:石旭登、吴勇毅(华东师范大学对外汉语学院);

第六章:第一节,徐丽华(浙江师范大学文学院对外汉语系);第二节,吴颖,第三节,邵洪亮;第四节,陈昌来;第五节,吴颖、陈昌来;

统稿:陈昌来。

本书在编写过程中得到上海师范大学教务处,上海师范大学对外汉语学院范开泰教授、齐沪扬教授、吴为善教授、张新明教授等单位和专家的支持,复旦大学出版社及责编韩结根博士也给予了许多帮助。本书是多位作者共同努力的成果,作为主编我非常感谢各位编写者的勤奋精神和合作态度。

陈昌来

2004年12月15日

修 订 后 记

2019年12月，国际中文教育大会在长沙召开，大会以"新时代国际中文教育的创新和发展"为主题，围绕中文教育政策、标准、师资、教材、教法、品牌项目建设以及深化中外合作等议题展开，本次大会标志着国际中文教育进入了全新的发展阶段。国际中文教育大发展的主要标志是：开展汉语教学的国别更加广泛；学汉语的人数呈大规模增长；汉语教学类型和层次多样化；汉语教师、教材、教法研究日益深入，汉语教学本土化程度不断加深；汉语教学正被越来越多的国家纳入其国民教育体系。汉语国际教育作为事业来说，国家增强了对汉语国际教育事业的重视，强化了对这项事业的宏观指导，并增加了经费投入，海外学习汉语的人数总体上在持续增长，学习层次和目标需求多元化，学习群体呈现低龄化；从学科层面来看，汉语国际教育已经基本确立了学科的地位，明确了学科的基本属性，搭建起了研究的基本框架。汉语国际教育作为事业，作为学科，均走到了一个新的节点。

《对外汉语教学概论》自2005年出版以来，作为教材深受相关专业广大师生的欢迎。但面对学科发展新趋势和人才培养新要求，使用教材的师生多有修订的呼声。本次修订就是为了适应和反映汉语国际教育的新发展和人才培养的新要求。此次修订，对原书的基本框架不做大的变动，除了文字勘误外，更多的是内容上的修订，围绕学科基本属性、学科建设增加了近些年来新的研究成果、学科的变化与发展。主要修订之处有：

1. 将原教材名《对外汉语教学概论》改为《汉语国际教育概论》。教材名称的变化就是为了反映学科专业的新发展。在指称汉语国际教育学科属性时，常用"汉语作为第二语言教学"这一名称，简称为"汉语二语教学"，因而除第一章的标题用"汉语国际教育学科论"外，其他章的标题均用"汉语二语教学××论"。引用或介绍其他学者观点或者叙述学术史时，遵循学者论述时所使用的概念，因此书中还会使用"对外汉语教学"这一名称。

2. 重点梳理了原书第一章的内容。适当删改较为陈旧的知识与表述,添加最新的数据及理念,重新撰写"第五节　汉语国际教育的现状和趋势"。

3. 因重复,删去第一章中的"语言教学中有关语言的几个基本概念"。

4. 修改原第三章"第五节　对外汉语教学的师资培养和评估",改为"第四节　汉语二语教学的师资培养和评估",增加新形势下国际汉语教师师资培养要点,删去后附"汉语作为外语教学能力认定办法",增添《国际汉语教师标准》《国际中文教师证书》等相关内容。

5. 将原第三章"第四节　对外汉语教学的测试和评估"及原第六章"第五节　汉语水平考试研究"抽出,另辟"第六章　汉语二语教学测试论",增加语言测试相关知识点,重新撰写"第五节　汉语作为第二语言的测试类型"。这样,原教材共六章修订为七章。

6. 修改部分练习题和参考文献。

本次修订征求了部分教师及学生的建议,集体讨论了修订原则,确定了修订内容。本次修订主要由陈昌来(上海师范大学对外汉语学院)、张怡春(盐城师范学院文学院)完成。

本次修订难免还会有这样那样的问题甚至错误,望广大读者提出意见与建议,以便在重印时及时修订和完善。

陈昌来
2021 年 2 月 16 日

图书在版编目(CIP)数据

汉语国际教育概论:修订版/陈昌来主编. —上海:复旦大学出版社,2022.3(2025.6重印)
(复旦博学.语言学系列)
ISBN 978-7-309-15996-7

Ⅰ.①汉… Ⅱ.①陈… Ⅲ.①汉语—对外汉语教学—教材 Ⅳ.①H195.4

中国版本图书馆 CIP 数据核字(2021)第 220604 号

汉语国际教育概论(修订版)
陈昌来　主编
责任编辑/陈　军

复旦大学出版社有限公司出版发行
上海市国权路 579 号　邮编：200433
网址：fupnet@fudanpress.com　http://www.fudanpress.com
门市零售：86-21-65102580　团体订购：86-21-65104505
出版部电话：86-21-65642845
上海四维数字图文有限公司

开本 787 毫米×960 毫米　1/16　印张 17.5　字数 314 千字
2025 年 6 月第 1 版第 3 次印刷
印数 6 201—8 300

ISBN 978-7-309-15996-7/H·3133
定价：52.00 元

如有印装质量问题，请向复旦大学出版社有限公司出版部调换。
版权所有　侵权必究